Law notes
法学笔记系列

中国法律史入门笔记

Chinese Legal History in a Nutshell

（第二版）

主　编　王　沛
副主编　王　捷
撰稿人（以撰写章节先后为序）
王　沛　王　捷　黄　海
姚　远　邬　勖　刘晓林
王帅一　陈　煜　陈　迪
于　明

法律出版社
LAW PRESS·CHINA
北京

图书在版编目(CIP)数据

中国法律史入门笔记 / 王沛主编 ; 王捷副主编. --
2 版. -- 北京 : 法律出版社, 2023
ISBN 978-7-5197-7678-7

Ⅰ. ①中… Ⅱ. ①王… ②王… Ⅲ. ①法制史-中国
Ⅳ. ①D929

中国国家版本馆 CIP 数据核字(2023)第 044207 号

中国法律史入门笔记(第二版)
ZHONGGUO FALÜSHI RUMEN BIJI(DI ER BAN)

王　沛 主　编
王　捷 副主编

策划编辑 谢清平
责任编辑 谢清平　李　军
装帧设计 李　瞻

出版发行 法律出版社
编辑统筹 法律应用出版分社
责任校对 邢艳萍
责任印制 刘晓伟
经　　销 新华书店

开本 710 毫米×1000 毫米　1/16
印张 18.5　　**字数** 350 千
版本 2023 年 6 月第 2 版
印次 2023 年 6 月第 1 次印刷
印刷 北京金康利印刷有限公司

地址:北京市丰台区莲花池西里 7 号(100073)
网址:www.lawpress.com.cn
投稿邮箱:info@lawpress.com.cn
举报盗版邮箱:jbwq@lawpress.com.cn

销售电话:010-83938349
客服电话:010-83938350
咨询电话:010-63939796

书号:ISBN 978-7-5197-7678-7
定价:48.00 元

凡购买本社图书,如有印装错误,我社负责退换。电话:010-83938349

总　　序

法学、神学与医学是人类最古老的知识体系，其知识谱系的演变体现了人类文明与法治的进步。在我国，法学教育对于建设法治国家具有基础性、根本性与前瞻性的作用，是全面实施依法治国伟大工程中的重要一环。改革开放以来，我国的法学教育发展取得了显著成绩，为社会主义法治国家建设提供了有力的支持与人才保障。目前，随着我国法治事业的不断发展与法律服务市场的变化，社会需要越来越多适应时代要求的法治人才，这对大学的法学教育提出了新要求。如何提高法律人才培养质量，满足社会需求，已成为我国法学教育改革所面临的重要课题与挑战。

法学教育的本质并非传授单一的知识点，而是培养一种综合的法律思维能力。法律是一种职业，一种技术含量非常高的专业化的职业，这个职业有不同的研究方法，也有多元的思维方式。我们应该培养像法律人那样思考问题、解决问题的能力。随着全球化、信息化时代的到来，法律制度发生了新的变化，法律现象呈现日益综合化的趋势。如何有效地分析和解决特定的法律问题，已经不能再局限于某一单一法学学科，而应以整体系统的法学教育为背景，通过综合的法律思维去分析、解决问题。因此，为适应社会需求，法科学生需要在短时间内系统地学习法学的理论精髓，并融会贯通。这也为法律人才培养提出了更高的要求。

在法学教育中，教师是教学的核心，尤其是青年教师，站在教学第一线。青年教师入职后面对的挑战可能不是科研，而是教学。青年教师历经数十年的寒窗苦读、精耕科研，如何以最短的时间从研究者转换为授业者，是每一位初登讲堂者须完成的必修课。教学大纲的设计、知识点的选取、典型案例的收集、寓理论于案例的深入浅出等均是作为“初学者”的青年教师需要攻克的难关。初登讲堂者往往都是学富五车的博士，但经历了漫长的学习生涯与科学研究过程，他们恐怕一时难以用通俗易懂的语言将法学的乐趣深入浅出地描绘给学生。

作为法学职业教育的共同体，我们须认识到，法学教育的目的是培养造就一批信念执着、品德优良、知识丰富、本领过硬的高素质法律人才,包括法学研究型人才、法律应用型人才、复合型法律人才等适应不同层次社会需求的法律人才。为了形成知识、能力和实践之间的融合,我们需要系统地学习法律知识,但是知识并不是最重要的,关键是通过法学知识的传授培养一种能力,用能力来解决法律实践中的具体问题。对于研究型人才,我们应训练其法学思维,启迪其独立研究和思考;对于应用型人才,我们也须培养其法律思维,将理论应用于实践;对于复合型人才,我们要培养其综合性应用思维,扩展其法律知识面。

法学教育的载体和纽带在于教材的编写和选用。无论是学生的学习,还是教师的讲授,都依赖于课程的教材。传统的法学教材,植根于各学科基础理论,汇集各家观点,力求完整、全面地为读者介绍本学科的基本情况,归纳本学科的基本理论体系,诠释本学科的基本法律规范。但对于正在接受系统法学教育洗礼的本科生乃至硕士生等群体而言,存在一种"瓶颈"性的困境。因缺乏系统的法学知识,在各家学说与艰深理论面前,法学初学者往往会"望而却步",期待一种通俗易懂的教材。事实上,法学是美妙而充满魅力的科学,如果有一本教材能够让学生在轻松的阅读学习中,直观了解法学知识的初貌,培养学生对深入学习本学科法学理论的浓厚兴趣,逐步引导其对这门学科开展探索,这必将是法学初学者的一种幸事。

此外,在信息化时代,法学初学者又须防范迷失于信息量过大而难以取舍、信息良莠不齐而缺乏甄别能力、知识的碎片化而难以形成法律思维等困境之中。事实上,法学知识和法律知识载体的多样化、新型化也给法学教育工作者提出了新的课题。例如,如何为法学本科生的每门专业课选择正确、适量、重点突出、便于理解的教学素材,如何使教学素材的载体既小又大,即教材的页码少但有用信息量大;如何使教学素材的载体既简单又复合,即教材所载学科理论和法律知识的信息重点一目了然但功能多用,能够满足学科入门、理论体系的提炼、法律知识的串联、司法考试知识点等复合型功能需求。

可喜的是,法律出版社计划出版一套"法学笔记系列"教材,这套教材由我国青年法学学者编写,突出教材的"笔记"特色。丛书编委均是具有长期丰富一线教学经验的中青年法学才俊。当中国人民大学法学院竺效教授与我交流时提及这套新型法学教材后,我开始关注这套教材的出版进展,也浏览了由他主编的第一本教材《环境法入门笔记》。我认为,这套教材的新意在于,将目标集中于引领法学初学者进入各个法学学科领域,使法学入门者能对各学科理论有全面系统的了解,掌握其中重点,对各学科涉及的法律规定能在准确理解的基础上尝试应用,借助该套教材，激发读者深入研习法学的兴趣。同时，也有望这套教材能为初入讲堂的青年教师提供较为高效的“教学入门速成课”，甚至可能成为那些由于各种原因从其他专业转而从事法律实践的应用型、复合型人才，提供法学各学科法律实践的入门级“工具书”。

作为从事教学工作近三十年的法学教育者，看到这套新型教材的问世，感到欣慰与欣喜——欣慰于青年教师们能够想读者之所想，想后辈之所想，想学生之所想；欣喜于青年教师们青出于蓝而胜于蓝。希望日后有更多青年学者加入本套教材的编写，为本套教材的完善提出真知灼见，在从事学术研究的同时不忘初心，致力于我国法学教育事业的发展。

中国法学教育研究会常务副会长
中国人民大学法学院教授、博士生导师
韩大元
2016 年 12 月 25 日

如何学习中国法律史

中国法律史是法学专业的必修课,这门课理论性强、涉及面广,兼具法学、史学的特征,包含制度史与思想史两部分内容。中国拥有悠久的法制历史、丰富的法律思想,中国法律在世界诸法系中独树一帜。中国法律史正是引导同学们系统总结我国历代法制经验,考其得失、思其成败,以史为鉴,以知兴替、展望未来的课程,重要性自然不言而喻。不过,学好这门课程并不容易:不但得面临庞杂的史料、琐碎的制度,辨识生僻的文字、拗口的名词,更要利用包括法学方法在内的各种研究方法分析考察千百年来的中国法律制度与法律思想——对于初学者而言,真是一个不小的挑战。要学好这门课程,需要特别注意以下几个方面。

一、把握中国法律演进的脉络

中国自古成文法发达,遗存至今的律令条文汗牛充栋,榜文告示、判牍案例数不胜数,诸家法律思想更是争奇斗艳。初学者若一头冲进浩瀚的史料海洋,必有暗无天日、不见星辰之感。这就要求我们从宏观角度把握中国法律演进的脉络,辨别那些数不清的故制遗规处于中国历代法制发展坐标中的具体方位,思考它们究竟起了怎样的历史作用;了解各时代涌现出来的法律思想,其背景、实质与影响体现在哪些方面。实际上,中国法律演进的脉络是相当清晰的,不难建构出中国法律演进的大体框架。我们可以把中国法律的演进过程分为三大阶段:先秦时期、秦至清末改制、清末改制至今。我们依次来看这三大阶段的特征:

先秦时期是中国法制的草创时期,此时期的特点是丰富多元:习惯法、成文法各有一席之地。由于中央集权尚未建立,所以法律也不统一,中央王朝和各邦国、各族群都有自己的法度习俗,立法、司法被各种贵族与机构所把持。此时法律思想也异彩纷呈,特别是在百家争鸣的东周时代,形形色色的法哲学、法理念争奇斗艳,盛极一时。此时期之法律演变乱中有序:“明德慎罚”“德主刑辅”等后世主流法观念已出现;法律形式也越来越朝着成文法的方向发展。至战国中后期,条文严谨的秦律模式已呼之欲出。

秦至清末改制的两千余年,是中央集权占据主导地位的“帝制时代”。此时期法史演进的特点是成文法占据主导地位,重要法典层出不穷,令人目不暇接,其中包括《唐律疏议》这样立法水平极高、辐射东亚、影响深远的“法典之王”。如我们以隋唐为界限,又可将此时期划分为两个阶段:从商鞅变法到南北朝,在这个阶段,庞杂的成文法条渐趋系统化、法典化;从隋唐到清末,这个阶段历经了中国法典传入东亚各国,中华法系形成、繁盛,最终走向衰亡的过程。清末改制使中国法律的发展方向彻底转型。

清末改制至今,是中国法律走向近代化、现代化的过程。这个过程走得十分艰辛,既取得过令人瞩目的立法成就,也经历了严重破坏法制的重大挫折。直到1976年10月“文化大革命”结束以后,法制建设才得以继续发展,走上正常的轨道。

在中国法制数千年的演进中,有不少重要线索贯穿始终。如法典演变的线索:从《法经》六篇到秦汉律、魏晋律,至《唐律》十二篇,再至明清律七篇,篇数有差,其中蕴藏着立法理念的变迁;如刑罚制度的演变:从上古的五刑到中古的五刑,再到当今刑法中的五种主刑,种类相同,背后却发生过无数次激烈的思想论争。如能理出这些线索,体会古今之变中的三昧所在,将对中国法律史学习大有裨益。

二、掌握中国法律史中的“关键词”

中国法律史中有不少提纲挈领的“关键词”,它们是了解传统法律文化的钥匙。如果掌握了这些“关键词”的意蕴,学习中国法律史就会变得游刃有余。

首先是那些“以数为纪”的关键词。中国传统文化有一个明显特征,就是将重要的同类概念用数字归纳起来,不但表明数量多少,还能总括事物端绪。中国传统法制中的重要概念,很多都可纳入“以数为纪”的范畴。

比如“五刑”“五礼”,涵盖了中国传统法制中两个重要领域“刑”与“礼”的基本内容。再如“十恶”“八议”,将古代法律重点打击的十类犯罪和享有法律特权的八类社会成员囊括其中。又如“九族”“五服”,将亲属等级及相应的权利义务关系区分得清楚明了。其他诸如刑法中的“六杀”“六赃”、结婚中的“六礼”、离婚中的“七出三不去”、司法中的“五听”“三刺”等均是如此。古人用“以数为纪”的思维方式抽象归纳法律概念,以简驭繁,读来朗朗上口,令人印象深刻且易于记诵,为我们学习传统法制提供了便利。

其次是作为特定称谓的关键词。比如,律、令、科、比、格、式、典、敕、例等法律形式的名称，在不同时代有不同的含义，要做到可识记、能辨析。再如"明德慎罚""德主刑辅""亲亲得相首匿""举重以明轻""举轻以明重"等贯穿数千年古代法制的法律原则名称，包含着古人对社会、人性与秩序的深刻理解，内涵丰富，时至今日仍为重要的法学命题，需要认真研读思索。

最后是作为重要制度与重要法律事件的关键词。比如秦代的城旦舂、隶臣妾，汉代的录囚、春秋决狱，宋代的务限、鞫谳分司，明代的充军、廷杖，清代的秋审，近现代的五权宪法、三三制等，几乎每个历史时期都有若干重要的制度出现，这些制度既有鲜明的时代特色，又与历史传承息息相关，自然也要作为法史"关键词"来掌握。重要的法律事件同样构成中国法律史的"关键词"，如"铸刑书""礼法之争"等关键词，是具有法制发展里程碑意义的事件名称。深入分析这些关键词，对理解法律演变的动力、价值、影响而言，无疑具有重要帮助。

三、多阅读，多发问，多思考

中华文明历经数千年风雨沧桑，遗留下了庞大的法律文化财富。若要像《论语·子张》里所说的那样，领略法史的"宗庙之美、百官之富"，同时又能识其精华、弃其糟粕，使法史智慧成为构筑自己法律学养大厦的基石，那就不能仅止于课堂听讲或教材记诵。做广泛的相关阅读，培养问题意识，多发问、多思考，尝试自己动手动脑解决疑问，方能真正从此学问中获益。

本书是引领初学者进入法史领域的入门教材，在系统学习教材的基础上，读者可以根据自己的兴趣广泛研读其他相关论著。研读可以循序渐进地展开，如想对古代法律的精神有更深入的了解，可以阅读瞿同祖先生著的《中国法律与中国社会》；如感到对某些法史问题难以理解，可以查阅杨一凡教授主编的多卷本《中国法制史考证》《中国法制史考证续编》；如想了解遗存至今的历代法制史料状况，可以翻阅张伯元教授著的《法律文献学》。如感到必须亲自查阅诸子著作、秦汉简牍、唐代文书、明清契约、近现代司法档案等原始资料后才能解开心中的疑问，那就更好了，说明此时已逐步进入研究状态了。

在广泛阅读的同时，还要牢记"尽信书不如无书"。学术研究是无止境的，任何法史论著，包括中国法律史的教材，都只是作者根据已掌握资料进行思考的产物。新资料会不断涌现，研究也会不断深入，没有任何论著、任何论断是必然正确的。我们通过阅读来增长知识，更要通过阅读来增长智慧。我们要学习思考钻研的方法，而不是机械记忆书中的某些结论。这就要求在阅读时始终怀有问题意识，多发问、多思考,如此才是真正的学习。

我们可以对书中的材料提出疑问,看是否有更多的材料能佐证或颠覆作者的观点;我们也可以对书中的论点提出疑问,看作者是否论之成理。随着大量新材料的发现,我们对传统法制的认识不断更新。比如,大量秦代法律简牍、档案的出现,使我们看到了秦法酷烈背后的另一面,而秦律六篇的旧说也变得不那么牢固了。再如,大量新视角的引入,使我们对某些法史现象的理解也变得丰富多元——怎样看待法律的继承问题?亲属相隐是否破坏法制的元凶?诸如此类提问,学术界今日之回答在深度和广度上已大大超越往昔,这正是多发问、多思考的结果。多发问,看似无问题处可能隐藏着大问题;多思考,有价值的新观点可能由此而产生。问与思都是没有止境的。中国法律史(包括中国法制史、中国法律思想史)作为独立的学科,从晚清出现,发展至今已逾百年,法史学术百年间的进步,正是从质疑、论证、再质疑、再论证的过程中得来的,而法史研习者的成长之道与此并无不同。中国法律史是非常有意思的学科,融历代法制之经验、教训、思想、观念于一体,"夫以铜为镜,可以正衣冠;以古为镜,可以知兴替;以人为镜,可以明得失",希望本书对阅读者有所助益。

呈现在读者面前的这本《中国法律史入门笔记》,是根据教育部2018年公布的《普通高等学校本科专业类教学质量国家标准》,为法学专业核心课程"中国法律史"教学而撰写的教材著作。"中国法律史"是有机融合"中国法制史""中国法律思想史""中西法律史比较"等内容后出现的新课程,本教材在编纂过程中,力图做到体系完备、重点突出、简洁明了、通俗易懂,以帮助初学者在较短的时间内全面、准确掌握课程的核心要点为目标。同时需要指出的是,本教材涵盖了"法律职业资格考试"所涉及的所有知识点,这些知识点在教材中均用"★"标出,对准备"法律职业资格考试"的学习者而言,这无疑提供了便利。

本书由华东政法大学王沛教授担任主编,王捷教授担任副主编。各章节分工如下:

第一、二章	王沛教授(华东政法大学)
第三、四章	王捷教授(华东政法大学)、黄海助理研究员(中国社会科学院)
第五、六章	姚远副教授(华东政法大学)、邬勖助理研究员(华东政法大学)
第七、八章	刘晓林教授(吉林大学)

第九、十章 王帅一副教授(中国社会科学院)

第十一、十二章 陈煜副教授(中国政法大学)

第十三章 陈迪助理研究员(华东政法大学)

第十四章 于明教授(华东政法大学)

华东政法大学龚汝富教授、洪佳期副教授、邱唐副研究员、史志强副研究员参加了本次修订。

目　　录

第一章　中国法律的起源与夏商法律 …………………………………………（1）
第一节　中国法律的起源 …………………………………………………（1）
一、中国法律起源的史实与传说 ……………………………………………（1）
二、五刑的起源 ……………………………………………………………（3）
三、《禹刑》《汤刑》与早期立法 ……………………………………………（4）
四、监狱的雏形 ……………………………………………………………（4）
第二节　商代的神权法 ……………………………………………………（5）

第二章　西周法律 …………………………………………………………（6）
第一节　对神权法的革新 …………………………………………………（6）
一、天命观念的变革与“德”的提出 ………………………………………（6）
二、明德慎罚 ………………………………………………………………（7）
第二节　周礼与西周立法 …………………………………………………（7）
一、礼的概念及法律功用 …………………………………………………（7）
二、五礼 ……………………………………………………………………（9）
三、《九刑》 …………………………………………………………………（10）
四、《吕刑》 …………………………………………………………………（10）
第三节　刑事法制 …………………………………………………………（11）
一、刑法原则 ………………………………………………………………（11）
二、有特色的罪名 …………………………………………………………（12）
三、刑罚 ……………………………………………………………………（13）
第四节　民事法制 …………………………………………………………（14）
一、土地所有权与契约 ……………………………………………………（14）

二、婚姻制度 …… (15)
三、继承制度 …… (17)
第五节 司法制度 …… (18)
一、司法机构 …… (18)
二、诉讼与审判 …… (18)

第三章 春秋战国法律 …… (20)
第一节 春秋时期的立法活动 …… (20)
一、时代背景 …… (20)
二、成文法公布活动 …… (21)
第二节 战国时期的法律思想与制度 …… (23)
一、战国时期的法律思想 …… (23)
二、战国时期的法制成就 …… (27)

第四章 秦法律 …… (32)
第一节 秦法律思想的形成 …… (32)
一、多元融合的历史渊源 …… (32)
二、厉行“法治”的法律思想 …… (33)
第二节 秦的法律形式与法律体系 …… (36)
一、秦简法律文献概述 …… (36)
二、法律形式与法律体系 …… (38)
第三节 秦法律的主要内容 …… (42)
一、刑事法制 …… (42)
二、其他法制 …… (44)
第四节 司法制度 …… (45)
一、司法机构 …… (45)
二、诉讼制度 …… (46)
三、司法责任制度 …… (47)

第五章 汉朝法律 …… (48)
第一节 汉朝的法律思想与立法 …… (49)

一、汉朝立法指导思想的转变与发展 …………………………（49）
二、两汉的立法 ……………………………………………（52）
第二节 法律的内容与刑罚改革 ……………………………（57）
一、汉代的犯罪行为 ………………………………………（57）
二、汉代的刑罚原则 ………………………………………（60）
三、刑罚改革 ………………………………………………（62）
四、民事与行政法律规定 …………………………………（65）
第三节 两汉司法制度 ………………………………………（68）
一、汉代的司法机关 ………………………………………（68）
二、汉代的诉讼程序 ………………………………………（68）
三、春秋决狱 ………………………………………………（71）
四、录囚制度与秋冬行刑 …………………………………（73）

第六章 魏晋南北朝法律 ……………………………………（75）
第一节 魏晋南北朝的法律思想与立法 ……………………（76）
一、魏晋南北朝时期的法律思想 …………………………（76）
二、三国时期的立法 ………………………………………（78）
三、两晋的立法 ……………………………………………（79）
四、南北朝的立法 …………………………………………（81）
第二节 魏晋南北朝法律内容的发展 ………………………（82）
一、立法体例的变化 ………………………………………（82）
二、以礼入律 ………………………………………………（83）
三、刑罚体系化 ……………………………………………（85）
第三节 魏晋南北朝的司法制度 ……………………………（88）
一、司法机关 ………………………………………………（88）
二、诉讼审判制度 …………………………………………（89）
三、律学的兴起 ……………………………………………（90）

第七章 隋唐法律 ……………………………………………（93）
第一节 隋唐时期的法律思想与立法 ………………………（93）
一、隋唐时期的法律思想 …………………………………（94）

二、法律形式 …………………………………………………………………… (95)
三、律典沿革 …………………………………………………………………… (96)
四、《唐律疏议》的篇章结构 ………………………………………………… (101)
第二节 刑事法制 ……………………………………………………………… (104)
一、五刑及赎刑 ………………………………………………………………… (104)
二、十恶 ………………………………………………………………………… (106)
三、贵族与官员的法定特权 …………………………………………………… (109)
四、刑事法律规范的主要内容 ………………………………………………… (111)
第三节 《唐六典》及其性质 ………………………………………………… (117)
第四节 司法制度 ……………………………………………………………… (118)
一、司法机构 …………………………………………………………………… (118)
二、诉讼与审判 ………………………………………………………………… (121)
第五节 五代法制简介 ………………………………………………………… (126)

第八章 宋元法律 ……………………………………………………………… (128)
第一节 宋代的法律思想与立法 ……………………………………………… (128)
一、宋代的法律思想 …………………………………………………………… (128)
二、法律形式 …………………………………………………………………… (131)
三、刑事法制 …………………………………………………………………… (133)
四、契约与婚姻继承 …………………………………………………………… (135)
五、司法制度 …………………………………………………………………… (136)
第二节 元代法制 ……………………………………………………………… (140)
一、立法体系 …………………………………………………………………… (140)
二、刑事法制 …………………………………………………………………… (144)
三、司法制度 …………………………………………………………………… (145)
第三节 辽金西夏法制简介 …………………………………………………… (148)

第九章 明代法律 ……………………………………………………………… (152)
第一节 立法概况 ……………………………………………………………… (153)
一、"重典治国"与"明刑弼教" ……………………………………………… (153)
二、明代基本立法活动与成就 ………………………………………………… (154)

第二节 刑事法制 …… (158)
一、刑罚 …… (158)
二、刑事政策与刑事立法特点 …… (160)
第三节 赋役制度的变革 …… (161)
一、赋法、役法与鱼鳞册、黄册 …… (162)
二、“一条鞭”法 …… (162)
第四节 司法制度 …… (164)
一、中央与地方的司法机构 …… (164)
二、厂卫特务机构侵夺司法权力 …… (165)
第五节 明清之际的法律思想 …… (166)
一、黄宗羲的法律思想 …… (167)
二、王夫之与顾炎武的法律思想 …… (169)

第十章 清代法律(上) …… (172)
第一节 立法概况 …… (173)
一、清入关以前法制概况 …… (173)
二、“详译明律,参以国制” …… (174)
三、清代基本立法活动与成就 …… (174)
第二节 刑事法制 …… (177)
一、刑罚 …… (177)
二、刑事法制的特点 …… (179)
第三节 以契约为代表的传统私法特征 …… (180)
第四节 司法制度 …… (183)
一、中央与地方的司法机构 …… (183)
二、会审制度的发展 …… (185)

第十一章 清代法律(下) …… (187)
第一节 清末法制近代化概况 …… (187)
一、清末法制近代化的正式启动及其原因 …… (188)
二、清末法制近代化的阶段 …… (190)
第二节 清末的预备立宪活动与宪法性文件 …… (193)

一、"预备立宪"的提出 …… (193)
二、立宪"预备"事项 …… (194)
三、清末的宪法性文件 …… (197)
第三节 刑事法制 …… (200)
一、删除律例内重法 …… (200)
二、制定并颁布《大清现行刑律》 …… (201)
三、制定并颁布《钦定大清刑律》 …… (202)
第四节 民商法制 …… (204)
一、清末商法的制定 …… (204)
二、清末民法典的起草 …… (207)
第五节 清末司法改革 …… (209)
一、独立司法机构的设置 …… (210)
二、专门诉讼法典的起草 …… (211)
三、其他司法改革 …… (212)

第十二章 中华民国法律 …… (214)
第一节 中华民国时期的法律思想 …… (214)
一、孙中山的"三民主义" …… (214)
二、"五权宪法"理论 …… (215)
第二节 中华民国法制概况 …… (216)
一、中华民国法制近代化的阶段 …… (216)
二、中华民国时期法制的主要特点 …… (220)
第三节 民国宪法性文件的制定 …… (221)
一、南京临时政府时期的《中华民国临时约法》 …… (221)
二、北京政府时期的宪法性文件 …… (223)
三、南京国民政府时期的宪法性文件 …… (227)
第四节 刑事法制 …… (231)
一、北京政府时期的刑事立法 …… (231)
二、南京国民政府时期的刑事立法 …… (233)
第五节 民商法制 …… (235)
一、民初的民事立法:援用"现行律民事有效部分" …… (235)

二、北京政府时期的民律草案和商法制定 …………(237)
三、南京国民政府时期民商立法 …………(239)
第六节 司法制度 …………(242)
一、司法机构的设置 …………(242)
二、诉讼法规范的制定 …………(244)
三、民国司法制度的中国特色 …………(245)

第十三章 革命根据地时期人民民主政权的法律制度 …………(247)
第一节 革命根据地时期的立法内容 …………(248)
一、宪法性纲领性文件 …………(248)
二、土地立法 …………(248)
三、婚姻立法 …………(249)
第二节 革命根据地时期的司法制度 …………(250)
一、司法机关 …………(250)
二、诉讼审判制度 …………(251)
三、调解制度 …………(251)

第十四章 中国法律史视野下的西方法 …………(253)
第一节 夏至春秋时代的西方法(前21世纪至前475年) …………(253)
一、两河法律文明概况 …………(254)
二、古希腊法律概况 …………(256)
第二节 战国至唐时代的西方法(前475～907年) …………(257)
一、罗马共和国时代的法律 …………(258)
二、罗马帝国时代的法律 …………(259)
三、日耳曼“蛮族法典”的制定 …………(260)
第三节 宋元明时代的西方法(907～1644年) …………(262)
一、罗马法的复兴 …………(262)
二、封建法与中世纪宪法 …………(263)
三、教会法的影响 …………(264)
第四节 清至民国时代的西方法(1644～1949年) …………(265)
一、西方现代宪法的诞生 …………(266)
二、西方民法的现代化历程 …………(269)

第一章　中国法律的起源与夏商法律

教学目标

了解中国法律史的学科特点与学习方法，掌握夏商法律思想与制度的主要内容、中国法律起源的历史背景。

推荐参考资料

1. 瞿同祖：《中国法律与中国社会》，商务印书馆2010年版；
2. 杨一凡：《重新认识中国法律史》，社会科学文献出版社2013年版；
3. 张伯元：《法律文献学》，上海人民出版社2012年版；
4. 张光直：《商文明》，生活·读书·新知三联书店2013年版。

中国法律历史悠久，特征鲜明。大约公元前21世纪，夏王朝建立，国家法制开始出现。公元前16世纪，商王朝建立，国家法制进一步发展。由于资料稀缺，目前学术界对中国法律起源及夏商法律的细节了解并不多，但可以从片段资料中获知此时期法律之概况。资料表明，中国法律起源与军事相关，夏商法律带有神权色彩，对后世影响深远的五刑制度也滥觞于此时期。

第一节　中国法律的起源

一、中国法律起源的史实与传说

由于太古洪荒，遗存寡少，现在很难给出中国法律究竟出现于何时的确切答案。商代以后，法律史料才逐渐多了起来，至于商代以前的法律面貌，主要依靠战国

以后的论著来追溯了解。这些论著提供了中国法律起源的如下信息:

第一,法律是基于"定分止争"的需要而产生。此观念在东周时期十分流行。如《管子·七臣七主》中说:"法者,所以兴功惧暴也;律者,所以定分止争也",这里的"分",既包括私法上的所有权名分,也包括公法上的权力名分。《商君书·定分》中说:"一兔走,百人逐之,非以兔为可分以为百,由名之未定也。夫卖兔者满市,而盗不敢取,由名分已定也。故名分未定,尧、舜、禹、汤且皆如骛焉而逐之;名分已定,贪盗不取。"就是从权利和权力两方面说明了法律在"定分止争"上的作用。

第二,法律之起源和军事征伐密切相关。上古时期,万邦林立。各部落之间相互征战融合,使部落联盟与中央盟主相继出现,华夏秩序渐次形成。在战争背景下,刑法的作用变得必不可少。

对外而言,对于破坏华夏秩序、挑战中央盟主权威的部落,要通过武装征讨加以惩罚,这就是《国语·鲁语》《汉书·刑法志》所说的"大刑用甲兵""大者陈诸原野"。

对内而言,用兵作战时,整肃军纪最为关键,对不服从军纪的行为一定要予以严惩。早期刑罚的确与军法密切相关,《尚书》等古籍中遗存了不少相关资料,如《甘誓》"用命,赏于祖;弗用命,戮于社"之类的表述,就是此状况之体现。中国法律起源的这一特征,在后世著作中也被概括为"刑始于兵"。[1]

第三,法律是舜时期的法官皋陶所做。具体的人物始创某物,是上古传说中常见的套路,如仓颉造文字、黄帝作舟车之类都是如此,皋陶造法律亦不例外。《尚书·尧典》中说舜让皋陶担任"士",士就是法官的意思。《竹书纪年》描述得更精准,说"帝舜三年,命咎陶作刑",指出皋陶创制法律的时间是在舜任天子后的第三年。皋陶创制法律的传说影响非常深远,汉代的识字课本《急就篇》中说"皋陶造狱,法律存也"。这些后世追述的材料,可能包含了某些曾经存在过的上古史实。

古代传说还提到,皋陶在审判案件时曾经利用獬豸来辨识有罪的人。獬豸是长了一只角的神羊,《论衡》中说:"一角之羊也,性知有罪。皋陶治狱,其罪疑者,令羊触之,有罪则触,无罪则不触"。《说文解字》在解释古体法,即"灋"字的结构时便说"灋,刑也。平之如水。从水,廌所以触不直者去之,从去,会意",廌即獬豸。《说文解字》对灋字本义之理解并不一定准确,[2]但这种解释表明獬豸会触不直者的观

---

[1] 《辽史·刑法志》将其概括为:"刑也者,始于兵而终于礼者也。鸿荒之代,生民有兵,如蜂有螫,自卫而已。"

[2] 灋在早期古文字材料中的含义为"废",法律之法的含义直到东周才出现。

念在上古时期非常流行。

以上信息兼具传说与史实成分，共同反映出中国法律起源若干特征：法律在社会由原始混沌走向文明秩序的过程中应运而生；在万邦林立、征战不休的上古华夏，法律被烙上了鲜明的军事印记；神羊辨罪，则体现出原始法律的神权色彩。

二、五刑的起源

早期中国的刑罚种类繁多，后来逐渐发展汇聚为五种主要的刑罚，通称五刑。从上古传说来看，五刑形成体系的时间相当早。《尚书·吕刑》记载，五刑出现于蚩尤作乱以后，为苗民所创制。苗民滥用五刑，杀戮无辜，最终导致种族灭亡，此后华夏统治者对五刑加以改造，慎重地使用它，使之成为“祥刑”，即公平之良法。五刑由轻到重依次为：

（一）墨刑

墨刑又称黥刑，是用刀锥刻划于罪犯面部，再以黑土填充伤口以形成黑色印记的刑罚。据郭沫若先生研究，商代甲骨文中的“辛”字即刀锥之象形，从辛之字如童、妾、僕（仆）都为刀锥刻刺额头之状。[1] 从西周金文资料来看，墨刑还分为用刀锥刺刻面部及刺刻面部再以黑巾蒙头两个等级。[2]

（二）劓刑

劓刑是割去罪犯鼻子的刑罚。商代甲骨文中有字，即以刀割鼻之状。

（三）剕刑

剕刑又称刖刑，是以刀锯砍去罪犯腿脚的刑罚。商代甲骨文中有字，即以刀锯断人腿足之状。《周礼·掌戮》中说“刖者使守囿”，被施行刖刑的人通常会被安排从事守苑囿的职务，西周青铜器中常见此种造型。

（四）宫刑

宫刑又称椓刑，是破坏罪犯生殖机能的刑罚。商代甲骨文中有字，即以刀去除男性生殖器官之状。《周礼·掌戮》中说“宫者使守内”，被施行宫刑的人常会充当阉宦。

（五）大辟

大辟即死刑。上古执行死刑的方式并不固定，很多残酷的死刑方式都见于古

---

〔1〕 郭沫若：《释干支》，载郭沫若著作编辑出版委员会编：《郭沫若全集·考古编·第一卷》，科学出版社 1982 年版，第 177～186 页。

〔2〕 唐兰：《陕西省岐山县董家村新出西周重要铜器铭辞的译文和注释》，载《文物》1976 年第 5 期。

籍。如马王堆出土帛书《黄帝书》所载黄帝对蚩尤处以醢刑,即将其剁为肉酱;《荀子·议兵》说商纣王"为炮烙刑",即在铜柱上涂油,下生炭火,令罪犯行走铜柱之上,再坠入炭火烧死;《史记·齐太公世家》载"周烹哀公",即周天子煮死了齐哀公。死刑种类之残酷与繁多,由此可见一斑。

从商代甲骨卜辞来看,针对个人的墨、劓、刖、宫等行为都已出现,但卜辞中的这些行为主要施加于异族战俘及奴隶,与法律意义上、刑罚意义上的五刑是不同的。西周以后,作为刑罚的五刑开始出现于金文资料中。上古五刑以残害罪犯的肉体为基本特征,故而又被称为"肉刑"。肉刑广泛适用,一直延续到了西汉方有改观。从汉文帝时期开始,废除肉刑的措施逐步贯彻实施。至隋唐时,新的五刑体系(笞、杖、徒、流、死)全面建立,残害肉体的旧五刑体系基本被废除。

三、《禹刑》《汤刑》与早期立法

考古资料与文献记载都表明,夏、商时代已经出现疆域辽阔而实力强大的王朝,而此时的立法状况到底如何,我们却知道得很少。《左传·昭公六年》记录了一封春秋后期晋国贵族叔向写给郑国执政子产的信,在信中,叔向强烈反对子产为郑国立法,并说古代的立法都出现于乱政时期,如"夏有乱政,而作《禹刑》;商有乱政,而作《汤刑》;周有乱政,而作《九刑》"——这句话意外地存留了上古王朝立法的信息,使我们获知夏代的法律叫作《禹刑》,商代的法律叫作《汤刑》,周代的法律叫作《九刑》。此信息在后世出土的资料中也有所印证。如西晋出土的战国文献《竹书纪年》中说"祖甲二十四年,重作《汤刑》",即商代中期曾经重新修订过《汤刑》;2016年公布的清华大学藏战国楚简《子产》篇提及了上古"三邦"立有刑书的事迹,[1]不过《禹刑》《汤刑》的内容究竟是什么,现在仍不得而知。

四、监狱的雏形

夏商时代是否有常设的监狱,现在还难以确定。古文献中记载了一些关押特定人犯的处所名称,如《竹书纪年》中说夏帝芬三十六年作"圜土",《墨子·尚贤》说商代名相傅说也曾被囚"圜土";《竹书纪年》说汤曾经被囚"夏台";《史记·殷本纪》中说文王被囚"羑里"。圜土、夏台、羑里便是早期监狱的雏形。

---

[1] 研究者通常认为"三邦"即指夏商周三朝。参见李学勤主编:《清华大学藏战国竹简》(六),中西书局2016年版,第83~99页、第136~145页;王沛:《子产铸刑书新考——以清华简〈子产〉为中心的研究》,载《政法论坛》2018年第2期。

第二节　商代的神权法

早期中国的法律具有神权色彩,这在商代表现极为突出。商代神权法之兴盛,与商人的神权社会背景密切相关。《礼记·表记》中说:“殷人尊神,率民以事神,先鬼而后礼,先罚而后赏,尊而不亲”,如今考古资料所见数量庞大甲骨资料及人牲人殉遗址,都是商代神权社会的产物。

《尚书》中保留了一些商代的诰令,这些文献虽然经过后世的辗转修改,仍然较多地保存商文化的基本特征,我们可以从中管窥商代神权法的特征。如《尚书·盘庚》篇中记录了商代中期盘庚迁都前发布的诰令。值得注意的是,盘庚发布诰令时,不断强调法律来自于已经故去、在上天侍奉上帝的先王先公:

1. 先后丕降与汝罪疾,曰:“曷不暨朕幼孙有比?”故有爽德,自上其罚汝,汝罔能迪。

2. 乃祖乃父丕乃告我高后曰:“作丕刑于朕孙!”迪高后丕乃崇降弗祥。

第一段引文的大意是:盘庚说,如若臣民违抗其命令,其先王便会降下罪责,上天自会惩罚。第二段引文的大意是:如若臣民违抗其命令,该臣民已去世的父祖就会告诉盘庚已去世的先王,请其确定刑罚加以惩处。

以上文献表明,首先,商代之法律适用带有浓厚的神权色彩;其次,商代神权法的家族性特征明显,商人相信,其去世的父祖仍然在上天控制着人间社会,包括用法律手段控制人间社会。

第二章　西周法律

教学目标

了解西周的法律思想与制度的主要内容，掌握西周以德配天、明德慎罚、出礼入刑等法律思想，五刑、契约、西周婚姻六礼、嫡长子继承等主要法制内容，熟悉大司寇、五听、三宥、三赦、三刺等名词。

推荐参考资料

1. 李峰：《西周的政体：中国早期的官僚制度和国家》，生活·读书·新知三联书店2010年版；
2. 王沛：《刑书与道术——大变局下的早期中国法》，法律出版社2018年版。

第一节　对神权法的革新

一、天命观念的变革与“德”的提出

商代的神权思想认为，商的统治权来自天命，既然上天让商统治华夏，那么其政权必永远稳固。据说商的最后一位统治者纣王在覆亡之前还感叹“我生不有命在天”，[1]然而商终于为周所灭。以周公为代表的周初统治者对此现象进行了认真思考：为何天命原本在商，现在转移到周？既然能转移到周，那就有可能转移到其他部族，应当如何留住天命呢？周人思考后的结论是，天命只会授予有德的统治者，这就是“皇天无亲，惟德是辅”，[2]传统的天命观由此发生了巨大变革。

“德”是极为重要的概念，由周人提出，而非商人旧有，直到今天还影响着中国的

---

〔1〕《尚书·西伯戡黎》。
〔2〕《尚书·蔡仲之命》。

政治与社会。在周初，德特指统治者具有的优秀品性，虽然其内涵丰富，但其最重要的含义在于“保民”，即保护万民。三千多年前出现这样的观念，是石破天惊的。商人认为，王权来自天授，只要尊崇上帝，自然国祚永昌；臣民，特别是异族、奴隶的生命，都卑微不足道。我们从触目惊心的商代人殉、人牲遗址中就能体会这样的风气崇尚。累累白骨中，肢解、活埋、视如猪犬，虐杀方式无所不有。周人则与之不同，他们认为“敬德保民”才是万世基业的保障。周人依旧崇敬上天（这是商周文明具有某种继承性的体现），但敬天的表象下，商周两朝出现了相当重要的观念分歧，周人认为必须“**以德配天**”，天命只会授予有德的统治者，统治者不能一劳永逸地拥有统治天下的大权，若统治者无德，不能“怀保小民”，[1]天命就会变更，转移到其他值得拥有天命的新统治者那里去。要将德贯彻于法律领域，就要做到“明德慎罚”。

二、明德慎罚

明德慎罚思想在西周初年即已提出。明德，指提倡崇尚德、敬重德，这是慎罚的指导思想和保证；慎罚，指慎重用刑，不乱罚无罪，不乱杀无辜。

明德慎罚思想在西周得以贯彻。立法方面，我们看到西周中期穆王颁布的《吕刑》中“惟敬五刑，以成三德”已被作为基本原则。司法方面，我们在《尚书·酒诰》中看到周人在适用禁酒法令时，对嗜酒成性的商人予以从宽，强调对其以教育为主；𠑇匜铭文显示，被告因认罪态度较好而获得审判官的数次减刑；凡此种种，都是明德慎罚体现。《左传·成公二年》引《周书》说：“明德慎罚，文王所以造周也”，实际上，明德慎罚的影响相当深远，不止于“所以造周也”，汉以后，明德慎罚成为历代王朝所奉行之圭臬。

周人以“德”为工具，对商代神权法思想做了全面改造，从西周以后，法律的神权色彩渐渐淡出中国历史舞台，法律的世俗性开始占据主导地位。

第二节　周礼与西周立法

一、礼的概念及法律功用

礼是由原始社会祭祀礼仪衍生而来的规则，多以习惯或习惯法的形式呈现出

---

〔1〕《尚书·无逸》。

来。正如《说文解字》所说,"礼,履也,所以事神致福也"。礼仪习俗种类繁多,渗透到社会生活的各方面。国家产生以后,统治者根据其需要不断对礼仪习俗改造损益,使之制度化,以公权力推行实施,使之成为社会成员必须遵守的准则。

礼在西周被视为立国之根基。先秦古籍提到,西周初年周公旦曾经系统整理礼制,颁行天下,以确定统治秩序。这就是《礼记·明堂位》中所说的"武王崩,成王幼弱,周公践天子之位以治天下。六年,朝诸侯于明堂,制礼作乐,颁度量,而天下大服"。周公制礼贯彻了"德"的要求,《左传·文公十八年》说:"先君周公制周礼,曰:'则以观德,德以处事,事以度功,功以事民。'"德与礼的结合,是周人的重大创造,并被后世王朝所继承。

西周之礼亦是从礼典仪式中衍生的规则。在庄严的礼典仪式中,参加者按等级身份使用不同的器物("名物度数"),表演相应的仪容动作("揖让周旋"),以此体现尊卑等级。[1] 这种尊卑等级的核心在于"亲亲""尊尊"。"亲亲"是亲属关系,要求父慈、子孝、兄友、弟恭;"尊尊"是政治关系,要求下级服从上级,所有成员听命于天子。仪式有助于增强规则的神圣性,令人心生敬畏,进而心悦诚服,西周宗法秩序由此而建立。若违背此秩序,则会以其程度不等而受到从道德谴责直至刑罚制裁的惩处。

西周时期,礼是立法的原则,某些部分甚至直接起到法律的作用。如作为礼之核心的孝友原则,本身就是西周王朝的金科玉律。《尚书·康诰》说,若敢不孝不友,将会"刑兹无赦"。但是礼的范围又非常广,"经礼三百,曲礼三千",[2]大到国家政治、经济、军事、文化制度,小到个人言谈举止,无所不包。违反那些细小的礼仪规范,大多只会受到道德谴责,而无涉国法严刑。礼法相关,却并不完全重合,这是需要引起注意的。在礼法相重合的部分,两者区别也不少。究其要者:第一,两者发挥作用的场合不同。所谓"礼者禁于将然之前,而法者禁于已然之后",[3]即礼侧重于预防犯罪,而法侧重于惩戒犯罪。第二,两者适用对象有所差异。所谓"礼不下庶人,刑不上大夫",[4]即某些贵族之礼并不为平民设置,而刑罚又会对贵族有所

---

[1] 参见沈文倬:《略论礼典的实行和〈仪礼〉书本的撰作(上)》,载《文史》(第15辑),中华书局1982年版;沈文倬:《略论礼典的实行和〈仪礼〉书本的撰作(下)》,载《文史》(第16辑),中华书局1982年版。

[2] 《礼记·礼器》。

[3] 《汉书·贾谊传》。

[4] 《礼记·曲礼》。

宽宥——如对贵族不适用宫刑，因为“不翦其类也”，[1]以避免使其断绝后代；对贵族判处死刑，也不公开执行。

二、五礼

礼的内容包罗万象，《周礼·大宗伯》将各种礼归纳为五大类，统称“五礼”，可以帮助我们了解礼之概貌。

(一)吉礼

吉礼居五礼之首，吉礼是祭礼方面的礼节仪式，“礼有五经，莫重于祭”，[2]祭礼的对象为天神（昊天上帝、日月星辰、风师雨师之类）；地祇（社稷、五祀、五岳、山林川泽、四方百物之类）；人鬼（即宗庙）。吉礼规定社会成员在祭祀仪式上的等级差别。

(二)凶礼

凶礼是对不幸事件进行悼念、慰问方面的礼节仪式，包括丧礼（哀死亡）、荒礼（哀凶札）、吊礼（哀祸灾）、禬礼（哀围败）、恤礼（哀寇乱）五种形式。其中丧礼尤其重要，丧礼依据死者身份规定其待遇等级差别，依据亲疏关系规定死者亲属的义务等级差别，对后世法制影响深远。

(三)宾礼

宾礼是天子款待来朝会的四方诸侯和诸侯派遣使臣向周王问安的礼节仪式。包括春见（朝）、夏见（宗）、秋见（觐）、冬见（遇）、时见（会）、殷见（同）、时聘（问）、殷頫（视）八种形式。宾礼规定了外交事务、朝聘会同及贵族往来中的主宾等级。

(四)军礼

军礼用于征伐，是军事活动方面的礼节仪式。包括大师之礼（用于出兵征伐）、大田之礼（用于田猎操练）、大均之礼（用于校比户口以均平征赋）、大役之礼（用于营建工程）、大封之礼（用于界定疆域，以防相侵）五种形式。军礼与法制密切相关。中国法律起源本有刑始于兵之说，而法律之颁布，多有在军礼场合者，以此显示法律的权威。[3]

(五)嘉礼

嘉礼是宴饮婚冠、吉庆活动方面的礼节仪式。包括饮食之礼（亲宗族兄弟）、婚

---

[1]《礼记·文王世子》。

[2]《礼记·祭统》。

[3] 参见杨宽：《西周史》，上海人民出版社1999年版，第708~710页。

冠之礼(亲成男女)、宾射之礼(亲故旧朋友)、飨燕之礼(亲四方之宾客)、脤膰之礼(亲兄弟之国)、贺庆之礼(亲异姓之国)六种形式。嘉礼是以喜庆之礼确定等级秩序和法律关系。

从五礼内容可以看出,礼的首要功能在于确定社会成员、社会集团之间的身份等级秩序,即"礼,经国家、定社稷、序民人、利后嗣者也"。[1] 礼在法律领域中的作用在以下两方面体现尤著:第一,明确权利义务关系,树立是非标准,即"分辨争讼,非礼不决";[2]第二,确立法律威严,以保障法律实施,即"涖官行法,非礼威严不行"。[3]

三、《九刑》

据两周史料记载,西周早期的立法为《九刑》。不少先秦古籍都有《九刑》的记载,如《左传·文公十八年》引周公之誓命说"毁则为贼,掩贼为藏,窃贿为盗,盗器为奸。主藏之名,赖奸之用,为大凶德,有常无赦。在《九刑》不忘";《左传·昭公六年》说"夏有乱政,而作《禹刑》;商有乱政,而作《汤刑》;周有乱政,而作《九刑》";《逸周书·尝麦》说"惟四年孟夏,王命大正正刑书,太史策刑书九篇以升授大正"。我们从这些史料中大体可以得知《九刑》的如下信息:

1.《九刑》是周代之重要立法成果。从《九刑》与《禹刑》《汤刑》并举可看出其地位崇高,为西周法律之代表。

2.《九刑》在周初周公时即已出现,西周王朝有不断修订《九刑》的举措,如"王命大正正刑书"。前举史料中,《逸周书·尝麦》撰写于西周,《左传》成书于东周,[4] 这表明两周时期,《九刑》始终保持了相当的影响力。

3.《九刑》可能因篇章有九而得名,其中包含惩罚贼、藏、盗、奸之类犯罪行为的内容。

四、《吕刑》

据《尚书·吕刑》记载,西周中期的天子周穆王命令吕国国君吕侯制定的刑书,通行天下。吕国又名甫国,所以《吕刑》又称《甫刑》。《吕刑》原文已佚,但

---

[1] 《左传·隐公十一年》。

[2] 《礼记·曲礼》。

[3] 同上注。

[4] 参见杨伯峻:《春秋左传注》,中华书局1990年版,第35~41页;李学勤:《〈尝麦篇〉研究》,载李学勤:《古文献丛论》,上海远东出版社1996年版,第94页。

《尚书·吕刑》记录了《吕刑》的制定背景及主要内容,我们可以之了解《吕刑》文本之梗概。

(一)《吕刑》的制定原则是明德慎罚

明德慎罚是西周立法的基本原则,《吕刑》对此加以贯彻。明德慎罚在《吕刑》中体现为处理狱讼要审慎。对论处五刑(墨、劓、剕、宫、大辟)的囚犯,如果所犯情状尚未达到适用五刑之标准,就改为五罚论处,五罚指交付罚金。如果是因过失导致触犯当判五刑或五罚之罪,那就以五过论处,五过是可以赦免的。所有判决都应经过严格的审核,断狱文书要上报,要让当事人信服。慎罚是明德的体现,正如《尚书·吕刑》中说"惟敬五刑,以成三德"。[1]

(二)《吕刑》内容以五刑为中心而展开

上古刑书的特征是先列刑罚之名,而将相应罪行附之于后,这称为"以刑统罪";而后世法典则是先列罪行,罪行后是应判处的刑罚,这称为"以罪统刑"。《吕刑》之设计即是"以刑统罪",附于五刑之后的罪名有三千之多,称为"五刑之属三千"。《尚书·吕刑》并没有记载三千罪名的具体称谓,只是笼统地讲:"墨罚之属千;劓罚之属千;剕罚之属五百;宫罚之属三百;大辟之罚,其属二百。"

(三)《吕刑》详细规定了赎刑制度

《尚书·吕刑》开篇即说,"五刑"起源于苗民,苗民以残暴的方式适用五刑,以至于"上帝监民,罔有馨香德,刑发闻惟腥"。周人作《吕刑》,力图使五刑成为良善之"祥刑",其方式之一就是在适用五刑有疑情况下,代之以赎金,而不轻易动用死刑或肉刑。具体做法是:墨刑有疑,代之以罚铜百锾;劓刑有疑,代之以罚铜两百锾;剕刑有疑,代之以罚铜四百锾;宫刑有疑,代之以罚铜六百锾;死刑有疑,代之以罚铜一千锾。赎刑的目的在于审慎处理疑难案件,以体现"明德慎罚"之指导思想。

第三节　刑事法制

一、刑法原则

西周统治者在"明德慎罚"思想的指导下,提出了一系列刑事法制的基本原则,这些原则不仅适用于西周,而且深刻地影响着后世。通过搜检周代文献,可整理出

〔1〕《尚书·洪范》中说"三德:一曰正直,二曰刚克,三曰柔克"。

如下重要刑法原则。

(一)罪刑适中

罪刑适中是说定罪量刑要轻重适中,既无不过,又无不及。这要求审判者能够准确把握"中"的尺度。《尚书·立政》所说"以列用中罚"、《尚书·吕刑》所说"士制百姓于刑之中",都是对用刑适中的要求。

(二)罪疑从赦

罪疑从赦是指如果对案情有疑问,则加以赦免。《尚书·吕刑》所说"五刑之疑有赦、五罚之疑有赦",指对适用五刑、五罚的案件如有疑问,则赦免。周代有与众共审疑狱的传统,大家都对案情有疑问,亦赦免,如《礼记·王制》说:"疑狱,泛与众共之;众疑,赦之。"

(三)罪不相及

罪不相及是说刑罚止于犯罪者自身,而不相互株连。《左传·昭公二十年》引《尚书·康诰》佚文说"父子兄弟,罪不相及"就是这个意思。上古中国原有"孥戮""罪人以族"的传统,周人提出"罪不相及",极具进步性。

(四)矜老恤幼

矜老恤幼是说对于年幼者和年老者犯罪视情况予以宽免。《礼记·曲礼》中说:"八十、九十曰耄,七年曰悼,悼与耄,虽有罪,不加刑焉。"

(五)区分故意与过失、惯犯与偶犯

在西周,过失叫作"眚",故意叫作"非眚";惯犯叫作"惟终"、偶犯叫作"非终"。对于过失和偶犯,可以宽宥;对于故意和惯犯,则要严惩。这在《尚书·康诰》中有详细的表述。

以上原则表明,西周刑法理念具有相当高的水平,这些原则有些被后世所继承,如矜老恤幼原则在汉唐乃至明清的法律中都有体现;有些原则为被后世所摒弃,如罪不相及原则在战国以后就不再被坚持,株连之刑广泛复活,并为后代王朝所沿用。

二、有特色的罪名

西周时期罪名众多,有的罪名普遍见于人类社会,如杀人越货、盗窃财产等;有的罪名则具有鲜明的本时期特色。具有西周社会特色的罪名有:

(一)不孝不友

孝指对父母长辈的孝顺,友指对同族兄弟的友爱。西周社会以宗法立国,孝友是根本性的伦理纲常,若有违背,则以严刑处罚。《尚书·康诰》说:“元恶大憝,矧惟不孝不友……曰:乃其速由文王作罚,刑兹无赦。”在这篇西周初年的文献中,已将不孝不友视为最重大的犯罪。类似表述在西周金文资料中也多有体现。约康王时期的青铜器曆鼎说“曆肈对元德,孝友唯井”,[1]即将孝友作为处世的法则。

(二)违抗王命

西周时代天子权威至高无上,违抗王命将受到严惩,正如《尚书·多方》中周王说:“乃有不用我降尔命,我乃其大罚殛之”;《国语·周语》中说“犯王命必诛”。西周时期王权加强,是国家机构、公权力壮大的体现,西周的政治秩序在此基础上得以巩固。

(三)酗酒群饮

周王朝认为商人因纵酒而亡国,因此严厉禁止酗酒。《尚书·酒诰》说:“文王诰教小子有正有事:无彝酒;越庶国,饮惟祀,德将无醉”,文王命令大小官员不能酗酒,只有在祭祀等特定场合才能饮酒。周王朝尤其禁止群饮,《尚书·酒诰》说“‘群饮。’汝勿佚。尽执拘以归于周,予其杀”,对于群饮之周人要押回王朝处以死刑。但是对商人群饮则有所宽宥,要先教育引导,不听劝诫再行严惩。从西周早期的青铜器大盂鼎到西周晚期的青铜器毛公鼎,其铭文中都有禁酒的内容,说明西周禁酒令实施力度大、时间久。

(四)违背契约

此罪在西周青铜器铭文中经常看到,周人在订立重要契约时,往往附上违背契约的处罚方式,其方式由当事人自行约定,以誓言的方式保证践行。如散氏盘所载田土交付契约上说“余有爽变,鞭千罚千”,[2]即如违背契约,则处以鞭打一千、罚金一千的惩治。

三、刑罚

★**西周的刑罚主要由墨、劓、剕、宫、大辟这“五刑”构成**。五刑的内容在本书第一章已有详细的解释,这里不再赘述。除了五刑之外,还有四种刑罚在西周普遍适用,分别是流、鞭、扑、赎。《尚书·尧典》载,流、鞭、扑、赎是和五刑配合使用的刑种,具体介绍如下:

---

[1] 井通刑、型,是型范、法则的意思。参见中国社会科学院考古研究所编:《殷周金文集成》,中华书局2007年版,第1322页。

[2] 中国社会科学院考古研究所编:《殷周金文集成》,中华书局2007年版,第5487页。

(一)流刑

流刑即流放。《尚书・尧典》有“流宥五刑”之谓,是说用流放来替代五刑,以之显示宽大处理。从金文资料来看,西周流刑的名称并不固定,有“播”“出弃”等多种称谓。

(二)鞭刑

鞭刑是鞭打犯罪人的刑罚。金文资料中数见鞭刑,其鞭打数目巨大,甚至可多达一千。《尚书・尧典》有“鞭作官刑”之谓,是说鞭刑适用于官僚贵族。

(三)扑刑

扑刑是用杖扑责犯罪人的刑罚。《尚书・尧典》有“扑作教刑”之谓,是说扑刑用于惩戒轻微犯罪,主要目的在于教化。

(四)赎刑

赎刑是以赎金来替代五刑的制度。在西周,赎金以铜来计算,铜亦叫金,《尚书・舜典》“金作赎刑”之谓,即此意。《尚书・吕刑》中有“五罚”制度,规定了赎铜的具体数额。

《尚书・尧典》中流、鞭、扑、赎等四刑与墨、劓、剕、宫、大辟等五刑配合使用,一共包含了九个刑种,古今学者普遍认为这九个刑种构成西周刑罚制度的主体。[1]

第四节　民　事　法　制

西周时期对民事关系的调整,以习惯法规范为主。在西周习惯法规范中,礼的地位崇高、内容庞杂。东周以后,儒家学者系统整理修订礼书,[2]这些礼书在后世成为统治者奉行的经典,礼书中处理民事关系的原则与规范则渗透到社会生活之诸方面,对中国法律文化影响深远。

一、土地所有权与契约

(一)土地所有权

西周时期名义上天下土地均为周王所有,即《诗经・小雅・北山》中描述的“溥

[1] 《周礼・司刑》贾公彦疏:“言九刑者,郑玄注《尧典》云,正刑五,加之流宥、鞭、扑、赎刑,此之谓九刑者。”

[2] 如被列入儒家“十三经”的《周礼》《仪礼》《礼记》大抵成书于战国至西汉。

天之下，莫非王土”，西周初年天子分邦建国，对诸侯“授民授疆土”，[1]便是这种理论的体现。然而，在分邦建国、授民授疆土完成之后，周王对天下土地的所用权就转变为政治层面的权力宣示了，周王只是在名义上为天下土地的主人。从民事角度来看，西周中期以后，土地所有权为实际占有土地的各级诸侯、贵族所享有，这已成为西周王朝之共识。西周中期以后的多篇青铜器铭文显示，贵族之间可以自由交易土地，土地交易时要履行一整套礼仪程序，包括双方协议、踏勘地界、起封作帜、书于契券、宴请送礼等各个环节，有时执政大臣或王朝官员还会参与到这些程序之中，这既体现周王对田土交易的认可，也表明西周贵族对土地享有处分权。

(二)契约

根据《周礼》记载，西周有买卖契约与借贷契约。

★**买卖契约统称为“质剂”**。其中“质”是指买卖奴隶、牛马等贵重活物时使用的契约，尺寸较长；“剂”是指买卖兵器、珍宝等贵重物品使用的契约，尺寸较短。借贷契约称为“傅别”，“傅”是文书，“别”指中分，借贷双方各执一半。

二、婚姻制度

周人非常看重婚姻制度。《礼记·昏义》云“昏礼者，将合二姓之好，上以事宗庙，而下以继后世也，故君子重之”，指出了婚姻的两个目的：一是联合异姓宗族；二是延续血统、祭祀祖先。与前代相比，西周在婚姻制度上方面作出了很多革新，以婚姻制度稳固社会，增强统治力。

(一)确立一夫一妻制

考古资料表明，早期社会一夫多妻制较为盛行，贵族阶层更是如此。周人则确立了一夫一妻制的原则，即法律上的妻子只能有一位。当然，除妻子之外，男子还可以有其他女性配偶，以之作为媵妾，但媵妾并非法律意义上的妻子，其数量也没有严格限制。

(二)婚姻成立的条件与禁止

婚姻成立的条件主要有三：首先是要有父母之命，如《诗经·齐风·南山》中所说的“取妻如之何？必告父母”。其次是要有媒妁之言，如《诗经·齐风·南山》中所说的“取妻如之何？匪媒不得”。最后是要经过“六礼”的程序。

---

[1] 参见《大盂鼎》铭文。

★**六礼**是婚姻成立过程中的六个步骤,分别为:“纳采”,即男方家长请媒人向女方家长提亲;“问名”,即请媒人问清楚女方的姓名;“纳吉”,即男家将女方姓名及相关情况在祖庙中告知祖先,并占卜吉凶;“纳征”,即男家向女家送达聘礼;“请期”,即男家占卜决定婚期并告知女家;“亲迎”,即新郎奉父之命到女家迎娶新娘,同至男家举行婚礼。

以上婚姻成立的条件为原则性规定,在实践中也有例外。《周礼·地官·媒氏》中说:“中春之月,令会男女。于是时也,奔者不禁”,即在特定的时间段不由媒人、不备六礼而自由成婚是被允许的。六礼程序为后世所沿用,时至今日,中国婚俗中还可见其遗存。

西周时期禁止结婚的规定主要有两条:一是同姓不婚。之所以作此规定,原因为:“男女同姓,其生不蕃”,[1]即近亲婚配对后代不利,影响种族之繁衍;另则,“取于异姓,所以附远厚别也”,[2]即有利于联合疏远的族姓形成联盟。二是居父母丧不婚,即为父母服丧期间不能结婚。

(三)离婚的条件与限制

根据《大戴礼记·本命篇》的记载,周代离婚的条件为“七去”。“七去”又称“七出”,是丈夫休弃妻子的七种理由,其内容为:“无子”,即妻子未能生育孩子;“淫佚”,即妻子有淫乱的行为;“不事舅姑”,即妻子不孝顺公婆;“口舌”,即妻子搬弄是非,挑拨离间亲属关系;“盗窃”,即妻子暗蓄私财;“妒忌”,即妻子争风吃醋;“恶疾”,即罹患恶性传染病。“七出”之规定出自礼书,实践中如何认定执行,却有不少困难。如婚后多久未生育才算“无子”,就很难有明确界定,后世法律对此多有补充完善。如《唐律疏议·户婚》:“问曰:妻无子者,听出。未知几年无子,即合出之?答曰:律云,妻年五十以上无子,听立庶以长。即是四十九以下无子,未合出之。”这样就从法律上规定女性婚后至五十岁未生育,方可认定为“七出”中的无子。

为了防止丈夫滥用休妻之权,周代以“三不去”规则以限制“七出”。据《大戴礼记·本命篇》记载,“三不去”的内容为:“有所取,无所归,不去”,即妻子被丈夫休弃后无家可归、没有依靠,则休妻不被允许;“与更三年丧,不去”,即妻子曾经为公婆服过三年丧的,不得被休弃;“前贫贱后富贵,不去”,即结婚时丈夫贫贱,后来丈夫富贵而欲休妻,亦不被允许。

---

[1]《左传·僖公二十三年》。

[2]《礼记·郊特牲》。

三、继承制度

★**西周的继承包括宗祧继承、爵封继承与财产继承三部分**，这三部分都以嫡长子继承为原则，此外亦有其他继承方式存在，如兄终弟及制直到春秋时期还很普遍。《史记·鲁世家》说"一继一及，鲁之常也"，即表明"继"（父死子继）与"及"（兄终弟及）都是鲁之常制。鲁为周之同宗所建，其常制尚且如此，其他异姓国族的情况就可想而知了。

（一）宗祧继承

宗祧继承是指宗族祖先祭祀之主祭权的继承。"宗祧"原指天子宗庙、天子血统，后世泛称宗庙、祖先之祭祀，这种祭祀可使宗族团结、传续繁衍。宗祧继承是以祭祀祖先为目的的男系宗统继承，女子死后可以祔祭于祖庙而享受子孙的祭祀。西周宗祧继承制以嫡长子作为宗族祭祀的正统继承人，代代相承，称为"大宗"，或"宗子"，而嫡长子以外的诸子均称为"小宗"。宗子主持祭祀主权，小宗只能陪祭。大宗无子，可从小宗中择人过继，称为立后。大宗世代相传，而小宗传至第五代时可由大宗分出，单立宗族，第一代小宗成为该宗族之始祖，《礼记·大传》谓之"有百世不迁之宗，有五世则迁之宗"。宗祧继承为中国传统文化的重要特征，古代法典对之多有详细规定。[1]

（二）爵封继承

爵封继承指爵位和封地的继承。西周时期诸侯有相应的爵位与封地，其爵位与封地世袭继承。周人以嫡长子继承为原则，而各诸侯国之习俗不一，亦有兄终弟及等其他继承方式存在。[2]

（三）财产继承

西周时期的财产以宗族共有为主，宗族财产由大宗继承、大宗支配。《礼记·丧服》中说"异居而同财，有馀则归之宗，不足则资之宗"，即各家庭的多余财产要交给大宗，贫困之家则由大宗给予资助，这就是大宗的"收族"功能。金文资料显示，尽管西周时期财产以宗族共有为主，但大小宗之间的财产界限已经出现，遇有纠纷，甚至要通过司法途径解决。[3]

---

〔1〕关于宗祧继承的论述，参见丁凌华：《五服制度与传统法律》，商务印书馆2013年版，第304~320页。

〔2〕需要特别指出的是，《春秋》经传等古籍认为西周有公、侯、伯、子、男五等爵制度，而现当代学者多指出西周时期尚未建立构建如此整齐划一的制度。

〔3〕参见王沛：《琱生诸器与西周宗族内部诉讼》，载《上海师范大学学报》2017年第1期。

第五节 司法制度

一、司法机构

★据《周礼·秋官·司寇》记载,西周有从中央到地方非常完备的司法机构,司法机构的长官为**大司寇**,属官有小司寇、士师、乡士、遂士、县士、方士等。

不过更多的资料表明,这只是战国后期到西汉时期的学者们设想出来的制度,其中包含了某些上古遗制,但并非西周司法制度的真实写照。综合各种资料来看,西周时期的司寇之职地位并不高,与司法职能的关联也不密切,专门的司法机构尚未出现,而享有司法职能的机构较为多元,其中:

(一)王室享有最高审判权

西周王室非常重视审判。根据《诗经》《史记》等文献的记载,周文王时诸侯遇有纠纷都来请文王裁决,文王因而享有盛誉,这种盛誉到解决虞、芮二国之狱讼时达到顶峰,诸侯皆称文王为"受命之君"[1],即文王获得天命,由此奠定了文王取代殷商统治的理论基础。因事关政权合法性之所在,周王室非常重视审判工作。金文资料中可见天子介入诸侯国之司法(㴱卣铭文)、[2]贵族向东宫(即太子)提起诉讼(曶鼎铭文)等,都是王室享有最高审判权的表现。王室重视审判的传统在诸侯国也有体现。直到东周文献中,还常见到国君亲自审理案件的事例。如《左传·庄公十年》所载"曹刿论战",鲁国国君说自己"小大之狱,虽不能查,必以情",被曹刿高度评价为"忠之属也",便是其例。

(二)各行政机构、宗族首领享有相应的审判权

在西周金文册命文书中可看到,周王任命某贵族担任诸种行政职务,在列举其具体职责时,常出现"讯讼"一词,其含义便是在其职务范围内可以审理案件。宗族内部遇有纠纷时,通常由宗君等宗族首领审理解决。

二、诉讼与审判

西周的诉讼通常由当事人亲自告诉,诉讼程序随之启动。《周礼·秋官·大司

---

〔1〕《史记·周本纪》。

〔2〕㴱卣又称肃卣,参见董珊:《山西绛县横水 M2 出土肃卣铭文初探》,载《文物》2014 年第 1 期。

寇》中说,受理案件时需要告诉方缴纳诉讼费,其中民事案件要缴纳一百支箭,称为“束矢”;刑事案件要缴纳三十斤铜,称为“均金”。审判时双方当事人都要到场,接受法官审问,并展开辩论。具有一定级别的贵族不需亲自到场,只要指派属下代理出庭即可,这称为“命夫命妇不躬坐狱讼”。[1]

西周时期的审判有如下特征:

(一)重视誓言

誓言的作用表现为:首先,当事人曾经发下的誓言即具有法律效力,违背誓言则会遭到惩处。其次,判决时审判官会让当事人发誓遵守判决结果。𠑇匜铭文中被告牧牛败诉的原因就是违背了自己发过的誓言,而审判官在判决时令牧牛再行发誓遵守判决结果,誓言中同时规定了违背誓言的惩罚方式。西周审判中出现的誓言很少附着神权的色彩,与殷商相较,西周司法中的神权因素已相当式微。

(二)使用“五听”

★**“五听”是审判官用五种观察当事人的方法来辨析供词是否真实可信**。“五听”分别为“辞听”,即言辞是否矛盾;“色听”,即脸色是否正常;“气听”,即呼吸是否急促;“耳听”,即注意力是否集中;“目听”,即眼神是否游移。“五听”的方法建立在审判心理学的基础上,具有一定进步性。但过于倚重“五听”,则易因审判官的主观判断而导致冤假错案。

(三)兼采“三刺”

★由于“五听”过分倚重审判官的个人主观判断,具有局限性,故又设“三刺”之制以纠其偏。**三刺指遇有疑难案件,需要讯问三类人的意见**:“一曰讯群臣,二曰讯群吏,三曰讯万民”,[2]最后根据群臣、群吏、万民的意见来决定审判结果。三刺是慎刑原则在司法中的体现。

(四)“三宥”与“三赦”

★《周礼》还规定了**“三宥”**与**“三赦”**制度。“一宥曰不识,再宥曰过失,三宥曰遗忘。”[3]当出现了“不识”“过失”“遗忘”三种情况,有罪之人可以得到宽大处理。“一赦曰幼弱,再赦曰老旄,三赦曰蠢愚”[4],幼弱、年长、痴呆之人犯罪可以得到赦免。

---

[1] 《周礼·秋官·小司寇》。
[2] 同上注。
[3] 《周礼·秋官·司刺》。
[4] 同上注。

第三章　春秋战国法律

教学目标

理解春秋战国时期的法律思想与制度，熟悉铸刑书与铸刑鼎事件以及《法经》的主要内容与结构，掌握商鞅变法与以法治国、轻罪重刑、刑无等级等法家思想的特点。

推荐参考资料

1. 张伯元：《包山楚简案例举隅》，上海人民出版社 2014 年版；
2. 苏亦工：《天下归仁：儒家文化与法》，人民出版社 2015 年版；
3. 马小红：《礼与法：法的历史连接》，北京大学出版社 2017 年版。

第一节　春秋时期的立法活动

一、时代背景

春秋时期是中国古代社会的转型时期，以周王为天下共主，诸侯并立、宗族血缘纽带牢固的传统社会开始瓦解，而君主集权为特征的新体制尚未完全建立，社会动荡、斗争激烈，这尤其表现在以下三方面：

（一）政权更迭剧烈

作为名义上的天下共主，周天子的权威在春秋初期尚可勉强维持，但很快就一落千丈。公元前 707 年的周郑繻葛之战，周桓王被郑国的祝聃射中肩膀，"王命"的神圣性不复存在。此后王室接连变乱，王畿萎缩，地位与诸侯国相差无几。各诸侯国也上演着同样的故事，诸侯、卿大夫、士等统治阶层均不能保有其位，权力逐层坍塌,新贵族逐步控制各国政权。如鲁国公族势力强大,可以随意驱逐国君;晋国异姓世族占据主导地位,但相互之间争斗兼并,最后赵、魏、韩三家分晋;宋、卫等国先后被卿大夫夺取了政权;齐国政权则被外来的田氏所取代。

(二)任官制开始出现

西周时期职官以世袭为主,世家大族世享其官、世受其禄,称为"世卿世禄"。春秋时期延续了此传统,但同时也出现了"择能而使之"的任官制,这种趋势在贵族家臣的选任上尤其普遍。如鲁国的阳虎为鲁国孟孙氏之后,却做了季孙氏的宰,后来又做了晋国赵氏的家臣。此类家臣与主人没有宗族上的关系,领取俸禄、去留自由,是一种新型的任官制度。春秋末年到战国初期,一些新贵族取得政权当上国君后,这些家臣就转变为国家的官吏。任官制适用于集权政治,其出现与国家结构的转变密切相关,至战国后,任官制取代了世卿世禄,成为官僚制度的主流。

(三)农村公社瓦解

西周时期以井田制为社会生产的基本制度,最基层的社会组织以血缘关系为纽带结合起来,以宗族共同劳作的方式耕种于井田之上,这就是《逸周书·大聚》中所说的"合族同亲,以敬为长,饮食相约,兴弹相庸,耦耕俱耘",贵族以宗族公社为单位对人民进行统治。到了春秋时期,井田制开始瓦解,公社农民开始从集体生产转向个体生产。齐、晋、鲁等国家更是采取了将田地直接赏赐给国人,按照田亩收税,换取民众积极服兵役以效力国家的举措。农村公社的瓦解使社会结构发生了重大变革,逐层分封、间接管理的统治模式被国家直接管理每个社会成员的新模式所取代。

以上社会变化使传统社会秩序难以为继,周王室统治力的削弱,使周礼规范不再被视为金科玉律,僭越礼制、摒弃旧俗的现象层出不穷,是谓"礼崩乐坏"。社会秩序亟须重建,所以各国陆续颁布了新的立法。到了春秋晚期,成文法的公布成为社会常态,也由此引发了不少争议。

二、成文法公布活动

(一)郑国铸刑书

★春秋后期,郑国的执政子产于公元前536年制定了刑书,并将其内容铸于金属器皿之上,称为"**铸刑书**"。《左传·昭公六年》记载:"三月,郑人铸刑书",后世学者或认为子产的刑书是铸造在鼎上面的,但这并无确切证据。《左传·昭公六年》记录了反对子产铸刑书的声音,晋国的贵族叔向写信给子产,预测铸刑书的行为会导致“乱狱滋丰、贿赂并行”,并指出“国将亡、必多制”,子产不为所动,回信道“侨不才,不能及子孙,吾以救世也。”

不过时人对子产的立法行为并非一概批评。清华大学藏战国楚简《子产》篇同样记载了子产立法的事迹,指出此次立法效果非常好:“为民刑程,上下维辑”,[1]即其立法使国内各阶层团结而和谐。

子产所铸刑书的具体内容是什么,已不得而知。清华大学藏战国楚简《子产》篇说子产立法包含“郑令”“野令”“郑刑”“野刑”四部分。所谓郑、野,即国、野。国、野在古文献中也被称为都、鄙:国都及其近郊为都,郊外为野鄙。《左传·襄公三十年》说“子产使都鄙有章,上下有服”,所谓“都鄙有章”,应即国(郑)、野分治的体现。所谓令、刑之别,当指其立法分为令与刑两类,令、刑的具体区别,还有待进一步研究。

(二)晋国铸刑鼎

★子产铸刑书后的第23年,也就是公元前513年,**晋国发生了铸刑鼎事件**。这一年晋国的贵族赵鞅、荀寅将已去世多年的执政范宣子制定的刑书铸造在一件铁鼎上,而范宣子制定的这部刑书,又源于108年前(公元前621年)的执政赵宣子(赵盾)订立的刑书。赵宣子的专政地位是在“夷之搜”后,即夷地举办的大搜礼后确立的,这次大搜礼十分混乱,赵宣子通过各种手段登上执政地位,随后颁布了刑书,以之为晋国的常法。由此晋国的铸刑鼎事件遭到了孔子的批判。孔子说晋国原本就有很好的法律,如开国君主唐叔的法律、霸主晋文公制定的“被庐之法”,为什么都弃而不用,反倒要使用赵宣子在“夷之搜”后制定的那部乱制呢?晋国的蔡史墨同样认为这次铸刑鼎事件是“擅作刑器,以为国法,是法奸也”。

郑国铸刑书、晋国铸刑鼎都引发不少争议,这是春秋时期新立法大量出现后的正常反映。新立法是基于旧秩序轰然崩坏,新秩序急需构建而大量涌现的,此刻新旧政法观念交锋非常激烈,所以立法论争也同样激烈。

春秋时期立法频繁,郑国甚至出现了“竹刑”。“竹刑”是郑国大夫邓析自己私造的刑书,因写在竹简之上而得名。《列子·力命》说“邓析操两可之说,设无穷之辞,当子产执政,作《竹刑》,郑国用之,数难子产之治”,郑国因之大乱,而邓析被杀。《左传·定公九年》又说“郑驷歂杀邓析,而用其《竹刑》”,说明“竹刑”还是有其可

---

[1]　李学勤主编:《清华大学藏战国竹简(陆)》,中西书局2016年版,第138页。

取之处的，但私自立法则为政权所不允许。成文法大量制定、公布的风潮到战国时期更为高涨，最终出现了秦律这样庞大的法律体系。

第二节 战国时期的法律思想与制度

一、战国时期的法律思想

（一）战国时期“变法”的转型背景

战国时期“变法”潮流风涌，预此时代潮流者，汉人归为“法家”。战国法家思想大部分源自春秋时期子产、管仲等改革家的思想与实践。法家思想的兴起，与春秋以降的封建宗法崩溃、世袭贵族陵夷、官学衰私学兴等时代背景息息相关。战国时期的法家人物多以变法者身份参与各国变法，法家思想与实践对当时以及后世的中国法律史发展产生了深远影响。

战国初期，三晋引领“变法”潮流，尤以魏国为盛，出现了早期的法家流派。魏国在魏文侯时期由李悝变法，首先取得成效，使魏最先强大起来。公仲连在赵国推行改革。楚国用吴起实行变法，但因楚悼王去世，楚国变法并不彻底，形成了封君与郡县的二元体制。齐国用邹忌主持改革，齐国成为与魏并立的强国。韩国则有早期的法家代表人物申不害进行改革，申不害以“术”治国，韩国得以维持不衰。秦国是大国中最晚变法的，但秦孝公重用商鞅，先后两次变法，较为彻底地改变了国家制度，使秦国强大起来，由此奠定了秦国在一百多年后完成统一六国的基础。

战国时期各国变法的实践渊源，系从春秋末期晋国六卿按田亩征税制度改革兴发，战国魏国李悝变法，秦国商鞅变法，均为其后续发展。以后田亩租税就成为各国的主要财源，从出土的简牍文献看，秦、魏在战国后期均已普遍推行按户授田制，由此小农经济替代封建经济成为各国立国之基础。简言之，各国变法多始于田制，而后一变百变，官制、军制乃至法制等也随之而变，最终都体现为“新法”体系替代“旧礼”体系。由此可见，战国“变法”实质是国家与社会的整体转型。

战国时期的“变法”转型，奠定了秦汉以降国家制度的发展方向，从历史的长时段看，战国时期是变革夏商周以礼制为中心的规范体系，开创秦汉以后律令法体系的重要发源期。战国时期各国关于社会规则与社会秩序变革的思想与实践，已确立了后世传统中国律令法体系的诸多本质要素，并在很大程度上规制了其发展趋向。王夫之称战国时期是"古今一大变革之会",[1]确实如此。

★(二)战国时期法家思想的特点

法家思想,从地域看,法家以三晋法家、秦法家、齐法家为代表;从变法的侧重点看,有重法者如秦之商鞅,有重势者如慎到,有重术者如申不害。总而言之,战国法家思想特点可以归纳为以下三点。

1. 以法治国

战国时期的法家主张"以法治国",这是法家最为鲜明的特点。记载齐法家思想的《管子》一书即主张君王必须以法治国,《管子·明法》云:"先王之治国也,不淫意于法之外,不为惠于法之内也。"《管子·任法》云:"君臣上下贵贱皆从法,此谓为大治。"秦法家,也有"法任而国治矣"的观点,《商君书·慎法》明确提出:"故有明主、忠臣产于今世,而散领其国者,不可以须臾忘于法。破胜党任,节去言谈,任法而治矣。"三晋法家的代表人物如申不害亦重"术",但以法治国确是前提,他认为"尧之治也,盖明法审令而已。圣君任法而不任智,任数而不任说。黄帝之治天下,置法而不变,使民安乐其法也"。[2] 赵国慎到重"势"亦尚法,他认为:"法者,所以齐天下之动,至公大定之制也。"[3]

2. 轻罪重刑

具有法家理念的战国变革家们无一例外地重视"重刑治国"。《管子·法法》云:"上赦小过,则民多重罪。"《商君书·赏刑》云:"禁奸止过,莫若重刑。"《商君书·说民》中论证了"轻罪重刑"的内在逻辑,其云:"故行刑,重其轻者;轻者不生,则重者无从至矣。此谓治之于其治也。"即所谓的"以刑去刑"[4]。韩非子则指出实行轻罪重刑的理论依据:"今轻刑罚,民必易之。犯而不诛,是驱国而弃之也;犯而诛之,是为民设陷也。"[5]

3. 刑无等级

战国时期的法家倡导刑无等级,虽是与近代以来的"法律面前人人平等"尚有区别,但在当时仍具有进步意义。《商君书·赏刑》云:"圣人之为国也:壹赏,壹刑,壹教。"此处的"壹刑"即含有刑无等级之意,即"所谓壹刑者,刑无等级。自卿相、将军以至大夫、庶人,有不从王令,犯国禁,乱上制者,罪死不赦。有功于前,有败于后,

---

[1] (明)王夫之:《读通鉴论·叙论四》。

[2] 《申子》。

[3] 《慎子》。

[4] 《商君书·画策篇》。

[5] 《韩非子·六反》。

不为损刑;有善于前,有过于后,不为亏法”。[1] 需要注意的是,刑无等级是针对原有“刑不上大夫”的旧传统进行改革而提出的。

(三)战国时期其他各家法律思想简介

战国时期,百家争鸣,除了法家以外,还存在众多的学术流派,其中较为重要的有儒家、墨家与道家。下面简要介绍这三家学派的法律思想。

1. 儒家法律思想

儒家学派的创始人为春秋末期的孔子。到了战国时期,记录其言行的《论语》一书经其弟子与再传弟子编辑成书并通行于世,成为儒家思想的根基。在孔子之后,儒家思想分为数个流派,并产生了孟子、荀子等代表人物。大体而言,儒家法律思想有如下特点。

(1)重礼轻刑

儒家思想以德为本,以礼为根,而法律只是用来辅助治国的手段。孔子认为“道之以政,齐之以刑,民免而无耻;道之以德,齐之以礼,有耻且格”(《论语·为政》),即在治理国家的过程当中,若用政法来诱导民众,用刑罚来整顿民众,只会让民众暂时地免于罪过,却没有廉耻之心。若用礼教来教化民众,民众不但有廉耻之心,而且会人心归服。孔子的这一思想为后世儒家所继承与发展,并最终成为中华法系的根本特征之一。《唐律疏议》所言“德礼为政教之本,刑罚为政教之用”正是这一思想的表现。

(2)刑罚适中

儒家思想秉持中庸之道,强调“允执其中”(《论语·尧曰》),在法律上表现为提倡刑罚适中。孔子云“礼乐不兴,则刑罚不中;刑罚不中,则民无所措手足”(《论语·子路》),即强调在治国之时刑罚需要适中。需要注意的是,儒家所强调的是“中”,而非单纯的轻刑。例如,郑国多盗之时,孔子评价道“政宽则民慢,慢则纠之以猛,猛则民残,残则施之以宽,宽以济猛,猛以济宽,政是以和”,主张“慢则纠之以猛”(《左传·昭公二十年》)。后世某些儒者一味强调轻刑,以彰显仁爱,是与孔子的思想不符的。

(3)“无讼”理念

儒家思想重视“礼”的作用,而“礼”的目的是“和”,正所谓“礼之用,和为贵。先王之道,斯为美,小大由之”(《论语·学而》)。在此思想的影响下,儒家处理法律

---

[1] 《商君书·赏刑》。

纠纷以“无讼”为目标。孔子云“听讼,吾犹人也,必也使无讼乎”(《论语·颜渊》),即以“使诉讼的事件完全消灭”[1]为理想状态。“无讼”理念对后世影响深远,中国古代官员常使用各种方法来“息讼”,正是受此理念影响。

2. 墨家法律思想

墨家创始人为墨子,名翟,一般认为其为鲁国人。[2] 墨家学派是战国时期重要的思想流派,具有很强的社会影响力,韩非子云“世之显学,儒、墨也”(《韩非子·显学》),将其与儒家并称为当时的显学。现存的墨家文献主要为《墨子》一书。

墨家的基本理念为“兼爱”“非攻”,即“一视同仁地爱一切人”“反对一切侵伐别国的战争”。[3] 在此理念指引下,进一步提倡“节用”“非乐”等主张,从而与儒家思想发生冲突,表现出“非儒”的倾向。[4] 在法律思想方面,墨家以“兼爱”思想为指导,其主要内容如下。

(1)以天为法

墨家宣扬“以天为法”:“以天为法,动作有为,必度于天,天之所欲则为之,天所不欲则止”(《墨子·法仪》)。如何才能做到“以天为法”呢?墨家认为“天必欲人之相爱相利,而不欲人之相恶相贼也。奚以知天之欲人之相爱相利,而不欲人之相恶相贼也?以其兼而爱之,兼而利之也。奚以知天兼而爱之,兼而利之也?以其兼而有之,兼而食之也”(《墨子·法仪》)。即若要实现“以天为法”,还是需要秉持“兼爱”的思想,如此才能治理好国家。

(2)赏罚得当

墨家主张赏罚得当,在《墨子·七患》之中将“赏赐不能喜,诛罚不能威”列为治理国家的“七患”之一。墨家认为,“若苟赏不当贤而罚不当暴,则是为贤者不劝,而为暴者不沮矣”(《墨子·尚贤中》),并进而造成“使治官府则盗窃,守城则倍畔,君有难则不死,出亡则不从。使断狱则不中,分财则不均。与谋事不得,举事不成,入守不固,出诛不强”(《墨子·尚贤中》)的后果,严重影响国家的治理。值得注意的是,诸如“赏罚得当”的思想,在诸子百家中多有表现,但其理论基础各异。墨家提倡的“赏罚得当”基于“尚贤”的政治理论,这一点是与其余诸家所不同的。

---

[1] 参见杨伯峻:《论语译注》,中华书局2009年版,第126页。
[2] 参见孙诒让:《墨子间诂》,中华书局2001年版,前言。
[3] 同上注。
[4] 参见孙诒让:《墨子间诂》,中华书局2001年版,前言。关于儒、墨两家之不同,可参见《韩非子·显学》。

3. 道家法律思想

道家学派以春秋末期的老子为创始人，代表性典籍有《老子》《庄子》等书。道家思想的核心在于"道"，主张道法自然，崇尚无为而治，其法律思想也不例外。

(1)《老子》的法律思想

《老子》主张"无为而治"，他认为在治理国家时，需要"不尚贤，使民不争；不贵难得之货，使民不为盗；不见可欲，使民心不乱"(《老子·第三章》)，只有如此才能"为无为，则无不治"(《老子·第三章》)。《老子》同时认为"绝圣弃智，民利百倍；绝仁弃义，民复孝慈；绝巧弃利，盗贼无有"(《老子·第十九章》)，主张在治理国家时应该"绝圣弃智""绝仁弃义""绝巧弃利"。

在"无为"思想的指导下，《老子》认为法律不宜过于繁复，否则对于国家治理反而不利。他认为"天下多忌讳，而民弥贫；民多利器，国家滋昏；人多伎巧，奇物滋起；法令滋彰，盗贼多有"(《老子·第五十七章》)，"法令滋彰，盗贼多有"表明了老子对于法律的态度。《老子》认为，若要避免上述这些于国有害的情况发生，则需要"我无为，而民自化；我好静，而民自正；我无事，而民自富；我无欲，而民自朴"(《老子·第五十七章》)，即无为而治。

(2)黄老学派的法律思想

在战国时期，道家出现了黄老学派。此学派托黄帝、老子立言，重视法律的作用，认为道中可以推衍出法律来，这是非常值得重视的现象。法律既然是道的体现，那么就必须恪守遵行而不能偏废，正如马王堆出土的帛书《黄帝书》所说的：

道生法，法者，引得失以绳，而明曲直者也。故执道者，生法而弗敢犯也，法立而弗敢废也。[1]

黄老法律思想为战国时代的变法与立法找到了新的哲学依据，其影响十分深远。不仅刑名学和法家学说中可见到黄老思想的印记，就连魏晋以降新型法典的编纂活动，也深受其学理之启发。[2]

二、战国时期的法制成就

(一)李悝变法与《法经》

中国传统成文法典的起源时代、编撰者等问题，限于史料匮乏，至今仍无定论。

---

〔1〕 参见裘锡圭主编：《长沙马王堆汉墓简帛集成》(肆)，中华书局2014年版，第127页。

〔2〕 参见王沛：《刑名学与中国古代法典的形成——以清华简、〈黄帝书〉资料为线索》，载《历史研究》2013年第4期。

自唐初以后,多依《晋书·刑法志》所述,认为战国时期李悝撰《法经》是中国成文法典起源时期的标志性事件,现略述如下。

战国时期,七国中最早进行变法的是魏国。魏文侯(公元前472年~前396年)在位期间礼贤下士,以为获人望而邀誉于各诸侯国,其所为开战国时期各国养士、变法强国之风先河,先有“子夏居西河教授,为魏文侯师”[1],又有段干木、田子方、魏成子诸贤士襄助,为一时之盛。李悝(公元前455~前395年)亦为魏文侯师,继又拜为相,主持魏国变法,是战国初魏国称雄于诸侯的重要人物。[2] 李悝的变法,是全方位的。在经济制度方面,李悝推行“尽地力”“善平籴”政策[3],提高农业生产效率,稳定物价;在政治制度方面,李悝推行“食有劳而禄有功、使有能而赏必行”的政策[4],改革原有的世卿世禄体制,向君主专制制度迈进;在军事制度方面,他采取“中试则复其户,利其田宅”的政策,以图达到练兵强国的目标[5]。通过李悝的变法,魏国成为战国初期的诸强之一,李悝变法的诸多政策主张,也为后来的法家人物进行改革时采纳并改进,可谓战国法家改革之先驱者。据房玄龄等主持编修的《晋书·刑法志》,李悝曾撰辑《法经》,不过《法经》至当时早已佚失而不得见。[6] 《史记》《汉书》等记载李悝相关史事时从未提及李悝撰有《法经》一书。一千年后,《晋书·刑法志》才见记载:

悝撰次诸国法,著《法经》。以为王者之政,莫急于盗贼,故其律始于《盗》《贼》。盗贼须劾捕,故著《网》《捕》二篇。其轻狡、越城、博戏、借假不廉、淫侈逾制以为《杂律》一篇,又以《具律》具其加减。是故所著六篇而已,然皆罪名之制也。

★依上引文,李悝撰**《法经》一书,是参考当时的各诸侯国法,编成具有内在逻辑关系的律书**,《法经》六篇俱称为“律”,皆为“罪名之制”,各篇之间亦有其内在逻辑关系,《盗律》《贼律》《杂律》类于现代的刑法分则,《网律》《捕律》二篇则类于现代的刑事诉讼法,[7]《具律》则是现代的刑罚适用原则。从睡虎地秦墓出土的秦简

---

[1] 《史记·仲尼弟子列传》。

[2] 李悝或名李克,其事迹考辨可参见钱穆:《先秦诸子系年》,载钱宾四先生全集编委会整理:《钱宾四先生全集》,台北,联经事业公司1998年版,第149~155页。又参见劳榦:《古代中国的历史与文化(上)》,中华书局2006年版,第45页。

[3] 《汉书·食货志》。

[4] 《说苑·政理》。

[5] 《荀子·强兵》。

[6] 《法经》或即《汉书·艺文志》儒家所列“李克七篇”,或法家所列“李子三十二篇”,今均已佚,无考。

[7] 新近出土的睡虎地汉简、胡家草场汉简等资料表明,“网律”可能是“亡律”之误。参见陈伟:《秦汉简牍所见的律典体系》,载《中国社会科学》2021年第1期。

所载魏律残文看，《法经》所载六律或亦是当时实际行用的律。

但是，李悝是否著有《法经》一书，《法经》是否为当时魏国的律典，学界一直有争议。《法经》的原文，明代董说所撰《七国考》有载，董氏自称引用桓谭《新论》所见，查其所谓"原文"实为唐律改编而来。20世纪30年代，日本学者如仁井田陞[1]、贝冢茂树等均提出李悝所著《法经》可能系伪书。[2]

除《晋书·刑法志》外，唐代的《唐律疏议·名例律》篇名疏议、《唐六典·刑法》注文等则沿袭其说，其文相似，试举《唐六典·刑法》注文如下：

律，法也。魏文侯师李悝集诸国刑书，造《法经》六篇：一、盗法，二、贼法，三、囚法，四、捕法，五、杂法，六、具法。商鞅传之，改法为律，以相秦，增连坐之法，造参夷之诛……

上述记载又改称"律"为"法"，并添商鞅携《法经》入秦"改法为律"之说，但此说不见于《商君书》《韩非子》《战国策》等早期古书，乃至汉代《史记》《汉书》等均未见记载，最早记载商鞅携《法经》入秦一事，其文或见北齐魏收撰《魏书·刑罚志》的类似记载：

逮于战国，竞任威刑，以相吞噬。商君以《法经》六篇，入说于秦，议参夷之诛，连相坐之法。

由此可见，商鞅携《法经》入秦一事当在魏晋以后才有见载于史籍，其源自何处已经不可核查，《晋书》成书在《魏书》之后，其记载有可能就是源自《魏书》。

（二）商鞅变法与秦律

★**商鞅**为卫国公族之后，也称公孙鞅。"少好刑名之学"，曾做魏相公叔痤的家臣。后入秦，因变法成功，封为商君，故后世以商鞅称之。按《史记·商君列传》载，公元前361年秦孝公颁布求贤令，商鞅此时入秦。越二年，秦国朝廷经过论争，商鞅的变法主张占了上风，遂开始准备变法。变法共进行两次。

第一次是公元前356年秦孝公任命商鞅为左庶长主持变法。主要内容是：

（1）定连坐法，鼓励告奸。连坐法，即令民为什伍，建立相互监督与有罪连坐制度。告发"奸人"的可以如同斩得敌人首级一样得赏，不告发的要腰斩。如果一家藏"奸"，与投敌的人受同样处罚；其余九家倘不检举告发，要一起办罪。旅客住客舍要有官府凭证，客舍收留没有凭证的旅客住宿，主人与"奸人"同罪。为了贯彻新

---

[1] [日]仁井田陞：《唐令拾遗》，栗劲、霍存福等编译，长春出版社1989年版，第802页。

[2] [日]小川茂树：《李悝法经考》，载《东方学报》（京都版）（第4册），1933年。贝冢茂树原姓小川——编者注

法,还实行轻罪重刑之策。商鞅的连坐法在秦国取得了很好的成效,所谓"道不拾遗,民不妄取,兵革大强"。[1]

(2)奖励耕织,抑制商业。商鞅颁布的法令规定:"僇力本业耕织致粟帛多者,复其身;事末利及怠而贫者,举以为收孥。"[2]在《商君书·垦令》中,甚至列举二十条鼓励垦荒与抑商的政策措施。例如,规定提高市场上酒肉买卖的税额,要让税额比成本高十倍等。

(3)奖励军功,禁止私斗。颁布按军功赏赐的二十等爵制度。规定军功以斩敌首数量为标准计算,斩得敌首一赏爵一级。公族无军功不得属籍,即所谓"有功者显荣,无功者虽富无所芬华"。[3]

由于第一次变法的成效卓著,商鞅因功由左庶长升为大良造。公元前350年商鞅开始第二次变法,此次变法的广度与深度要超过第一次,其目的是进一步谋求富国强兵。主要有下列五点:

(1)取消分封,推行县制。集乡、邑、聚(村落)为县,建置了41个县,[4]县设有令、丞、尉等官吏。[5] 令为一县之长,丞掌民政,尉掌军事。后在县廷又设"有秩史"[6],县级行政机构由此确立。县制有助于秦国的国君集权体制,发展经济,如《商君书·垦令》所云:"民不劳""民不敖""农多日,征不烦,业不败,则草必垦矣"。

(2)废井田开阡陌封疆,改革田制。史载:"为田开阡陌封疆,而赋税平。"[7]"阡陌""封疆"即分指亩、顷(一百亩田)的田界,合称为"封"。"开阡陌封疆",即废井田制,破除"封疆",改采二百四十步为亩的大亩制,用以授田,授田制有利于促进小农经济的发展,增加国家税收。

(3)统一度量衡制。统一度量衡制,对征收赋税、俸禄和发展手工业、商业均有促进作用。现存的商鞅方升(藏上海博物馆),就是当时颁布的度量衡标准器之一。

(4)征收户赋,公元前348年秦"初为赋",开始按户、口征赋,睡虎地秦简中称为"户赋","匿户"者严惩。为了保证充分征赋,强制"民有二男以上不分异者,倍

[1] 《战国策·秦策一》。
[2] 《史记·商君列传》。
[3] 同上注。
[4] 《史记·秦本纪》。
[5] 《史记·商君列传》《商君书·境内》。
[6] 《史记·六国年表》。
[7] 《史记·商君列传》。

其赋”。[1]

(5)革除戎狄风俗,禁止父子兄弟同室居住。秦国长期地处西疆,国人多有戎狄风俗。商鞅为加强统治,以中原风俗替代秦国残留戎狄风俗。

商鞅变法成功而后获封为商君,但因其变法损害了秦国旧贵族利益,尤其是变法过程中曾刑太子师傅公子虔等。在秦孝公去世、秦惠王继位之后,公子虔等人告发商鞅“欲反”,商鞅最终被处车裂之刑。商鞅在秦变法,是吸收了前辈李悝、吴起等在魏、楚等国实行变法的经验教训并结合秦国国情而进行的,变法成效在当时列国中最为显著,秦国由此富强并奠定以后统一天下之基础。汉代人即称赞“商鞅相孝公,为秦开帝业”。[2] 商鞅变法也形成了较为完备的秦法律体系,当代出土的秦法律简牍(如睡虎地秦简、岳麓秦简等)所载秦律令等均是在商鞅变法的基础上修订、补充、累积而成。

---

〔1〕《史记·商君列传》。
〔2〕《论衡·书解篇》。

第四章　秦　法　律

教学目标

理解秦的法律思想与制度的主要内容，熟悉秦律的主要内容，秦代的罪名与刑罚。

推荐参考资料

1. 栗劲：《秦律通论》，山东人民出版社 1985 年版；
2. 张金光：《秦制研究》，上海古籍出版社 2004 年版；
3. 张伯元：《出土法律文献研究》，商务印书馆 2005 年版；
4. 徐世虹等：《秦律研究》，武汉大学出版社 2017 年版。

秦国商鞅变法以后，厉行以法治国，历百余年至秦王政，完成统一天下的目标，建立了前所未有的统一帝国，秦法律是中国传统法进入新阶段的开端，奠定了以后两千多年帝制中国的法制基调。秦法律具有浓厚的法家思想痕迹，从史籍记载的商君之法，到出土法律文献所见的秦律令等，处处都可以见到法家思想的影响。

第一节　秦法律思想的形成

一、多元融合的历史渊源

嬴秦本是活动于今山东境内与商关系密切的东夷民族的一支，入周后才被周人强制迁往西部戍边，按《史记·秦本纪》记载，秦的祖先自商王太戊以来仕于商，传至蜚廉、恶来父子，是时武王克商，其后蜚廉之孙孟增“幸于周成王”，从此成为周的臣子。清华简《系年》第三章的记载与之相近：“成王……西迁商盍之民于邾圉，以御奴之戎，是秦先人。”[1]考古发现与上述史籍记载也可密切吻合。总之，早期秦文化是东夷、商、周、西戎等多族文化的融合。

秦法制也是多种法制融合的结果。《韩非子·内储说上》云：“殷之法刑弃灰于街者”，而商鞅亦有同样的立法，其本源即来自于商。[2] 另外，秦也有采纳周之世官制，如与秦地方司法有关的“史”类职官具有强烈的世袭制色彩。秦人与西北戎狄部族长期杂处交流，使秦文化习俗中亦有游牧因素存在，明人余有丁云：“秦法自来惨刻，盖夷狄之故俗也。”[3]至战国中期以降，商鞅入秦变法定秦律，更是秦受到三晋影响的明证，自不待言。

秦统一天下后以法家思想为指导，奉行韩非的“法治”理论为指导，以“法”“术”“势”相结合的统治策略，将秦国法制推广至原六国地区，并根据实际需要进行相应的修订，如为了统一思想，颁行单行律《挟书律》等，由此力图达成“法令由一统”的目标，形成新的秦法律体系。

二、厉行“法治”的法律思想

秦人自商鞅变法以后厉行以法治国，至秦始皇灭六国统一天下前后，则有韩非提供法治之思想支持，李斯等奉行推广“法治”于天下。这一时期是中国法律史上的重要时期，促成中国律令法传统的初步形成。秦法律思想的重点在于厉行“法治”。表现为以下三点：

（一）法令由一统，事皆决于法

秦朝统一天下后，统治集团在政治体制模式上是采用西周以来的分封制还是战国时兴起的郡县制分歧较大。王绾等认为，燕、齐、荆等僻远地区中央鞭长莫及，难以控制，须因循周制分封诸子为王。[4] 李斯则认为东周之所以诸侯争霸、分崩离析，就是因为西周以来分封诸侯的结果，现在天下统一，应该遵循战国以来中央集

---

[1] 商盍即史籍所称商奄。邾圉即《尚书·禹贡》雍州的“朱圉”和《汉书·地理志》天水郡冀县的“朱圉”，大致在今甘肃省甘谷县附近。

[2] 《韩非子新校注》，陈奇猷校注，上海古籍出版社2000年版，第585页。

[3] （汉）司马迁撰：《史记会注考证》，[日]泷川资言考证，杨海峥整理，上海古籍出版社2015年版，第248页。

[4] 《史记·秦始皇本纪》。

权制的经验,"海内为郡县,法令由一统",[1]天下以郡县为行政区划,不分封诸侯;法令应由中央统一发布,不允许政出多门。秦始皇认为"廷尉(李斯)议是",统一的郡县制度由此建立。与此相对应,秦始皇也废除了"世卿世禄"的世袭制度,中央和地方的主要官吏由皇帝任免,实行俸禄制度,各部门的属吏则由主管官吏选拔任免,由此建立了全国统一的以皇帝为中心的官僚制度。以君主集权、郡县分置、官僚选拔为特征的传统政治体制模式正式形成。公元前 216 年,秦始皇颁布了"使黔首自实田"的法令,命令占有土地的人向政府自报占有土地的面积,政府从法律上承认其土地私有权。全国范围内统一的土地私有制正式确立,这就在经济体制上保证了分封制与世袭制的政治体制模式不可能再死灰复燃。

以"法令由一统"思想为指导,秦统治者为了改变战国时各诸侯国"律令异法"的局面,在秦国商鞅变法后所制定的法律基础上,经修订、补充而制定了统一的法律,颁布全国。从睡虎地秦简来看,秦确实在政治、军事、行政管理、官吏任免、手工业与农业生产管理、市场管理、交通管理、货币流通、案件审理等方面"皆有法式",体现了"事皆决于法"的"法治"思想。秦始皇还接受李斯的建议,颁布了"一法度衡石丈尺、车同轨、书同文字"[2]的法令,从而结束了"田畴异亩、车途异轨""言语异声、文字异形"的混乱局面,促进了全国经济与文化的交流和发展。秦的"法令由一统"的思想以及在这一思想指导下制定的法律、法令,对巩固疆域广大的多民族杂居的统一新王朝的统治,起到了十分重要的作用。

(二)轻罪重刑,专任刑罚

战国法家从商鞅到韩非都是主张"轻罪重刑""专任刑罚"的思想,认为以此可达到"以刑去刑"的目的。秦统一天下后传承并发展了这一思想。《汉书·刑法志》描述秦始皇时期的情况是:"专任刑罚,躬操文墨,昼断狱,夜理书,自程决事,日县石之一,而奸邪并生,赭衣塞路,囹圄成市。"当时的丞相李斯也认同商鞅的"轻罪重刑"思想,其云:"故商君之法,刑弃灰于道者。夫弃灰,薄罪也;而被刑,重罚也。彼唯明主为能深督轻罪。夫罪轻且督深,而况有重罪乎?故民不敢犯也。"[3]

出土秦简所见的秦律也体现了"轻罪重刑""专任刑罚"的思想。在"轻罪重刑"方面,如"或盗采人桑叶,臧(赃)不盈一钱,可(何)论?赀繇三旬"[4]。传世文

---

[1] 《史记·李斯列传》。
[2] 《史记·秦始皇本纪》。
[3] 《史记·李斯列传》。
[4] 《睡虎地秦墓竹简·法律答问》。

献中记载秦代"轻罪重刑"的律令规范更是屡见不鲜,《史记》载有"妄言者无类"[1]"诽谤者族"[2]"偶语者弃市"[3]等重刑规定。"专任刑罚"思想表现在刑罚种类繁多,沿袭传统的有黥、劓、斩趾等刑罚,从战国即有隶臣妾、鬼薪、白粲、城旦等身份刑也传承下来,死刑除了常规的绞、斩、弃市之外,见于史籍的还有具五刑、车裂、腰斩、戮、磔等,另外还有从死、三族、诛九族等连坐刑。

(三)以法为教,以吏为师

战国中期以后,各国变法风潮汹涌,统一思想成为变法中必须要面对的问题,商鞅变法有"燔《诗》《书》而明法令"的做法,韩非则明确提出"无简书之文,以法为教;无先王之语,以吏为师"的主张[4],均是以统一思想为目标。秦统一天下后,公元前213年关于分封与郡县的争论中,李斯认为赞同分封的淳于越等人说法是"语皆道古以害今,饰虚言以乱实,人善其所私学以非上之建立","不师今而学古,以非当世,惑乱黔首","私学而相与非法教","率群下以造谤"[5]。李斯因此建议秦始皇下令焚书。其内容主要有:凡《秦记》以外的记载上古史的史书和非博士官所藏的"诗、书、百家语"都要交官府烧毁,只准留下医药、卜筮、种树之书,令下后三十日内不烧者,"黥为城旦";此后若有继续谈论诗、书者"弃市","以古非今者族",官吏知而不检举者与之同罪。焚书令的效果就是"以法为教"的思想统一。

"以吏为师",即"若欲有学法令,以吏为师",通过禁止私学的方式来统一思想。秦的"以吏为师"是本于古时百姓欲学者"不得不给事官府为之胥徒"的传统,[6]"以吏为师"目的是为社会提供替代《诗》《书》等用以学习文化的对象和途径,当时百姓有学习法令的需求,是与焚书令相辅相成的。而且官方也希望以这种法令之学来代替诗书百家语之学,但这也只是一种学习而已,《商君书·定分》篇说:"诸官吏及民有问法令之所谓于主法令之吏,皆各以其故所欲问之法令明告之。"可见"以吏为师"之令即含有满足这一需求的意味在内。

---

[1] 《史记·郦生陆贾列传》。

[2] 《史记·高祖本纪》。

[3] 《史记·秦始皇本纪》。

[4] 《韩非子·五蠹》。

[5] 《史记·秦始皇本纪》。

[6] 章太炎:《诸子学略说》,载汤志钧编:《章太炎政论选集》,中华书局1977年版,第287页。

第二节　秦的法律形式与法律体系

一、秦简法律文献概述

数十年来秦简牍的大量出土,已经极大改变了我们对秦代法律体系的认知。本节阐述秦代法律体系与法律形式等问题,是基于将秦国、秦代法律视为整体来进行研究。自1975年云梦睡虎地11号秦墓出土简册以来,至2013年益阳兔子山遗址发现秦二世元年诏书,已发现13批秦简牍,其中有字简牍超过23000枚。已发现的秦简牍中有多批法律文献,现择其要者简述如下:

(一)云梦睡虎地秦简

1975年12月至1976年年初,因应当地建设需要,湖北省博物馆、孝感地区亦工亦农考古训练班、孝感地区和云梦县文化部门在云梦县睡虎地发掘了12座战国至秦的墓葬,其中11号秦墓和4号秦墓发现简牍,尤其是11号秦墓出土了大量竹简,经过整理,共有1155枚简,另有80枚残片。11号墓主名喜,生于昭王四十五年(公元前262年),曾任安陆御史、令史、鄢狱史等职,卒年为始皇帝三十年(公元前217年),竹简系随葬在棺内,多为其生前职务所需的法律资料。经整理者整理,竹简主要有《编年纪》《语书》《秦律十八种》《效律》《秦律杂抄》《法律答问》《封诊式》《为吏之道》《日书》(甲乙种)等十种。〔1〕睡虎地秦简是首批发现的秦简法律文献,引起国内外学界的高度关注,秦律研究从此进入了融合考古学与历史学研究的新境界。

(二)青川郝家坪秦简

1980年四川省博物馆与青川县文化馆在青川县郝家坪发掘的50号秦墓出土了木牍2枚,其中一枚正面抄写《田律》,背面和另一枚木牍是除道记录,是与《田律》相关的道路修筑和维护的规定。〔2〕据木牍记载可知,该牍记载的《田律》是秦武王二年(公元前309年),这是目前见到最早的秦律文件实物。

(三)云梦龙岗秦简

1989年10月至12月,湖北省文物考古研究所、孝感地区博物馆、云梦县博物

---

〔1〕睡虎地秦墓竹简整理小组编:《睡虎地秦墓竹简》,文物出版社1990年版,第1~2页。

〔2〕四川省博物馆、青川县文化馆:《青川县出土秦更修田律木牍——四川青川县战国墓发掘简报》,载《文物》1982年第1期。

馆在云梦县龙岗发掘了9座秦汉时期墓葬,其中6号秦墓出土木牍1枚(系一份司法文书的抄本),竹简150余枚(现场清理时为283个整理号)。整理者将竹简分为禁苑、驰道、马牛羊、田赢、其他等五类,这批简出土时已残断散乱,原简均无篇名,篇题为整理者拟定。[1] 由于初次的整理报告内容不尽如人意,后又进行再整理,出版了《龙岗秦简》。[2] 该书有很多地方取得进展,尤其是确定了此批竹简均是属于秦《禁苑律》的内容,龙岗秦简内容大多未见于睡虎地秦简,为我们了解秦律提供了更多材料。

(四)江陵王家台秦简

江陵王家台秦简于1993年出土,当时的荆州地区博物馆在江陵县荆州镇郢北村王家台发掘清理的16座秦汉墓,其中15号墓出土竹牍1枚,竹简800余枚,其中与法律有关的有《效律》,有96枚残简,内容与睡虎地秦简所见大略相同。

(五)里耶秦简

里耶秦简于2002年在湖南省龙山县里耶古城出土,最多的是1号古井里出土简牍有38000多枚,有字的约17000枚,内容多为秦迁陵县廷与上级洞庭郡赫尔下属官署、三乡的来往公文、簿籍、符券等。2005年在里耶古城的5号古井又出土了51枚简牍,内容为秦时的户版。里耶秦简的内容丰富多彩,展现了秦时县级官署的运行图景,让我们得窥秦"法治"社会生活的真实面貌。

(六)岳麓秦简

2007年年底,湖南大学岳麓书院从香港古玩市场抢救性购藏秦简2000多枚,2008年8月又获赠同批出土的秦简76枚。经整理,共有2176枚简。内容有质日、占梦书、数、为官治吏及黔首、律、令、奏谳文书等。其中"为吏治官及黔首"与睡虎地秦简的"为吏之道"内容与性质相似,应是当时的宦学教材或官箴书;律、令等法规范均是当时行用的文本的摘抄;奏谳文书与张家山汉简《奏谳书》相似,是以实际的文书为基础编写成的疑案汇集。岳麓秦简因其与前期出土的睡虎地秦简等记载的秦代法律多有可以印证之处,更有以前未见的诸多秦律、令等内容,现已成为秦法律史研究的重要资料,极大拓广了我们对秦法律体系、法律形式及其内容的认知。

---

[1] 刘信芳、梁柱编著:《云梦龙岗秦简》,科学出版社1998年版。

[2] 中国文物研究所、湖北省文物考古研究所编:《龙岗秦简》,中华书局2001年版。

二、法律形式与法律体系

(一)基本法律形式:律、令

1. 律

律,《尔雅·释诂》:"律,常也。"邢昺疏云:"律者,常法也。"律是秦最基本、最主要的法律形式,其稳定性最强,适用范围最为广泛,故而以秦律作为所有秦法律形式的总称。秦律的体系,在出土文献尚未现世以前,通常被认为由六篇基本律构成,此说是按东汉班固撰《汉书·刑法志》以及唐初的《晋书·刑法志》的记述而来,即律典起源于战国时期魏国李悝所撰《法经》六篇,商鞅携《法经》入秦改法为律。汉承秦制,萧何增户、兴、厩三篇而定律九章。

在睡虎地秦简出土以后,新见的秦律篇名超过六种,在出土的汉简中所见汉律篇名也不止九种。至目前已知的秦律目至少有三十余种,涉及刑事、行政、经济、民事、军事、文化教育等范围。在睡虎地秦墓竹简中,出现的律目名有《金布律》《厩苑律》《田律》《捕盗律》《仓律》《关市律》《工律》《均工律》《徭律》《司空律》《军爵律》《置吏律》《效律》《传食律》《行书律》《内史杂》《尉杂》《属邦》《除吏律》《中劳律》《公车司马猎律》《傅律》《敦表律》《戍律》《为田律》。在《岳麓书院藏秦简(肆)》见到的律篇名有:《田律》《金布律》《尉卒律》《徭律》《傅律》《仓律》《司空律》《内史杂律》《奔敬(警)律》《戍律》《行书律》《置吏律》《贼律》《具律》《狱校律》《兴律》《杂律》《关市律》《索律》等。[1] 其中如《尉卒律》《狱校律》《奔敬(警)律》《索律》[2]《具律》等[3],它们都是对睡虎地秦简的重大补充。

由上所列秦简律篇名可见,秦律尚未出现编撰而成的统一法典,而是以单篇律的形式行世,单篇律之间统属关系尚难有定说。

2. 令

令,本义为发布指示的行为,作为一种法律形式,早于律出现,其渊源甚古,三代时期王的命令即是。令先有的是行政命令,后有法规范意义上的君王之令,至秦代,则开始有皇帝专用的命令与制诏,《史记·秦始皇本纪》所言"命为'制',令为'诏'",则是从文书本体上说明最为至高效力的是令。总言之,令是属于具有普遍

[1] 参见陈松长主编:《岳麓书院藏秦简(肆)》,上海辞书出版社2015年版。

[2] 整理者认为:"当是'捕律'的秦代称法'索',犹'搜索、搜捕'也。"并引《史记·留侯世家》"秦始皇大怒,大索天下"为据。

[3] 另还有因竹简文字残泐无法完全辨别的律名,如"赍律"。

适用和反复适用特性的法律形式，在秦法律中，令和律一样都是属于基本的法律形式。

以往论及“令”这一法律形式时多是以汉令为对象，直到睡虎地秦简与张家山汉简的出现，才有秦令存在的确切证据。岳麓秦简则让我们认识到秦令的丰富内容。岳麓秦简中大约有1000余枚的内容与秦令有关，有20多种令存在，依其名称不同，可以大致分为两类。第一类是以篇命名的非单一令，它们是：(1)内史郡二千石官共令；(2)廷内史郡二千石官共令；(3)内史官共令；(4)安台居室·居室共令；(5)食官共令；(6)给共令；(7)四司空共令；(8)四司空令；(9)四谒者令；(10)尉郡卒令。第二类是以机构或事务为名的单一令，它们是：(1)内史仓曹令；(2)内史户曹令；(3)内史旁金布令；(4)祠令；(5)辞式令；(6)郡卒令；(7)廷令；(8)廷卒令；(9)卒令；(10)县官田令；(11)迁吏令；(12)备盗贼令；(13)史学童诈不入诫令；(14)迁吏归吏群除令；(15)新黔首挟兵令；(16)稗官令。[1]

秦令依据内容可分为职事令与官署令，职事令有辞式令、新黔首挟兵令、迁吏令等；官署令则可分为单主体令和多主体令，前者如内史仓曹令、内史户曹令、祠令等，后者如内史郡二千石官共令、廷内史郡二千石官共令、内史官共令等以“共令”名称表述的令。秦令已经开始出现有意识地编辑整理为“令集”，如某些“令”之下开始有甲、乙、丙之类的天干排列序号，也有在此下再按照数字排列序号等。

秦律和秦令作为秦的基本法律形式，律令关系体现在以下几个方面：其一，令多是行政准则性规范，律则有很多是刑事惩罚性规范，律很多时候表现为保护令的执行而存在；其二，令在一定条件下会转化为律，而以前的律有时也会以令的形式被重申或重新启用；其三，有时令对律起到补充作用，秦律除了刑事性规范外，还有很多是行政规范，律作为相对成熟、稳定存在的法规范形式，有时需要令来进行补充，如以令文的形式扩大律的适用范围，或以单条令来解释补充已有的律条等。

（二）其他法律形式：式、课、程、法律答问、廷行事等

1. 式

式，最初本意为产品样式，作为标准供生产者参照使用，以后“式”的标准、参照含义不断扩展使用范围，固定的行为模式、程序也称为式。作为法律形式的“式”至迟在战国时期就已经出现，“式”往往和品、程、法等连用，称为品式、程式、法式，属于有国家强制力的法规范，《史记·秦始皇本纪》有一段著名的记载：“治道运行，诸

---

〔1〕 参见陈松长：《岳麓秦简中的秦令令名订补》，载王捷编：《出土文献与法律史研究》（第6辑），法律出版社2017年版，第95～99页。

产得宜,皆有法式。”在出土文献中见到的“式”,以睡虎地秦简的《封诊式》最为典型,“式”在这里既指文书格式,也指审案程式。“封”指对被告人家室查封,“诊”指对案件的侦查、勘验等。《封诊式》起始二条为“治狱”“讯狱”,是与审案程式的规则有关,其内容如下:

治狱,能以书从迹其言,毋治(笞)谅(掠)而得人请(情)为上;治(笞)谅(掠)为下,有恐为败。

讯狱,凡讯狱,必先尽听其言而书之,各展其辞,虽智(知)其訑,勿庸辄诘。其辞已尽书而毋(无)解,乃以诘者诘之。诘之有(又)尽听书其解辞,有(又)视其它毋(无)解者以复诘之。诘之极而数訑,更言不服,其律当治(笞)谅(掠)者,乃治(笞)谅(掠)。治(笞)谅(掠)之必书曰:爰书:以某数更言,毋(无)解辞,治(笞)讯某。

《封诊式》里还记载了很多文书范式,编写者“舍去了个别而抽出了共同的、一般的东西,使之成为能普遍套用的诉讼程序,所涉及人物皆以某某或甲、乙等代号称之。这显然是供人学习仿照之用”。[1] 比如,睡虎地秦简《封诊式》简 8 ~ 12 记载的一则关于查封的范式文书:

封守

乡 某 爰 书

以某县丞某书封有鞫者某里士五(伍)甲家室、妻、子、臣妾、衣器、畜产。

甲室、人:一宇二内,各有户,内室皆瓦盖,木大具,门桑十木。

妻曰某,亡,不会封。子大女子某,未有夫。子小男子某,高六尺五寸。臣某,妾小女子某。牡犬一。

几讯典某某、甲伍公士某某:“甲党(倘)有当封守而某等脱弗占书,且有辠(罪)。”某等皆言曰:“甲封具此,毋(无)它当封者。”即以甲封付某等,与里人更守之,侍令。

秦以后,式多作为法定文书格式意义而存在,如唐代有移式、关式、牒式、告身式等。

2. 课

秦代的课,动词意义是政府官吏从事公务的考课,名词意义则是指法律形式之一。睡虎地秦简《秦律杂抄》简 31 记载了“牛羊课”,其载:“牛大牝十,其六毋(无)

---

〔1〕 张金光:《秦制研究》,上海古籍出版社 2004 年版,第 729 页。

子,赀啬夫、佐各一盾。羊牝十,其四毋(无)子,赀啬夫、佐各一盾。"这是关于考核牛羊蓄养方面的规定。性质相类似的还有睡虎地秦墓竹简《秦律十八种》简 19～20 的规定,其内容如下:"今课县、都官公服牛各一课,卒岁,十牛以上而三分一死;不盈十牛以下,及受服牛者卒岁死牛三以上,吏主者、徒食牛者及令、丞皆有罪。内史课县,大仓课都官及受服者。"这是关于地方官吏驾车用牛的考核规范,目的在于加强公务驾车用牛的控制。从以上内容来看,秦课是关于某些公务监督检查的法律规范,里耶秦简里所见的课文书,则向我们展示了秦课在官府政务运行时产生的文书样式。

3. 程

程,法式也,[1]是秦法律形式的一种,目前仅见于睡虎地秦简《工人程》,其名"工人程"均是在简末标出,如:

隶臣、下吏、城旦与工从事者冬作,为矢程,赋之三日而当夏二日。 工人程

隶妾及女子用箴(针)为缗乡它物,女子一人当男子一人。 工人程

从上所见的《工人程》内容来看,主要是官属手工业作坊里关于下吏、隶臣妾、城旦等身份的工人生产定额、劳动量计算标准方面的规定。

以上介绍的式、课、程都是较律、令位阶为低的法律形式,其内容都是具体事项的规定。

4. 法律答问

法律答问是中央司法机关对法律术语以及疑难问题的解答,此种解答属于有权法律解释的一种,且颁布下行至县级基层司法官吏,与律一样具有效力。法律答问主要对案件定罪量刑、刑罚适用原则、诉讼程序等方面有疑问者,以案例解释的方式进行说明,供司法官吏在实际办案过程中进行适用,如:

夫盗千钱,妻所匿三百,可(何)以论妻?妻智(知)夫盗而匿之,当以三百论为盗;不智(知),为收。

上引的答问,就是关于夫妻是否构成共同犯罪(盗罪)的解答,其明确以妻是否知情为目标,内容明确,可以供司法官吏在判案时适用。

5. 廷行事、比行事

廷行事是中央司法机关颁布的作为下级司法官吏审案时参照执行的判案成例。在睡虎地秦简中有见,如:

---

[1] 《汉书·高帝纪(下)》颜师古注。

告人盗百一十,问盗百,告者可(何)论?当赀二甲。盗百,即端盗驾(加)十钱,问告者可(何)论?当赀一盾。赀一盾应律,虽然,廷行事以不审论,赀二甲。[1]

比行事,简文中多称为"有等比"等,在岳麓秦简中出现,从内容看与廷行事不同,多是以皇帝认可具体某案的处理意见,并将之推广为一般案件均适用的条文;从其形式看,收入律文或令文之中,构成律或令的一部分,如:

东郡守言,东郡多食,食贱,徒隶老、(癃)病、毋(无)赖,县官当就食者,请止,毋遣就食。它有等比。制曰,可。[2]

(三)法律体系

秦的法律体系在传世文献中语焉不详,汉人形容"秦法繁于秋荼,而网密于凝脂",可知秦已经形成较为严密的法律体系。出土秦简牍记载了诸多秦法律的内容,为我们弥补了这一文献资料缺失。大体而言,秦在统一天下后,有律、令、比、程、式、课等诸多产生方式、效力等级、适用范围不同的法律形式并存,刑事、行政、经济、民事等多方面内容混杂,共同形成了完整的法律体系。

第三节　秦法律的主要内容

秦法律体系和现代法律由各个部门法构成的体系不同,不是按照调整不同性质法律关系而分成行政、刑事、民事等部门法,而是依据具体事项而分,我们从不同的律令名称即可见之。但是秦代法律同样调整着现代法律涉及的刑事、民事、行政等法律关系,只是名称有所不同而已。为方便学习,本节仍然按照现代部门法的体系,分别叙述刑事、行政、民事等部门法律的内容。

一、刑事法制

(一)基本原则

秦法律在刑法方面的基本原则,体现在定罪量刑的刑罚原则方面,主要有刑事责任年龄的确定、区分故意与过失,确定免予追究刑事责任的条件,累犯加重原则,数罪并罚原则,共犯加重刑罚,自首减刑原则,诬告反坐原则,连坐缘坐教唆犯与实行犯同罪原则等。

---

〔1〕 睡虎地秦墓竹简整理小组:《睡虎地秦墓竹简》,文物出版社1990年版,释文第102页。

〔2〕 陈松长主编:《岳麓书院藏秦简(肆)》,上海辞书出版社2015年版,第214页。

(二)主要罪名

★秦刑法是以刑统罪为原则,将处同种刑罚的罪名往往归于同一律令中,秦律令中所见的罪名都很具体而不抽象,概括的罪名还不曾出现。而且基于"法治"的原则,基本上所有的违反律令的行为都会被处以刑罚,即所谓的"动辄得罪"。常见的罪名有:

1. 谋反罪

史籍记载,商鞅、李斯、赵高等最终都被定为谋反,商鞅被车裂而灭其家,李斯则被"具五刑,论腰斩咸阳市",赵高则认定有阴谋篡位的行为,被斩首并灭其三族。

2. 盗罪

盗罪为秦时常见罪行,有强盗、窃盗。律令对强盗尤为重罚,尤其是强盗中的"共盗""群盗",动辄予以弃市等刑罚。窃盗有"宵盗""穴盗""抉钥"等,犯罪对象有盗公私财产,如钱、牛、马、羊,甚至公祠贡品、王室祠祭品等。基于轻罪重罚的原则,窃罪无论轻重或既未遂,均要予以刑罚。如"或盗采人桑叶,赃不盈一钱"者,处以"赀徭三旬"的惩罚。但是,家庭成员的父母子之间的"盗"不予以处罚,即"父盗子,不为盗"。在律令中,盗罪往往成为其他犯罪行为的处罚标准,即"与盗同法""坐赃为盗"等。

3. 杀伤罪

秦律中对杀伤行为分为"贼"与"斗"。"贼杀伤""贼杀人",指杀人、故意伤害;"斗杀人""斗伤人",指斗殴引发杀伤人。律文中对此二者有严格区分,贼杀伤人的刑罚较重。还有所谓的"牧杀",即臣妾"欲贼杀主,未杀而得,为牧"。主人擅杀、刑、髡其臣妾或父母擅杀、刑、髡其子,属于"非公室告"类案件,原则上不构成犯罪,例外的是"擅杀子"的,处黥为城旦舂。

(三)刑罚

★秦的刑罚具有复合刑的特点,往往是某一犯罪行为,会有**身份刑**、**肉刑**、**自由刑**与**财产刑**的复合刑罚。文献中出现的秦刑罚名称繁多,主要有:戮、定杀、生埋、磔、弃市、腐、斩左趾黥为城旦、黥劓为城旦、黥为城旦舂、黥颜頯、完为城旦舂、耐、耐为鬼薪白粲、耐以为鬼薪鋈足、耐为隶臣妾、耐为司寇、耐为候、下吏、系城旦舂六岁、髡、笞、赀刑、赎刑、迁、谪、收、削籍、夺爵、废、谇。辅刑罚还有赎,在律令中有明确的规定相应的犯罪行为可以判处相应实刑而许赎,如赎耐、赎迁、赎黥、赎死等。

秦的刑罚是否已经构成体系,目前尚未有一致意见。若结合现代刑罚体系的概念,可以分为:

1. 生命刑

死刑的执行方式繁多且残酷,如前列的戮、定杀、生埋、磔、弃市、具五刑等,还有连坐刑,如夷三族。

2. 肉刑、身份刑、徒刑

肉刑有残害身体的腐、斩趾、黥、劓等,有象征性的完、耐、髡等;身份刑与徒刑合为一体,有城旦、鬼薪白粲、隶臣妾、司寇、候、下吏等。秦的刑罚多是三者的复合刑罚。

3. 流刑

即“迁”,即将犯罪者迁徙到帝国边缘地区,不得回迁。

4. 财产刑

主要是“赀”,有赀甲盾与赀徭。赀甲盾有一、二甲盾的轻重之分,需要注意的是,对官吏处以赀刑是属于承担行政责任的一种形式,不是刑罚。

二、其他法制

(一)行政法制

秦代的行政法制指对其行政体制方面的法律规范。秦在统一全国后有了较为整齐的行政体制架构。中央是以三公九卿制为核心的体制,地方则是以郡县制为核心。秦代是以行政为核心的集权体制,中央是皇帝制度为核心,地方是以郡县长官为核心,行政与司法合一,因此秦代行政法制比较完备,官吏管理制度严格且完备。

秦代的中央以皇帝制度为核心,皇帝掌握最高权力。中央行政机构以三公九卿为核心架构,三公即丞相、御史大夫、太尉,九卿即奉常、郎中令、卫尉、太仆、廷尉、典客、宗正、治粟内史、少府。三公九卿既是各类政务的管理者,各有分工,同时也是皇帝的助手。秦代的地方行政机构,在秦统一天下之后曾有分封制与郡县制的争论,后秦始皇采时任廷尉李斯的上言,彻底废除周代以来实行八百年之久的分封制,全面推行郡县制,即所谓“天下为郡县”。郡为最高一级地方机构,设郡守为长官,全面负责一郡事务;郡丞为协助,并掌管司法事务;郡有郡尉,掌管一郡军事;另有监郡御史,掌监察事宜;从岳麓秦简记载的律令看,郡一级还设有执法,主要负责上计、狱政统计等事宜,执法与郡守同级。在郡之下的基层政府为县、道。县、道设有令、长为行政长官,下属设有:丞掌管文书与仓、狱等事务;尉,掌武事;司空,掌工程建设等事务。

秦代的行政机构整齐且较为完备，相应的行政法制也较为成熟。秦代以法家思想治国，法家最为强调的就是严于治吏，由此也有严格的规范。在睡虎地秦简中有《为吏之道》，在岳麓秦简中也有类似内容的《为吏治官及黔首》，对官吏的任用、考核、赏罚、行为规范等均有详尽要求，在秦律令中也比比可见对官吏行政的严密规范。

（二）民事法制

秦代的民事法制并无单行的统一律令法典，而是以事项为准，见于各种律令中，杂于行政管理之中，且多以刑罚形式承担法律责任。

秦人自商鞅变法以后，即以户籍为中心进行管理，《傅律》就是户籍管理的律篇。现代民法的民事主体行为能力是以年龄为标准，秦律虽无所谓民事主体行为能力概念，但是秦代以傅籍年龄为标准，由此开始承担相应义务并享有相应权利。不过秦人由于身份与爵位的不同，其权利义务也不相同，如罪犯与亡人削籍，商贾、赘婿、后父等被限制权利，地位明显低于一般人，隶臣妾等刑徒以及他们的后代也属于受限制权利者。此外，私人奴妾与官奴妾则类似于物的地位，不具有主体资格。

在秦律中也有类似现代民法中关于物权类的规定，田地、室宅的所有权等均有相关律令规定，如在《田律》中，就规定民众在官府许可范围内开垦、砍伐、狩猎等活动的收获享有所有权。

在民事债务方面，秦律也有相应的规范，如关于禁止强制债务人以人身为抵押。睡虎地秦简《法律答问》有载："百姓有责，勿敢擅强质，擅强质及和质者，皆赀二甲。"

第四节 司法制度

一、司法机构

秦的司法机构开始有了明确的中央与地方之分，地方亦有郡县审级区分。

秦统一天下后，中央的司法官署是廷尉，李斯曾经长期担任廷尉，后升任丞相。按《汉书·百官公卿表》记载，廷尉官署的属官有廷尉正、左右廷尉监，廷尉职掌主要是审理皇帝交办案件与地方上报案件，并对地方的重大疑案进行审核。另外，御史大夫作为三公之一，主要负责监察百官与掌管国家典册、法律令等重要文书。据《岳麓秦简》的记载，负责监察的还有"执法"职官。

秦郡县的郡守、县令/长有兼理下辖区域的司法事务，还设有"丞"，掌管司法事务,对郡县首长负责。同时也分别设有各种专门官吏负责审判。秦汉基层法吏主要是县廷中的"史",有"史""狱史""令史"等名目,他们在案件办理中广泛执行侦查、逮捕、搜查、查封、没收、勘验、鉴定、监狱管理等工作,并可参与审讯和判决工作。另外,最高审判机关廷尉设有"廷尉史"(或简称廷史),中央的御史和郡里的监御史也常常涉足案件审判和监察工作,"史"是秦司法体制运行的主要执行者。

二、诉讼制度

1. 起诉

起诉分为"告"和"劾"。

"告"是百姓起诉至官府,分为公室告与非公室告,根据睡虎地秦简《法律答问》记载贼杀伤、盗它人为"公室告";子盗父母,父母擅杀、刑、髡子及奴妾,子告父母,臣妾告主,主擅杀、刑、髡其子、臣妾等涉及家庭内部事务的都属"非公室告"。只有"公室告"才会为官府所受理。"非公室告"勿听,即官府不予受理,如果有"行告"者,则要对其定罪。"告"的情形,根据睡虎地秦简《封诊式》的记载,有"告子""告臣""自告""自出"等。"告"还有存在"告不审"(告不准确或不争取)或者诬告的情形。"告不审"如睡虎地秦简《法律答问》记载的例子有:"甲告乙盗牛,今乙盗羊,不盗牛。问何论?为告不审。"若有人"告不审"后又以其他罪相告的,则是为"州告","州告"不予受理,且要论其"不审"之罪。

"劾",是指御史、执法或其他官吏举劾的案件。主要是涉及官吏失职、不法等案件。在岳麓秦简叁记载的奏谳文书记载的"癸、琐相移谋购案"中,郡监御史启动了"劾"的程序;岳麓秦简肆记载的《徭律》里就规定了对负责"兴徭"乡啬夫吏主,如果有"徭而不当者",会被处以赀二甲的惩罚,相关的尉、尉史、士吏、丞、令、令史等有必须对此提出"劾",否则与同罪。另外,官吏如果进行虚假的举劾,称为劾人不审,构成"不直"之罪。

2. 审理程序

案件起诉至官府后,则有相当缜密的审理流程。

如需要逮捕被告人,则官府会派出官吏前往执行("即令令史某往执丙"〔1〕)。如需要进行勘察的,则会有令史、丞前往现场,称为"诊"("即令令史某往诊"〔2〕)。

---

〔1〕《睡虎地秦墓竹简·封诊式·出子》。

〔2〕《睡虎地秦墓竹简·贼死》。

如有需要查封,则要进行现场记录并由乡里正等作为保证人,以确保查封的公正,最终形成查封爰书。

当事人到案后,则开始讯问,称为"讯",当事人的供述称为"辞"。按睡虎地秦简《封诊式》的记载,讯问审查过程中需要遵循相应的"治狱"与"讯狱"规则,如尽量不动用刑讯,不用刑讯而获得案件真情者为上,反之"笞掠为下,有恐为败"等。在审理过程中,需要核实当事人的信息或查封,也会将有关"有鞫"文书送达其原籍所在县、乡,回复的文书称为"覆"。

审理的流程一般为"讯""鞫""论""报"。"讯"即由狱吏进行的讯问,有"诘""诊""问"等讯问、调查、查询等。"鞫"是审案的核心程序,由县令、丞等官员主持,对前期审讯获得的事实及法律性质进行认定,并予以确认("审"),"鞫"是适用法律的前提。"论",即"当论",即根据"鞫"程序所确认的事实,确定法律的适用,进行论处定罪,做出判决。当事人如果不服,则可提请"乞鞫",申请进行再审。"报",即"谳报",指案件在基层作出初步判决后,可能因事实或法律适用有疑问,向郡乃至中央廷尉上报,进行复审的程序,这一程序即"奏谳",上级必须进行回复做出最终判决,称为"报"。

三、司法责任制度

司法官审理案件必须依据查明的事实,准确适用律令,做出判决。司法官如果在审案过程中因故意或过失导致出现轻罪重判或重罪轻判等情形,均需要承担责任。司法官故意错判的,出现轻罪重判或重罪轻判的判决,称为"不直";出现有罪不判或判无罪的,称为"纵囚";司法官审判时存在过失的,即"失刑"。以上的情形,视其轻重,司法官需要承担赀盾乃至反坐其罪等惩罚。

第五章　汉 朝 法 律

教学目标

理解汉朝的法律思想与制度的主要内容，熟悉汉律的主要内容，汉代的罪名与刑罚，掌握文景帝废肉刑、汉代亲亲得首匿原则、春秋决狱等重要内容。

推荐参考资料

1. 张建国：《帝制时代的中国法》，法律出版社 1999 年版；
2. [日]冨谷至：《秦汉刑罚制度研究》，柴生芳、朱恒晔译，广西师范大学出版社 2006 年版；
3. [日]籾山明：《中国古代诉讼制度研究》，李力译，上海古籍出版社 2009 年版；
4. 闫晓君：《秦汉法律研究》，法律出版社 2012 年版。

公元前 202 年，历经四年楚汉战争，项羽败死乌江，刘邦集团建立了汉王朝，统一全国，建都长安，史称西汉（前 202 年至 8 年）。西汉末年，外戚王莽篡权，建立了新王朝（8 年至 24 年），23 年绿林、赤眉起义，新朝崩亡。公元 25 年，刘秀称帝，重新建立汉室，建都洛阳，史称东汉（25 年至 220 年）。

两汉四百年是中国传统帝制统治过程中的重要历史时期，政治制度得到进一步的巩固，中央集权不断强化和发展。经济、文化空前繁荣，出现了“文景之治”的局面，是中国传统社会早期的“盛世”。与此同时，传统法制也有了显著的发展，汉承秦制，西汉初期的法律制度是在秦朝法律制度的基础上建立起来的。后随着国内外形势、政治以及思想等的发展变化，开始修订新律。东汉除基本沿用西汉的法律外，还大量颁布单行诏令，与西汉相比，东汉法令日益严苛，社会矛盾日益尖锐。

两汉律令大多失传，近年出土的简牍中存留了部分两汉时期的律令和司法案例，这些为我们更好地了解两汉法制与社会提供了重要的参考。

第一节　汉朝的法律思想与立法

一、汉朝立法指导思想的转变与发展

汉朝是中国传统社会法律思想发展过程中的重要阶段，这一时期，法律指导思想产生了演变。(1)在朝代初建时，基于对秦朝重法而亡的反思，以及经济凋敝、国库空虚、民不聊生的残破局面，汉初统治者在国家管理上以黄老思想为主，辅之以儒法，"与民休息""约法省刑"。(2)至汉武帝时，虽然经济强盛，家给人足，但政治上内忧外患，需要新的统治政策。董仲舒维护大一统和专制皇权的新儒学开始替代黄老之学辅助统治，国家管理强调以儒为主，礼法并用，在法律思想上强调"德主刑辅"。(3)东汉时，更加强化儒家思想的统治，法律儒家化开始加强。

(一)西汉初期的立法指导思想——黄老之术

秦采用法家重刑主义，统一全国仅十五载即短命而亡。此后四年的楚汉战争，将社会拖入混乱的泥淖。公元前202年，刘邦虽然建立了汉室王朝，但社会生产遭到严重破坏，国库枯竭，民穷财尽。秦朝小吏出身的刘邦深知秦末社会动荡的原因，在选择治国之道时，深刻反思，在理论与思想上找寻拨乱反正的新依托。

虽然汉初的很多政治制度继承了秦朝，但治国的指导方针和立法思想与秦朝大相径庭。陆贾首先尖锐地指出秦亡"乃举措暴众而用刑太极"[1]，向往周公时代"师旅不设，刑格法悬"[2]的景象，并以此为基础，向统治者描绘了"无事""无声""无吏""无民""不讼""不愁""无议""无听"的美好社会景象。汉初社会由陆贾开始倡导黄老之治，同时兼收并蓄儒学，强调"圣人怀仁仗义，分明纤微，忖度天地，危而不倾，佚而不乱者，仁义之所治也"。[3] 此后淮南王刘安及门客集体编纂了《淮南子》，以道家为主，博采阴阳、儒、墨、名、法诸家之言，成为这一时期黄老学说的代表之作。

黄老学即为道家之学，"黄老"是黄帝与老子的合称。黄老之学强调清静无为、务德化民、约法省刑。在这一思想指引之下，汉初统治者制定了"休养生息"的基本国策，轻徭薄赋，奖励耕织，"从民之欲而不扰乱"，安定百姓，与民休息。这一基本

---

[1] 《新语·无为》。
[2] 同上注。
[3] 《新语·道基》。

政策经高祖、孝惠,经济复苏,“天下晏然,民务稼穑,衣食滋殖”。[1] 至文、景之时,景帝田租三十而税一,文帝躬行节俭,“即位二十三年,宫室苑囿车骑服御无所增益”,同时诏谕郡县“务省徭费以便民”;社会家给人足,进入“文景之治”。

黄老之学指引下,汉初统治者缓和阶级矛盾、发展社会生产的措施,很快就收到了显著的效果。“至武帝之初七十年间,国家亡事,非遇水旱,则民人给家足,都鄙廪庾尽满,而府库余财。京师之钱累百巨万,贯朽而不可校。太仓之粟陈陈相因,充溢露积于外,腐败不可食。众庶街巷有马,阡陌之间成群,乘牸牝者傧而不得聚会。”[2]西汉经济发展达到鼎盛之态。

在法制上,有鉴于秦的苦苛之刑所导致的“百姓怨望而海内叛”的惨烈后果,高祖初入关时即约法三章:“杀人者死,伤人及盗抵罪。”[3]法令简约。惠帝时讨论废除三族之诛、文帝时讨论废除收孥相坐律,并开启了废除肉刑的改革。历经文景之时对约省的讨论和实施,汉初的法制体系一改秦时狰狞面目,成为“因民之性而治天下”的有效途径,并对统治者提出“为威不强还自亡,立法不明还自伤”[4]的警示。

概言之,汉初的统治以黄老思想为依托,无为而治,同时融入德刑相济的理念,革除前世苛法,与民休息,约法省刑,为汉初的经济复苏和政治的发展提供了重要思想保障。

(二)西汉中期的立法指导思想——新儒学

历经汉初七十年的恢复,汉朝经济强盛,但内政和外交无法通过“清心寡欲”就可以长治久安。汉初确定的郡国制,为汉朝的发展留下了巨大的隐患。随着农业的恢复,地方诸侯积累了巨大财富,吴楚七国之乱的平定并不意味着地方威胁的消亡,而是伴随着财富的增加,诸侯王拥兵自重,权力欲望膨胀,隐隐有了对抗中央政权的苗头;同时,地方豪强、宗室贵族,骄纵不法,兼并土地,僭越制度;北部边境,匈奴入侵,“和亲”之策难以为继。现实社会的矛盾决定了黄老之策难以继续,指导思想的改弦更张势在必行,汉武帝个人好大喜功的性格也促成了这一时期统治思想的转变。

汉初黄老思想造就的不仅仅是经济民生的宽松,同时也为遭受秦政压抑的诸

---

〔1〕《汉书·循吏传》。
〔2〕《汉书·食货志》。
〔3〕《汉书·刑法志》。
〔4〕《新语·至德》。

子学术提供了宽松的学术环境，这一时期的思想者在对秦的反思和汉初社会的认真分析后，有利于政治大一统的儒家思想逐步进入到统治者的视野之中，董仲舒正是推动思想变革的重要人物。

董仲舒在答对武帝"天人三策"中提出："《春秋》大一统者，天地之常经，古今之通谊也。今师异道，人异论，百家殊方，指意不同，是以上亡以持一统；法制数变，下不知所守。臣愚以为诸不在六艺之科孔子之术者，皆绝其道，勿使并进。邪辟之说灭息，然后统纪可一而法度可明，民知所从矣。"〔1〕这一观点深得武帝赏识，此后武帝设立五经博士传习儒家经典，由董仲舒所推崇的新儒学逐步占据主流思想地位。

董仲舒的新儒学已经不是先秦儒学的简单重复，他以《公羊春秋》为主干，包容道、法、墨、阴阳等诸家思想在内，承载了统治思想，符合中央集权政治的需求，成为此后中央集权统治的正统思想。这一思想继承了先秦儒家"天人合一"的思想，通过对"天者，百神之大君也"〔2〕的阐述，结合"君权神授"说，决定了天子的绝对统治地位，"唯天子受命于天，天下受命于天子"，〔3〕"受命之君，天意之所予也"〔4〕。同时，董仲舒也告诫君主，天有谴告，需顺从天意，不可过于残暴，君主亦受制于天。"国家将有失道之败，而天乃先出灾害以谴告之，不知自省，又出怪异以警惧之，尚不知变，而伤败乃至。"〔5〕

以"天人感应"为核心的新儒学成为西汉中期立法原则"德主刑辅"的理论基础。董仲舒通过天道阴阳论证了德刑关系。"天道之大者在阴阳。阳为德，阴为刑。刑主杀而德主生。是故阳常居大夏，而以生育养长为事；阴常居大冬，而积于空虚不用之处。以此见天之任德不任刑也。"〔6〕董仲舒将德刑生杀与阳阴夏冬相比较，要求圣人君主应当遵从天意，"多其爱而少其严，厚其德而简其刑，以此配天"。〔7〕

同时，董仲舒还将阴阳德刑关系引入司法行为，强调司法需要顺时而行，成为"秋冬行刑"的重要理论支撑，并成为后世统治者共同尊奉的法律理念。唐律中"立春后不决死刑"的规定，明清律中"热审""秋审"制度均源自此，成为中国古代司法

〔1〕《汉书·董仲舒传》。
〔2〕《春秋繁露·郊语》。
〔3〕《春秋繁露·为人者天》。
〔4〕《春秋繁露·深察名号》。
〔5〕《汉书·董仲舒传》。
〔6〕同上注。
〔7〕《春秋繁露·基义》。

行为的特色内容。

(三)东汉的立法指导思想——法律儒家化的巩固与章句律学

汉武帝虽然确立了新儒学的思想主导地位,但在当时的政治背景之下,多任用酷吏、严刑峻法、法治天下。德主刑辅的理论与实际司法实践的矛盾,使新儒学地位岌岌可危。武帝去世后,汉昭帝即位,始元六年(公元前81年),昭帝下令召集全国贤良文学60余人,商讨治国之策。在会议上,桑弘羊、车千秋等就盐铁官营、对外战争、德刑关系等重大问题展开论战,儒法两家正式展开正面交锋,《盐铁论》就记载了这次交锋的内容。崇尚法家的桑弘羊虽然据理力争,但最终所表现的无奈与窘迫预示着法家思想所受到的冷落,礼制思想日渐隆盛。盐铁会议30年后,甘露三年(公元前51年),宣帝召开的石渠阁讲经中,经学的统治地位得到强化,法家思想已经悄然隐退,淡出历史舞台。皇帝通过诏令立法,逐步将经学之义以法律的形式确定下来。

历经这些准备,东汉章帝颁布诏令,提出"欲使诸儒共正经义,颇令学者得以自助"的主张,并效仿石渠阁会议,在洛阳白虎观讲论五经同异。"三纲"之义在此次讲经中正式提出,并成为核心思想。儒家思想得到了进一步巩固。

新确立的儒家纲常思想也需要在法律中有所体现。律令已定,可以通过诏令这种灵活的立法形式传播新思想。白虎观会议后不久,有人杀死了侮辱自己父亲的仇人,章帝亲自判决此案,免除了复仇者的罪行。此后,官吏在遇到类似情况时,比照此案进行判决。白虎观会议后形成的《白虎通义》成为这一时期的思想准则并指导司法。

二、两汉的立法

(一)律

律,是两汉时期最基本的法律形式,是定罪量刑最重要的依据,是法律的核心载体。汉承秦制,汉律的框架和内容,多自秦律而来,但又有自我发展。汉朝时期律的制定主要集中于西汉初建时期和武帝时期,至东汉律进入相对稳定、静态的状态,"后汉二百年,律章无大增减"。[1]

从传世文献记载所见,汉朝的律文以《九章律》为核心,结合《汉仪》(《傍章》)《朝律》《越宫律》构建成"汉律六十篇"的结构。这个结构以正律为核心,单行律文

〔1〕《魏书·刑罚志》。

为辅助,共同规范汉朝的多层次的社会关系。然而,随着近年出土文献的增多,我们对汉律的结构有新的认知。

1. 西汉早期的定律活动

刘邦清晰地意识到秦朝的苛法是其速亡的重要原因之一,在他初入咸阳城时,就与关中父老约法三章:“杀人者死,伤人及盗抵罪,余悉除去秦法。”〔1〕这是西汉立法的开端。约法三章为刘邦赢得了良好的群众基础,“秦民大喜,争持牛羊酒食献飨军士”。〔2〕

然而,随着汉政权的建立,刘邦发现“三章之法,不足以御奸”,刘邦命萧何、张苍等人在秦律的基础之上作《九章律》,据《唐律疏议》所载,《九章律》是萧何在《法经》六篇基础之上,增加户、兴、厩三篇而成。《九章律》共九篇,即盗、贼、囚、捕、杂、具、户、兴、厩。〔3〕《九章律》成为汉律的核心组成部分。

此后,儒士叔孙通采古礼与秦仪的内容,将《九章律》中所没有涉及的有关朝仪的法律内容,著成《汉仪》,又名《傍章》,意为《九章律》的补充规定,共计十八篇。《汉仪》制成后“与律令同录,臧于理官”〔4〕,这些朝仪官制的规定虽然未用律命名,但成为与律令一样重要的法律法规。

此外,文帝时期还制定了单行律文《酎金律》,专门规定王侯向国家缴纳黄金的数量和成色。〔5〕

2. 西汉中后期的定律活动

西汉初的统治者比较注意立法的稳定和连续性,同时惠帝、文帝、景帝均躬行黄老思想,并未进行大规模立法。至武帝时,政治上内忧外患,为稳定统治秩序,武帝重用张汤、赵禹等酷吏展开了大规模立法活动,命张汤制定了有关宫禁警卫的法律规定——《越宫律》,共计二十七篇,命赵禹制定了《朝律》六篇,又称《朝会正见律》,规定了诸侯百官朝会制度。这两部律与《九章律》《傍章》一起共同构成了汉朝

---

〔1〕《史记·高祖本纪》。

〔2〕同上注。

〔3〕关于《九章律》,史书记述详略不一,《汉书·刑法志》:“相国萧何,攈摭秦法,取其宜于时者,作律九章。”此中并未记述九章篇目的内容,唐朝初年编修的《晋书》中记录如下:“萧何定律,除叁夷连坐之罪,增部主见知之条,益事律兴、厩、户三篇合为九篇。”在《唐律疏议·名例律》中明确了《九章律》的九篇篇目。长期以来对于《九章律》篇目情况学术界讨论不一,而出土文献张家山汉简《二年律令》中所见篇目与史书记载尚有出入,在此我们谨慎地对待《九章律》及其篇目结构。但无论是《九章律》还是《二年律令》对秦律的承袭是脉络清晰的。

〔4〕《汉书·礼乐志》。

〔5〕酎金,指王侯向国家缴纳用以供奉宗庙祭祀的黄金。

律文的主体部分。

此外,武帝时还制定了《左官律》《附益法》等多部限制诸侯王的单行法规。[1]为了镇压盗贼行为,制定了《沈命法》(又称《沉命法》)和《通行饮食法》等。《汉书·刑法志》记载,武帝时期所修订的律令数量庞大,以至于"文书盈于几阁,典者不能遍睹"。[2]

3. 出土文献中所见汉代的律

由于历史久远,资料散佚,传世文献中对汉朝的律的记载多是概况性介绍,具体汉律的条文内容知之甚少。然而,近年随着出土文献的增加,在其中发现了大量涉及汉朝法律规定的内容。

1983年湖北省江陵张家山第二四七号墓和1985年在近旁的第三三六号墓中,发掘出土了大量的汉代律令简,其中第二四七号墓的简已经整理完毕,共计竹简五百多支,原为一卷。第二支简的背面有"二年律令"的标题,一般认为"二年"是吕后二年(公元前186年)。从此卷记载汉初律令的竹简中,已知律令有二十八种,律令名分别为:《贼律》《盗律》《具律》《告律》《捕律》《亡律》《收律》《杂律》《钱律》《置吏律》《均输律》《传食律》《田律》《市律》《行书律》《复律》《赐律》《户律》《效律》《傅律》《置后律》《爵律》《兴律》《徭律》《金布律》《秩律》《史律》《津关令》,其中相当一部分名称与秦律相同或相似,涉及刑事、民事、经济、行政、诉讼等多方面。从条文内容看,《二年律令》多是摘录汉律的内容,《九章律》中除《囚律》和《厩律》之外,其他篇目在《二年律令》中皆可查到,但《二年律令》中仍有大量律篇,不见于《九章律》,因此这二者之间关系怎样,以及汉代是否还有我们所不清楚的定律活动,都有待于进一步研究和考证。

从新出的睡虎地汉简、胡家草场汉简等材料所记载的汉律篇目看,在西汉文帝时期即已形成了有结构性分类、分层的律典体系,该体系呈现二分结构,即所有律篇可分为"□律"(目前尚未确定汉律中"□"为何字,但并非"九章律"是可以确定的)和"旁律"(可以确定并非"傍章"),"□律"以罪律、兴、厩等事律为主,"旁律"由其他事律组成。[3]

总体上看,汉律在传承秦律的基础上而成,从汉初至武帝,汉律经历了一个由简至繁的发展过程,到武帝时期,汉律结构基本形成,此后律进入相对静态的状态,

---

〔1〕《左官律》:限制诸侯国官吏的政治权力;《附益法》:禁止中央官员与诸侯王交通。

〔2〕《汉书·刑法志》。

〔3〕参见陈伟:《秦汉简牍所见的律典体系》,载《中国社会科学》2021年第1期。

至东汉，汉律几无修改，“后汉二百年，律章无大增减”。[1] 然而，武帝以后，一方面，新儒学地位的确立需要在立法和司法之中体现；另一方面，社会变化纷繁复杂，需要更加灵活的立法来补充、解释甚至替代律文，至此，令、科、比等更灵活的法律形式出现，并大量适用。

（二）令

1. 令的制定

令是汉代仅次于律的重要法律形式之一，多源自皇帝的诏令。律的稳定性虽然符合国家法律管理的基本要求，但自武帝后社会变革日益增多，律开始与时代产生脱节，统治者开始利用自身权力，发布诏令，增改法律，在皇权的铺垫之下，灵活的令逐步上升为法律，并成为这一时期调节、补充律的重要法律载体。“天子诏所增损，不在律上者为令。”[2]

并非所有的皇帝诏书都是带有法律属性的令，诏书行文中著有“具为令”“著为令”或“制曰可”等字样时，这份诏书中所承载的内容才有可能成为法律，即便如此，汉代的令文数量也非常庞大，有《令甲》《令乙》的区分，也有《金布令》《秩禄令》，还有官属命名的《大鸿胪挈令》等多种名称。

自武帝始，国家统治思想逐步严格，“峻文决理”“转相比况”等行为受到司法官吏的推崇，法网日渐严密，汉令急速膨胀。为削弱诸侯国势力，这一时期颁布了影响重大的《推恩令》[3]。繁杂的律令给奸佞之吏提供了弄法的机会。班固在《汉书·刑法志》中生动地记载了这种状况：“文书盈于几阁，典者不能遍睹。是以郡国承用者驳，或罪同而论异。奸吏因缘为市，所欲活则傅生议，所欲陷则予死比。”这种状况至宣帝时受到重视，开启了汉代第一次律令整理工作，但据史料记载，这次整理收效甚微，死刑定罪条数反而增加。此后直至西汉末，律令数量日益庞杂。

2. 东汉的律令整理活动

东汉光武帝开始，要求整理律令，规范律令体系的呼声再起；直至章帝时，陈宠、陈忠父子方受命着手厘定律令，陈宠希望以西周《吕刑》为样本规范律令体系，但这种过于理想化的设计，在两汉庞大的律令面前难以实现，最终此次整理活动也不了

---

〔1〕《魏书·刑罚志》。

〔2〕《汉书·宣帝纪》。

〔3〕汉朝初建，诸侯王分封的土地和爵位仅由嫡长子继承，其他儿子无权取得。武帝时期，接受主父偃的建议，规定爵位仅嫡长子继承，而诸侯王的土地则采用诸子均分的模式，所有儿子共同分享。这样由大及小，诸侯王再难以形成势力，快速消除了诸侯国对中央的威胁。

了之。

至东汉末期,由于董卓之乱,“典宪焚燎”,为保存旧典章制,应劭于建安元年,受命对两汉律令进行最后一次整理。他将律令删定为《汉仪》,内容包括了《律本章句》《尚书旧事》《廷尉板令》《司徒都目》《春秋决狱》《决事比例》《五曹诏书》共计250篇。这次整理系统化了汉朝旧律,为汉代法制在后世的借鉴转用提供了重要的文献基础。

纵观汉朝律令体系的调整,律令不分的现实一直无法突破,数次修订律令不过是在“严”与“宽”的不同尺度之下,对律令的数量进行增减。难以解决律令在法律层级上的核心差异。“三尺(法)安出哉? 前主所是著为律,后主所是疏为令,当时为是,何古之法乎?”[1]

(三)科

汉代的法律形式,除律令之外,还有科、品。

科有两层含义:一是处罚判处。《释名·释典义》载:“科,课也,课其不如法者,罪责之也。”二是规定法则。《后汉书·桓谭传》:“今可令通义理明习法律者,校定科比。”李贤注:“科谓事条,比谓类例。”可见作为法律形式的科,是补充律令的具体法律规定。目前所见汉朝的科有“首匿之科”[2]“亡逃之科”[3]“宁告之科”[4]等。

对于科的研究,传世文献记载有限,20世纪70年代,在西北居延地区出土的居延简中留存了两件科:《捕匈奴虏购科赏》与《捕反羌科赏》。这两件标题统称为《捕斩匈奴虏反羌购偿科别》,内容是有关捕、斩匈奴、反羌获得赏金及除罪的规定。[5]这两件科就是对旧律中所涉及的捕和斩的内容更细致化的规定,可能是补充性的,也有可能是修改性的。

另外,还有一种与“科”含义类似的名称“品”,“品”与“科”在含义上类似,在传世文献记载中,两者常并称,但是否将其独立为一种法律形式,有待研究。[6]

---

〔1〕《汉书·杜周传》。

〔2〕《后汉书·梁统传》。

〔3〕《后汉书·陈忠传》。

〔4〕同上注。

〔5〕甘肃省文物考古研究所等编:《居延新简——甲渠候官与第四燧》,文物出版社1990年版,第492页。

〔6〕在《中国法制通史》中,将品独立为与科并行的法律形式。参见张晋藩主编:《中国法制通史》(第2卷),法律出版社1999年版,第282~287页。

（四）比

比，又称“决事比”，原本指司法类推行为，司法官通过比附律令或援引判例的方式审理案件，即“廷尉所不能决，谨具为奏，傅所当比律令以闻”。[1] 比的方式比较灵活，比的对象是律令或已有的成案，通过比的方式进行司法审理，更加便利。这使比的数目急剧增加。至武帝时“大辟四百九条，千八百八十二事，死罪决事比万三千四百七二事”[2]。比源于判例，但并非所有判例都可以成为比照的对象。经过皇帝或中央廷尉审理、判决或颁布诏书指示的案例，才可以为比。

汉代的“比”现在基本散佚，古籍之中只有零星记载。张家山二四七号汉墓的500多枚竹简中除保存了《二年律令》外，还保存了一卷判例集——《奏谳书》，目前基本认定是汉初中央廷尉对基层谳报的案例的汇编，有可能就是县级司法机关审理案件的依据之一。

总体来说，汉代的法律形式以律、令、科、比为基础，“律”是汉的常法，比较齐备，具有稳定性，是定罪量刑的基本规定。“令”是皇帝颁布的诏令，有极强的灵活性和适用性，是所有法律形式中效力最高的，它可以弥补“律”的不足，解释调整“律”，也会替代甚至废除“律”，汉代的“令”数量多，范围广。“科”作为单行的、补充律令的规定，在汉朝种类也非常多，至东汉末年，科条禁令十分详密。“比”是典型案例，司法官通过比照典型案例进行司法类推审理案件，也是司法判决的依据。此外，汉代还有“品”“章程”等多种法律形式。

这些法律随着统治思想的变化，协助汉朝统治者进行政治管理，并传播儒家思想，儒家思想在这一时期开始逐步影响到立法和司法，各种法律形式以多样的手段逐步确立并维护儒家思想的统治地位，“礼”与“法”开始逐步融合。

第二节　法律的内容与刑罚改革

一、汉代的犯罪行为

★汉代的法律在承继秦制的基础上，又有了新的发展。但这一时期并未形成成熟的罪名概念，**律令中多见直接针对犯罪行为的处罚与打击**。汉代律令及史料

---

〔1〕《汉书·刑法志》。

〔2〕同上注。

中所记载的犯罪行为比较庞杂,以下择其要者分类述说。

(一)危害中央集权的犯罪

汉代实行郡国制,郡县与分封的诸侯国并立,为限制诸侯,防止诸侯割据,同时为确保政治大一统,在平定“吴楚七国之乱”后,文帝、景帝至汉武帝,均制定了一系列措施,削弱诸侯势力,打击危害中央集权的犯罪行为。

1. 左官

所谓“左官”,是指在诸侯国任官;汉武帝时的规定,又称“左官律”。汉代尚右,离开中央至诸侯国任职,类同降级,称“左官”。左官是外附之臣,限制极多,且诸侯犯罪,左官亦受连坐。其目的在于限制诸侯王私自任命官吏,有效剪除了诸侯王的羽翼势力。

2. 阿党附益

又称“阿党附益之法”,“阿党”是专门针对诸侯国的傅相而定,指诸侯国的官吏与诸侯王私结为党,明知诸侯犯罪而不举奏。“诸侯有罪,傅相不举奏,为阿党。”〔1〕傅相是由中央任命,监视、控制诸侯王的官吏。附益指中央朝廷大臣交结诸侯王,协助其取得不法利益。通过对阿党附益行为的限制,可以孤立诸侯,打击诸侯王,削弱诸侯势力。至东汉,诸侯势力衰微,“自吴楚诛后,稍夺诸侯权,左官、附益、阿党之法设,其后诸侯唯得衣食租税,贫者或乘牛车”。〔2〕

3. 盗铸钱与私冶铁煮盐

汉文帝时“除盗铸钱令,使民放铸”,地方豪强与诸侯大肆铸钱,“诸侯即山铸钱,富埒天子”,给中央财政带来了严重威胁,景帝时期颁布过关于限制盗铸钱的法令,但由于中央铸钱成色不佳,缺陷极大,法令的效力有限,甚至一段时间,地方盗铸钱现象严重。至武帝时,几经探索,研究出品色较高的上林三官钱,发行到全国,并下令对盗铸钱者处以极刑。逐步将货币管理权收归国有。

盐铁是关系到国计民生的重要产业,汉初中央对盐铁把控不严,地方豪强“冶铁鬻盐,财或累万金”,武帝时开始实行盐铁官营政策,并通过严刑峻法对私冶铁煮盐行为进行惩处,“有敢私铸铁器煮盐者,釱左趾,没入其器物”。此举增加了国库收入,在经济上削弱了地方诸侯势力。

〔1〕《汉书·高五王传》。
〔2〕 同上注。

（二）威胁政权及社会治安的犯罪

1. 大逆无道

这是汉律中最严重的犯罪，或称“大逆”，或称“无道”等，包含了多种严重损害皇权统治、政权统治，或反抗统治的犯罪行为，多适用死刑，且不予赦免，包括“谋反”“怨望诽谤政治”“妖言”“巫蛊”“漏泄省中语”“强盗”“群盗”“祝诅上”等多种犯罪行为。

2. 大不敬

所有对皇帝或朝廷尊严有损的犯罪行为，皆可称为“大不敬”或“不敬”。情节比“大逆无道”的情节略轻，在秦律中被认定为“犯上弗知害”的行为，属于过失犯罪。所包含的具体犯罪行为也非常多，包括“失礼”“醉歌堂下”“不下公门”“不朝不请”“废格”“非所宜言”等。

3. 不孝

秦律中已有“不孝”，汉朝沿用。张家山汉墓《奏谳书》中记载：“不孝者弃市”，可见对“不孝”行为处罚以极刑。不孝多被统治者用来维护家族伦理，维护家族内部家长及尊亲属的权力和地位。此外，武帝后对儒家正统思想的确立，也再一次强化了“礼”中的“亲亲”特权。

4. 侵害人身安全的犯罪行为

汉朝也严格限制防范对人身安全的侵害行为，“杀人者死”早在刘邦的“约法三章”中就明确规定。此外，还有“伤人”“奸”等多种犯罪行为，处罚也较重。

（三）官吏职务犯罪

汉代行政管理体系中，非常重视对官吏的管理，官吏的贤能与否，直接影响国家政治的得失。在手段有限的选官制度面前，统治者更加重视通过法律手段对官吏的监督和制约，希望通过这种手段提高官吏奉公守法的自觉性。对此汉代统治者不仅制定了《上计律》等专门法律，还在其他法律中制定了有关官吏犯罪的处罚规定。具体来说，包括以下几种：

1. 经济犯罪行为

汉律中涉及官吏经济犯罪的行为非常多，有“受所监”“受赇枉法”等。“受所监”指官吏接受被管理者或监临者的饮食、财物等；“受赇枉法”，受赇即受贿，汉文帝十三年诏令规定：“吏受赇枉法，皆弃市。”〔1〕由此可见，汉朝对官吏贪赃行为处

〔1〕《汉书·刑法志》。

罚非常严格。

2. 错误司法审判

汉朝律令中对错误司法审判的行为称为"鞫狱不直""故纵"。"鞫狱不直",指不能公正地审理案件的行为,这种行为在处罚上轻重有差,视实际造成的错误情节而定刑罚。"故纵",指故意放纵罪人,使其逃脱刑罚处罚的行为。对这种行为,汉朝律令加重打击,武帝时,"缓深故之罪,急纵出之诛"[1],加大对此类行为的打击力度。

3. 选举不实

汉代通过察举法来选拔人才,根据人的德行选任;同时为了防止在选举过程中弄虚作假的行为,规定了"选举不实",打击惩处选举过程中的不端行为。

(四)思想言论犯罪

中国古代统治者非常注重对思想言论的限制,秦汉以来,一直注意通过刑罚来打击思想言论犯罪。从史料所见,汉朝时期规定的思想言论犯罪行为有:"诽谤",即以言论指责国家的政策、制度、法律等行为;"妖书妖言",指习作并传播与统治者思想不一致的文章或言论;"腹诽",本为秦朝打击的对象,武帝时,张汤罗织罪名滥用,成为在政治上打击政见不合者的常用手段;"非所宜言",指言语失误,说了不该说的话,其本为过失犯罪,但在具体适用上轻重等差,随意性极大。

二、汉代的刑罚原则

从秦至汉,已经形成了一套相对完整的刑罚原则。刑罚原则是立法思想在制度上的体现,汉朝初期立法思想几经调整,这对于汉朝刑罚原则也有深刻的影响。

汉承秦制,汉朝许多基础刑罚原则也是从秦继承而来。这些原则包括:区分故意与过失原则、区分惯犯与偶犯原则、诬告反坐原则、严惩群盗原则、矜老恤幼原则等。此外,汉朝还规定了一些新的刑罚原则,这些原则大多体现了儒家思想对法律的影响,并潜移默化地改变着汉朝的司法,是中国传统社会引礼入法的重要环节。

(一)上请制度

上请制度是指贵族官吏犯罪之后,一般司法官不能擅自决断,而须上请皇帝裁

[1] 《汉书·刑法志》。

决,皇帝根据犯罪者的具体身份情况,减免其罪行。上请始于汉高祖七年,“令郎中有罪耐以上请之”〔1〕。这是特权阶层在违法犯罪后的特权处理规定。

从史料可见,在汉代随着时代的发展,适用面越来越宽,从宫内到宫外,从中央到地方,从高级官吏到低级官吏,从重罪到轻罪都可适用。西汉初定此规定时,郎中或六百石以上的官吏和公、侯及其子孙可以适用上请,至东汉时,光武帝下诏:“吏不满六百石,下至墨绶长、相,有罪先请。”〔2〕汉朝强调对等级特权法律保护,也是引礼入法的重要体现。

(二)亲亲得相首匿

★首匿,指包庇隐匿犯罪之人的行为,秦汉律中规定,首匿者与被藏匿者等罪。武帝时期“重首匿之科”,但是随着儒家思想地位的确立,对“亲亲”“尊尊”的维护也成为立法者的核心。

亲亲得相首匿,是指亲属之间相互隐匿犯罪行为,不予告发,即使被发现,包庇者不予处罚或减轻处罚。武帝任用董仲舒后,董仲舒在审理案件中引《春秋》经,肯定“子为父隐,父为子隐”的合法性,强调父子之间的相互隐匿行为合法,这与“以孝治天下”的原则密切关联。此后,汉宣帝通过“令”的方式,正式将此原则确立下来:(汉宣帝地节四年)“自今子首匿父母,妻匿夫,孙匿大父母(祖父母),皆勿坐。其父母匿子,夫匿妻,大父母匿孙,罪殊死,皆上请廷尉以闻。”这一规定明确限定了适用对象是:夫妻、父母子女和祖父母孙子女三对亲属关系。在处罚处理上,卑幼匿尊长一概不论,尊长匿卑幼除死刑外亦不论,死刑案件上报廷尉决定。

这一原则维护了家庭中尊亲属的地位,是三纲入律的重要体现。发展到唐朝时,亲属范围大为扩张,沿用至清代。

(三)故犯与首恶从重

故犯,即故意犯罪;首恶,指在共同犯罪中出谋划策之人。董仲舒在《春秋繁露》中即对这两者的处罚提出了原则性设想:“春秋之听狱也,必本其事而原其志;志邪者不待成,首恶者罪特重,本直者其论轻。”强调引《春秋》经审理案件要注意犯罪者的主观动机,志向不端的人不能宽缓,共同犯罪中出谋划策的人处罚要特别加重,过失犯罪可以从轻处罚,它基本确定了中国传统社会中对于故意犯罪和首犯的定罪处罚原则。

此后,主父偃犯罪,武帝本无处死之意,张汤说:“偃本首恶,非诛偃无以谢天

〔1〕《汉书·高帝纪》。
〔2〕《后汉书·光武帝纪》。

下”,“乃遂族偃”。[1] 这一规定一方面区分了故意和过失,考量了犯罪者的动机;另一方面从思想源头镇压了犯罪行为。

(四)女徒顾山

女徒顾山是汉代平帝时针对女性徒刑犯人规定的专门的处理方法。“天下女徒已论,归家,顾山钱月三百。”[2]对此规定,颜师古曰:“谓女徒论罪已定,并放归家,不亲役之,但令一月出钱三百,以顾(雇)人也。”这种处理可以看作对女性犯人的一种体恤措施。

三、刑罚改革

汉代是中国古代刑罚发展史上的重要时代,三代时期刑罚以旧五刑(奴隶制五刑)为核心,包括墨、劓、髌、宫、大辟。秦时采用法家轻罪重罚思想,刑罚等序更加复杂,除肉刑和死刑外,劳役刑、耻辱刑等刑种频繁适用。但随着文明和生产力的发展,旧的刑罚已经不再适应社会的需求。同时在从“旧五刑”到“新五刑”的发展过程中,汉朝的刑罚改革影响意义重大,而文景帝的刑制改革更是其中的重要阶段。

(一)历史背景

虽然秦建立了统一的集权制王朝,但在刑罚体制上,多沿用战国旧制,春秋战国时期动荡的形势不可能对刑罚体制进行系统的修改。各国统治者多以实用为原则,在旧五刑的基础之上,补充增加了许多新的刑罚种类,这样虽然解决了一时之危,却也使刑罚体系混乱不堪。另外,秦重法家之治,采取轻罪重罚,以刑去刑的原则,法令繁密,刑罚分类更细,不仅将旧五刑中的“剕”刑细分为“斩左趾”和“斩右趾”,更对劳役刑的多种附加刑罚进行细分。

秦复杂的刑罚体系也被汉朝继承下来,继续使用。《汉书·刑法志》记载:“汉兴之初,虽有约法三章,网漏吞舟之鱼,然其大辟,尚有夷三族之令,令曰,当三族者,皆先黥、劓、斩左右止(趾),笞杀之,枭其首,菹其骨肉于市,其诽谤詈诅者,又先断舌。故谓之具五刑。”汉朝初建,国基未稳,统治者也无心解决刑罚问题。随着社会的发展,旧刑罚对生产力带来了实际影响,斩左右趾之刑影响了农业劳动力,宫刑则直接影响了劳动力的再生产。

在文帝之前,汉统治者已经开始采取一些宽缓的措施,吕后曾下令废除族刑连

---

[1] 《汉书·主父偃传》。

[2] 《汉书·平帝纪》。

坐之法,文帝即位,于元年十二月下诏“除收孥相坐律令”,三年又下诏“除诽谤罪”,在废肉刑前后,还废止了宫刑(“罪人不孥,不诛无罪,除宫刑”)。这一阶段,刑罚大省,“至于断狱四百,有刑错之风”。汉朝在刑罚方面一系列的调整,使刑罚在去肉刑的道路上前进,缇萦上书则促成了这一改革。

★(二)缇萦上书和文景帝刑制改革

1. 缇萦上书

《汉书·刑法志》记载,汉文帝十三年(公元前167年),齐太仓令淳于意有罪应当处刑,需要逮赴京城,淳于意临行前责骂女儿不能给予帮助。小女儿缇萦闻言伤心,一路随父亲至长安城,上书给汉文帝:“我的父亲在齐地当官,大家都认为他很廉洁公正,现在违法了应当受到处罚。看到那些受刑的人,判处死刑之后就不能复生了,而判处肉刑的人,损毁的肢体也无法再长出来,这都让我感到无比伤心。现在我愿意冲罪为官奴婢,来折抵父亲的罪过,给他一个改过自新的机会。”汉文帝看到这封信后,大为感动,认为砍断肢体、墨黥肌肤的刑罚,给人带来的是终身无法停止的折磨,受刑人只能感受到刑罚的痛苦,无助于改正。于是下令,由丞相张苍、御史大夫冯敬集议,允奏废除肉刑。自此拉开了文景帝刑制改革的序幕。

2. 文景帝刑制改革

文帝和景帝先后三次对刑制进行了调整。文帝调整了一次,景帝调整了两次。

缇萦上书后,张苍、冯敬完成集议向文帝奏:“诸当完者,完为城旦舂;当黥者,髡钳为城旦舂;当劓者,笞三百;当斩左止者,笞五百;当斩右止,及杀人先自告,及吏坐受赇枉法,守县官财物而即盗之,已论命复有笞罪者,皆弃市。”〔1〕文帝批准了这项改革。文帝的这次改革本意是废止肉刑,宽缓刑罚,但实际执行不尽如人意:一是把原来的斩右趾之刑上升为死刑,由轻而重。二是劓刑和斩左趾之刑虽然改为了笞刑,但笞打数目太多,难以活命,往往笞刑未竟而人犯已死亡。对此,班固评价:“外有轻刑之名,内实杀人。”〔2〕

可以说文帝的这次刑罚改革,虽然从形式上废除了肉刑,但在实际执行上,问题很多。正因为如此,景帝即位当年(公元前156年)就下诏:“加笞与重罪无异,幸而不死,不可为人。其定律:笞五百曰三百,笞三百曰二百。”此后仍嫌用刑过重,又下诏:“减笞三百曰二百,笞二百曰一百。”至此,肉刑基本被废除,刑制改革略显

---

〔1〕《汉书·刑法志》。

〔2〕同上注。

稳定。

后因行刑工具、方法的差异,使刑罚实际效用差别过大,景帝又下令,专门制定了《箠令》:“笞者,箠长五尺,其本大一寸,其竹也,末薄半寸,皆平其节。当笞者,笞臀。毋得更人,毕一罪乃更人。”[1]对于行刑工具的大小、尺寸、材质等进行了详细的规定,限定了行刑部位,行刑方法。《箠令》的颁布,也开始了刑讯规范化的道路,“自是笞者得全”,而笞后世也成为“新五刑”之一。(见表5-1)

表5-1 文景帝废肉刑改革

	文帝改革	景帝元年改革	景帝中元六年
墨	髡钳城旦舂		
劓	笞三百	笞二百	笞一百
斩左趾	笞五百	笞三百	笞二百
斩右趾	弃市		
宫	文帝时废除(时间不明)		

(三)汉的刑罚种类

文景帝刑制改革,对残人肢体、刻人肌肤为特征的肉刑进行了大幅度调整,顺应了时代的发展,有效保护了社会生产力。刑罚逐步走向文明化,为“新五刑”的形成奠定了基础。

★但改革后的刑制体系仍然比较混乱,并未形成后世稳定的,轻重有序的刑罚体系。这一时期刑罚的种类有:

1. **死刑**。史籍所载,汉朝死刑的执行方法有:族刑、具五刑、枭首、腰斩、弃市。这一时期死刑种类多,执行方法多样。

2. **肉刑**。肉刑是一种永久残疾犯人肢体,并伤害犯人肢体机能的刑罚。汉朝初期肉刑有墨(黥)、劓、斩左趾,斩右趾,均从秦朝继承而来。汉朝初年,文景帝改革刑制,以笞刑和徒刑替代了墨(黥)、劓、斩左趾,斩右趾改为弃市,宫刑成为死刑的减等替代之刑,事实上此时的斩右趾已经属于死刑。至东汉明帝时,斩右趾之刑又被恢复。

3. **笞刑**。笞刑是用竹条击打犯人身体的刑罚,它本是官吏训诫百姓或司法审理过程中刑讯的工具,文帝废肉刑后,刑罚多用笞刑,使笞刑成为正式刑罚等序之一。

---

[1] 《汉书·刑法志》。

此后景帝更对笞作出了细致而明确的规定。笞刑经魏晋南北朝，至隋唐时正式成为新五刑的一级。

4. **徒刑**。汉代徒刑多沿用自秦，传世文献记载中，按照犯人罪行的轻重大约有：髡钳城旦舂（五岁刑）、完城旦舂（四岁刑）、鬼薪白粲（三岁刑）、司寇（二岁刑）、罚作复作（一年至数月不等）。[1]

四、民事与行政法律规定

汉代的经济从凋敝至复苏，终至强大，带动了商品经济的发展，在此背景下，两汉的民事法律关系与经济法律关系日益丰富，政府也注重民事与经济立法，用法律手段调整民事与经济关系。

汉代的民事法律规定包罗万象，主要法律规定涉及婚姻家庭、土地、商业专卖等内容。

1. 婚姻家庭法律规定

汉代在婚姻制度上仍然采用一夫一妻制，延续西周确立的婚姻原则和限制性规定。在有关家庭的法规中，至汉惠帝时，为鼓励人们繁衍，惠帝六年下诏："女子年十五以上至三十不嫁者，五算。"应劭注："汉律，人出一算，算百二十钱，唯贾人与奴婢倍算。今使五算，罪谪之也。"[2]也就是说，十五岁至三十岁的女子，如若不出嫁，要向官府缴纳五倍的人口税。

西汉时依照汉律规定，夫死未葬，妻不许改嫁，否则处以弃市，但公婆作主改嫁，按照《春秋》之义不追究。至东汉时，女性管理趋于缓和，不仅不禁止寡妇改嫁，还要加以支持与鼓励。东汉光武帝帮姐姐湖阳公主寻找配偶就是这样的一个例子。

此外，汉代在继承规定上有了新的变化。贵族官职和爵位的继承权，仍然按照前朝的处理方式，由嫡长子继承。所以景帝打算传位给弟弟梁孝王时，窦婴说："汉法之约，传子适孙，今帝何以得传弟，擅乱高帝约乎？"袁盎亦说："方今汉家法周，周道不得立弟，当立子。"[3]汉律还规定非嫡长子继承爵位，要受到法律的制裁。成帝元延三年，"嗣营平侯赵岑，坐父钦诈以长安女子王君侠子为嗣，免"。[4] 确认嫡

---

[1] 关于徒刑刑期的规定讨论文章很多，本书所引刑期详见东汉卫宏《汉旧仪》。

[2] 《汉书·惠帝纪》。

[3] 《史记·梁孝王世家》。

[4] 《汉书·恩泽侯表》。

长子有完全继承权,并受到法律的保护。

嫡长子继承的对象主要是以爵位、祭祀主祭权为核心的带有人身属性的客体。在财产继承上,汉朝开始采用诸子均分的继承模式。同时汉朝还承认遗嘱的法律效力,继承权也常常通过遗嘱的方式实现。从现存史料上来看,我们并不清楚是否有相关的成文律令加以规定,但实际继承案例告诉我们,财产继承的实现不仅仅有赖于律令,习惯法、遗嘱文书等的发展也是重要的要素。

2. 土地法律规定

两汉时土地所有权既有国有土地,“官田”;也有私有土地,“垦田”。“官田”包括未分配的山林川泽、苑囿园池等。官田多源于新垦农田、没收私田以及户绝之田等。

此外,汉代对国有土地的管理实施所有权与使用权分离的原则,即假田制。由官府将官田出租给无田或少田者耕种,国家收取除赋税之外的租金。高祖二年诏令:“诸故秦苑囿园池,皆令人得田之。”颜师古注:“田,即后世佃之。”[1]此外,武帝时期还没收商人土地,租给农民耕种。非常年景之下,赐田给农民也是一种官田出租的方式。到东汉中后期,屯田买卖,租佃土地成为普遍现象后,官府对官田也无力管理,官田逐步转变为私有土地。

汉代法律承认土地的私有权,私有土地基本是垦田,多来源于受赐、侵占、买卖、继承等。汉代皇帝常对有功之臣封赏土地。由于私有土地的观点深入人心,不仅王侯贵族、官吏侵夺土地,甚至连皇帝也购置私田。这使两汉时期,土地兼并成风,为防止土地兼并,耕者无田的情况,武帝时董仲舒提出:“限民名田,以赡不足,塞并兼之路。”[2]基于此建议,在武帝时期设立的十三部刺史,对地方监察的第一条就是“强宗豪右,田宅逾制,以强凌弱,以众暴寡”。将限制豪强多占土地作为首要任务。西汉末年为限制土地兼并,哀帝时颁布限田令,希望通过律令限制皇室贵族,官吏豪强对土地的侵占,但颁布不久即受到强烈的反对而夭折。新莽时期,为解决土地兼并情况,下令禁止土地买卖,并规定重新分配土地:“其男口不满八,而田过一井者,分余田与九族乡党。”[3]但受到激烈的反对,三年后不得不被废除。此后到东汉末期,土地兼并情况并未彻底解决,越发严重。

---

〔1〕《汉书·颜师古注》。

〔2〕《汉书·食货志下》。

〔3〕《汉书·食货志上》。

3. 商业、专卖法律规定

汉朝初期,为了恢复经济,对商品行为管理略微宽松,商品交易便利。后世商业行为越发活跃,商人得其所欲,甚至操纵物价,重利盘剥,这对于以农业为基础的汉政府是巨大的冲击,面对商业行为的快速发展,文帝时期开始对商业行为打击抑制。这种打击主要有以下几方面:(1)歧视商人,贬低商人的社会地位。武帝时,把商人与犯罪官吏、亡命者、赘婿同列,称为"七科谪",遣往边郡强制戍卫。在这七类人中,商人地位最低,而且不仅商人本人,曾经当过商人的,商人的父母、祖父母等均受贬低。(2)禁止商人入仕。高祖时期即下令,"禁商贾不得仕宦",此后均限制商贾为官,其目的主要是防止商人入仕后,重利轻义,对国本产生影响和动摇。(3)限制商贾占田。武帝时,有官吏进言"贾人有市籍,及家属,皆无得名田,以便农。敢犯令,没入田货。"颜师古注:"一人有市籍,则身及家内皆不得有田也。"[1]限制商贾占田的根本目的在于阻止商贾兼并土地,累积资本。(4)加重征税。武帝时颁布《缗钱令》和《告缗令》,在全国范围内对商人大规模征收财产税。《缗钱令》规定:商贾无论有无市籍,均须向政府申报本人资产,官府以所申报的资产为基础征收财产税。凡隐瞒不报,或自报不实者,没收全部资产,并罚戍边一年,若被人检举揭发并属实,检举人可以获得被揭发者一半资产。《缗钱令》颁布后,"富豪皆争匿财"。这些法律措施的推行,在一定程度上遏制了商人势力,同时,在对商业控制的基础上为中央财政增加赋税。

汉朝开始对盐铁等涉及国家重要资源的物品实施专卖制度。汉初,国家并未规定盐铁的专卖,文帝时期为经济发展,甚至"纵民得铸钱、冶铁、煮盐",[2]结果吴王刘濞煮海水为盐,获利丰厚,在景帝时期酿成七国之乱。至武帝时期外征四夷、内攘国乱,军费消耗巨大,国家财政窘迫,而商贾之家不愿救急,于是开始将盐铁的经营权收归国家所有。元狩四年,武帝任命南阳铁商孔仅和桑弘羊一同协商盐铁官营法案,确立了盐铁的国家专营方案。

行政制度,汉承秦制,汉朝在秦朝行政管理基础上有了进一步发展,与秦不同的郡国设置使秦汉组织法也有所区别。同时汉朝统治者也注意到对官吏的管理,以多种法律形式对官吏的任免、考课、责任等进行了全面的规定。

---

〔1〕《汉书·食货志下》。
〔2〕《盐铁论·错币》。

第三节　两汉司法制度

一、汉代的司法机关

汉代的司法机关,在中央由皇帝、廷尉、丞相和御史大夫组成,在地方上一般由地方行政长官兼理司法。

(一)中央司法机关

在中央集权制社会中,皇帝统揽国家管理中的所有权力。汉代皇帝也拥有最高立法权,在司法审判中,皇帝拥有最高司法审判权。此外,皇帝还时常亲自参与疑难案件的审理工作。

廷尉是中央最高司法官。原系秦官,汉代沿袭,属于九卿之一,地位非常重要。在两汉的漫长历史中,廷尉组织不断强化,职能不断完善。其主要职权有:一是审判公卿和二千石官吏的罪案。二是审判高级军官违犯军法的案件。三是受理地方移送的疑难案件,廷尉的判决结果,称为"比",此后类似案件皆可比附判决。四是审理皇帝直接交办的案件。由此可见,廷尉一职事繁权重,中央政府对廷尉人选非常重视。

丞相、御史大夫皆属汉代三公,政治地位最高,仅次于皇帝之下。除日常国家行政管理权之外,他们也参与司法。他们对于中央和地方百官都有举劾之权,此外,还有权调查审讯皇帝交办的案件,对涉及诸侯和高级官吏的案件定罪量刑。

(二)地方司法机关

汉初地方司法机关沿秦制,分为郡县两级,郡的长官郡守,县的长官县令兼任地方最高司法官,拥有对地方司法事务的审理监督之权。汉武帝时为了加强对地方的监督和控制,在全国设立了十三部刺史,后十三部刺史实际掌控了对下级郡县的监督权。至东汉时,将刺史改为州牧,形成了州、郡、县三级行政体系。州牧、郡守、县令成为司法官。然而,此时三级之间审判权限并未明确区分,大多数案件由县级司法机关受理,郡、州司法上的职权更多落实在对已经审判完结的案件进行监督、复核,或审理判决下级司法机关上报的疑难案件。

二、汉代的诉讼程序

传世文献中汉律散佚已久,但20世纪80年代在湖北江陵张家山出土的《奏谳书》比较完整地保留了西汉诉讼审判制度的概貌。

(一)诉讼的提起

汉代提起诉讼称为告劾。“告”即“下告上”,是由吏民向官府检举、揭发、告诉违法犯罪行为,同时也包括当事人自己向官府提出的控告行为。“劾”即“上告下”,是官府的官吏依职权向官府提出诉讼的行为,即“举罪曰劾”。

此外,汉朝允许鼓励自首行为,自首又称为“自告”或“自言”,并且规定,自首者所犯罪行在并未形成不可挽回后果的情况下,当事人所自首的罪行可以免除处罚。“先自告除其罪”。[1] 但相关史料有限,仍须深入研究。

汉律在规定当事人的告诉行为的同时,对诉权作出诸多限制:一是不许越级诉讼。汉代一般案件均由县级司法机关受理,限制越级诉讼。二是限制亲属之间的诉讼。根据“亲亲得相首匿”的原则,禁止卑幼控告尊长。三是诬告反坐。汉代沿用秦制,严格禁止故意以不实之语陷害诬告行为,并实行反坐处罚。至汉宣帝时,对年龄八十岁以上的诉讼规定中,仍旧禁止诬告:“诸年八十以上,非诬告杀伤人,它皆勿坐。”[2]

(二)审理判决

汉代案件审判过程中由多个阶段构成,即“讯”“辞服”“具狱”“读鞫”等。

“讯”,即法庭调查阶段,讯问的对象既有被告,也有证人和原告。讯问的内容需要记录在案,称为“辞”。“辞”既包括被告的供词也包含证人的证词。由于时代问题,证据取得手段有限,“辞”成为立案、定案和结案的重要参考依据,采用形形色色的严刑酷法拷问囚犯的情况屡见不鲜,“掠治”即为刑讯,刑讯的过程中,仍然以“五听”为基本方法来取得被告人的口供。取得被告人及证人、原告一致的口供称为“辞服”,“辞服”是定案的前提。

“具狱”是汉代地方司法机关在审理案件过程中所形成的文字材料的汇总。汉代规定,县、郡等司法机关审理的案件中,如有大案(如杀人案)或疑案,则须将“具狱”向上级司法机关汇报。具狱也成为记录案件的基本档案资料,不可缺少。《汉书·于定国传》中记录了于定国对已经审理完结的案件心生疑惑,上具狱奏报的情况。对死刑案件,汉朝更加严格规定,“每冬月封具狱”[3],这一制度从三国延续至隋唐,完善死刑奏报制度。

---

〔1〕《汉书·衡山王传》。

〔2〕《汉书·宣帝纪》。

〔3〕《汉书·杜周传》。

“读鞫”即宣读判决,是司法审判最后的环节。案件调查结束后,审判官对审理取得的犯罪事实归纳,并引用相关的法律,确定罪名,决定刑罚。

(三)乞鞫

当事人或其家属对已经审结的案件不服,请求重新审理,称为“乞鞫”。“狱结竟,呼囚鞫语罪状,囚若称枉,欲乞鞫者,许之。”〔1〕汉律对乞鞫有时间限制:“徒论决满三月,不得乞鞫。”〔2〕意思是徒罪判决满三个月后,不能再乞鞫。说明汉朝乞鞫的期限是三个月,超过此限,不允许请求复审。

(四)报和奏谳

在张家山汉简《奏谳书》中可以发现,除了前述的基本司法程序外,还有“报”和“奏谳”。

“报”指向上级司法机关奏报,所奏报的案件一般指按照规定需要上报的案件,如死刑案件、被告有特殊身份的案件等。这些案件基层司法官无权判决,由上级司法机关对案件作出最后判决。

“奏谳”是一种疑难案件上报复审的制度。汉高祖时正式确认这一制度,“高皇帝七年,制诏御史:‘狱之疑者,吏或不敢决,有罪者久而不论,无罪者久系不决。自今以来,县道官狱疑者,各谳所属二千石官,二千石官以其罪名当报。所不能决者,皆移廷尉,廷尉亦当报之。廷尉所不能决,谨具为奏,傅所当比律令以闻。’”〔3〕这份诏令规定的奏谳程序是逐级谳报:县有疑难案件谳报至郡守,郡能决断的当决断,不能决断的谳报至中央廷尉,廷尉仍无法裁决的则上奏皇帝,所有的谳报需要附上书面审讯记录,以及可以比照判决的案例或相关律令条文,以供参考。奏谳制度是为解决疑难案件而设立的,同时也对地方审判官提出更高的要求,《奏谳书》中有这样一则案件:隐官解娶了女子符,符是逃亡之人,被原来的主人发现诉至官府。官府按照逃亡人的规定处罚了符。但如何处理,司法官之间产生了争论。县府将此案作为疑案上谳,上级回复如下:“廷报曰:娶亡人为妻论之,律白,不当谳。”意思是:娶逃亡女子为妻应当定罪处罚,这在法律中明确规定了,不应当谳报。这种奏谳制度对案件的审慎处理具有较高的司法价值。

---

〔1〕《史记·夏侯婴传》注。
〔2〕《周礼·秋官·朝士》郑玄注。
〔3〕《汉书·刑法志》。

三、春秋决狱

西汉中期,儒家思想正统地位的确立,不仅对国家指导思想、国家政策影响深远,而且对司法制度也产生了巨大的影响。春秋决狱就是这一时期受儒家思想影响而产生的一种制度。这一制度兴起于西汉,发展于魏晋,随着《唐律》的制定和实施,逐步弱化消失。

(一)春秋决狱的兴起

★**春秋决狱**,又称"经义决狱"或"引经决狱",**是西汉武帝时期董仲舒提出的一种用儒家思想指导司法审判的方式。春秋决狱要求司法官在司法审判的过程中,引用儒家经典对案件进行分析,认定犯罪行为,并依照儒家精神解释、适用法律**。其既是儒家思想指引司法的方法,也是中国传统法律儒家化的重要阶段。

汉初,《九章律》成,《九章律》在秦律基础之上制定而成,立法指导思想基本也未摆脱先秦法家思想的影响,至武帝时期,汉朝统治者在对统治思想做出重大修正后,成文法典已经完成制定,在"祖宗之法不可变"的思想下,对成文法典的修订并不现实,引礼入律并未实现。新的统治思想对法律的渗透一方面通过皇帝的诏令来实现;另一方面,在现实司法中,当新统治思想与法律之间产生冲突,儒家经义便承担起了法律的功能,成为注解法律最具权威的来源和快速解决立法与统治思想矛盾的有效方法,"经义决狱"构筑成细密的法律解释网络,通过这种解释,儒家思想可以快速指导司法实践,调整引导社会生活中是非对错的认定,而不受旧律的限制。

汉代用来作为审理案件的主要依据有《诗》《书》《礼》《易》《春秋》五部经义,《春秋》最为常用。《春秋》是孔子修订的鲁国的编年史,是一部"上明三王之道,下辩人事之纪,别嫌疑,明是非,定犹豫,善善恶恶,贤贤贱不肖"的"礼义大宗"的著作,提倡宗法等级,强调礼的作用与规范,重视行为人的主观动机是否符合礼的道德法则。文字隐晦,"微言大义"。后世对它做的传有五家,但仅存《公羊》《谷梁》《左氏》三家。公羊《春秋》在西汉初期流传甚广,影响巨大,董仲舒便是公羊派传人。经董仲舒的宣传和推广,公羊《春秋》成为这一时期的最高法典。

董仲舒成为《春秋》决狱的倡导者和实践者。《汉书·艺文志》记载"《公羊董仲舒治狱》十六篇",《后汉书·应劭传》载:"董仲舒老病致仕,朝廷每有政议,数遣廷尉张汤亲至陋巷,问其得失。于是作《春秋决狱》二百三十二事。"由此可见,《春秋决狱》成书是以当时的司法实践的案件为基础,比附经义而成。从现存的案例来看,具有很强的实务性和指导性。

(二)《春秋》决狱的方法和影响

董仲舒在《春秋》决狱过程中,提出:“春秋之听狱也,必本其事而原其志;志邪者不待成,首恶者罪特重,本直者其论轻。”[1]意思是:依照《春秋》的精神审理案件,必须要以犯罪事实为基础,同时考察行为人的主观动机;如果行为人的动机不纯,即使案件没有发生,也要对其加以处罚;共同犯罪中首倡者要特别加重处罚;如果行为人没有主观恶意,即使有犯罪行为,也可以从轻处罚。这成为《春秋》决狱的基本原则。

在这项基本原则的基础上,盐铁会议时,再次对《春秋》决狱的方法进行了深入讨论,最终一言以蔽之:“故《春秋》之治狱,论心定罪:志善而违于法者免,志恶而合于法者诛。”[2]这是对董仲舒的《春秋》决狱的再次归纳:《春秋》决狱的核心原则在于:论心定罪。哀帝时在薛况伤人案的审理过程中示范性地适用了“论心定罪”原则。哀帝即位,博士申咸奏劾丞相薛宣不孝,薛宣之子薛况知情后,收买杨明在宫门外砍伤申咸。案发后,朝廷对此案的审理意见不一。双方都运用“论心定罪”的原则,从不同的角度展开讨论:御史中丞认为:依照《春秋》,“首恶功遂,不免于诛”,薛况是实施刺伤行为的首谋者,属大不敬,不得减轻,以律弃市。廷尉认为:汉律规定,刀刃伤人,处以完城旦刑。薛况唆使杨明伤人的动机在于,父亲受到诽谤而心生怨恨,没有其他恶意,其情可原,应当仅以刀刃伤人处罚完城旦。最后的判决中,薛况减罪一等,徙往敦煌;薛宣免为庶人。

此案引人注目的地方在于争论双方都援引“论心定罪”的原则,从不同角度推论出罪犯“志恶”或“志善”。最终廷尉的意见被考虑的重要原因在于,他们更加精准地把握了“论心定罪”的精髓,抓住了薛况买凶杀人的动机是维护孝道,主谋之责不过是小过,并非大恶。

由此可见,随着时代的发展,儒家经义的深入解读,《春秋》决狱的核心在于是否与人伦道德、君臣父子之义相得益彰。

然而,《春秋》决狱过分强调主观动机,为司法者附会法律、肆意弄法提供了机会和借口,武帝时大司农颜异以“腹诽”罪被判处死刑,就是《春秋》决狱的流弊。

《春秋》决狱在汉代鼎盛一时,至魏晋遗风犹存。《魏书·刑罚志》载,北魏太武帝时,“有司断法不平,诏诸疑狱皆付中书,依古经义论决之”。到唐朝,《唐律》颁

---

〔1〕《春秋繁露·精华》。
〔2〕《盐铁论·刑德》。

布，礼法完全结合，儒家经义完成了对律令的改造，《春秋》决狱逐步消亡。

（三）《春秋》决狱案例[1]

1.“拾道旁弃儿养以为子”

时有疑狱曰：甲无子，拾道旁弃儿乙养之，以为子。及乙长，有罪杀人，以状语甲，甲藏匿乙，甲当何论？仲舒断曰：甲无子，振活养乙，虽非所生，谁与易之。《诗》云：螟蛉有子，蜾蠃负之。《春秋》之义，父为子隐，甲宜匿乙，诏不当坐。

2.“乞养子杖生父”

甲有子乙以乞丙，乙后长大，而丙所成育。甲因酒色谓乙曰：“汝是吾子。”乙怒杖甲二十。甲以乙本是其子，自告县官。仲舒断之曰：甲能生乙，不能长育，以乞丙，于义已绝矣。虽杖甲，不应坐。

3.“殴父”

甲父乙与丙争言相斗，丙以配刀刺乙，甲即以杖击丙，误伤乙，甲当何论？或曰殴父也，当枭首。议曰，臣愚以父子至亲也，闻其斗，莫不有怵怅之心，扶杖而救之，非所以欲诟父也。《春秋》之义，许止父病，进药于其父而卒，君子原心，赦而不诛。甲非律所谓殴父也，不当坐。

4.“私为人妻”

甲夫乙将船，会海风盛，船没溺流死亡，不得葬。四月，甲母丙即嫁甲，欲皆何论。或曰：“甲夫死未葬，法无许嫁，以私为人妻，当弃市。”议曰：“臣愚以为，《春秋》之义，言夫人归于齐，言夫死无男，有更嫁之道也。妇人无专制擅恣之行，听从为顺，嫁之者归也，甲又尊者所嫁，无淫行之心，非私为人妻也。明于决事，皆无罪名，不当坐。”

四、录囚制度与秋冬行刑

录囚，“录”读为“虑”，指皇帝、中央司法机关或上级司法机关通过审录囚徒，对已经审结的案件进行复核，并通过这种复核行为监督下级司法机关的司法工作。带有司法监察性质的制度，这一制度可以平反冤狱、督促司法、监督官吏。录囚制度始于西汉，武帝设州监督地方，州刺史或郡太守“常以八月巡行所部郡国，录囚徒”。[2] 每年定期巡视辖区内的囚徒，平决冤狱。至东汉时，皇帝也亲自参与录囚，

---

[1] 以下案例源自《春秋繁露》。

[2] 《后汉书·百官志》。

汉明帝时“车驾自幸洛阳狱,录囚徒,理出千余人”。[1]

汉朝的录囚制度对于规范司法,监督基层司法公正,平决冤狱,统一法律的适用起到了重要的作用。这一制度在魏晋南北朝被广泛适用,至后世也多有沿用。

秋冬行刑是指中国古代将死刑的执行安排在秋冬两季进行的制度。这一制度萌芽于西周,《周礼·秋官》有载:“狱讼成,士师受中,协日就郊而刑杀。”《礼记·月令》中的“仲春之月……毋肆掠,止狱讼”“孟秋之月,命有司,缮囹圄,具桎梏”“赏以春夏,刑以秋冬”是这种思想最直接的体现。这种思想在春秋战国时期由阴阳家归纳,他们认为:春夏万物萌发,生长茂盛,与赏庆类活动相得益彰。而进入秋冬,万物肃杀,正是实施刑罚的好时节。董仲舒将阴阳思想杂糅进儒家思想中,在提出国家统治思想时也将这种思想贯彻实施。桓宽认为“春夏生长,利以行仁。秋冬杀藏,利以施刑”。[2] 因此,汉代法律规定,死刑要待秋冬之后才能处决。此后成为定制。

自唐以后对于死刑的执行管理越来越严格,至明清形成了秋审、朝审等大典形式的制度,这是对录囚和秋冬行刑制度的继承和吸收。

---

〔1〕《后汉书·寒朗传》。

〔2〕《盐铁论·论菑》。

第六章　魏晋南北朝法律

教学目标

理解魏晋南北朝时期的法律思想与制度的主要内容，特别是名例律、八议、五服制罪等内容所反映的魏晋南北朝时期法典的发展变化，掌握死刑上奏、流刑分等、废除宫刑等刑罚制度，熟悉大理寺等这一时期的司法制度。

推荐参考资料

1. 陈寅恪：《隋唐制度渊源略论稿》，生活·读书·新知三联书店 2004 年版；
2. 韩树峰：《汉魏法律与社会——以简牍、文书为中心的考察》，社会科学文献出版社 2011 年版；
3. 楼劲：《魏晋南北朝隋唐立法与法律体系》，中国社会科学出版社 2014 年版。

从公元 220 年曹丕称帝开始，至公元 589 年，中国历史进入第二次大分裂大动荡的时期。其间经历了三国（魏、蜀、吴），两晋（西晋、东晋），南朝，北朝等诸朝代。除西晋曾有过短暂统一外，魏晋南北朝长期处于分裂动荡时期，政权迭起。豪寒之别、民族冲突、儒学发展等成为这一时期的特点。

这一时期，魏晋两朝在秦汉法制的基础上，进一步发展和完善。《曹魏律》和《晋律》在中国法制发展史上占有重要地位。南朝和北朝，在立法上总体来说“北优于南”。南朝崇尚清议，主要沿用晋律，在法制上少有创新。北朝是少数民族政权，为稳固中原地区的统治，北魏、北齐、北周在法制方面表现突出。《北魏律》兼采魏晋律，《北齐律》和《北周律》在《北魏律》的基础上进一步完善和发展，为后世隋唐法律的发展奠定了基础。

总体上看，这一时期，各个朝代比较重视通过立法维护统治，在前代立法的基础上总结历代兴衰，研究法制的经验与教训，探索立法和司法的发展规律。因此这一时期,各个朝代立法频繁,律学发达,儒家思想逐步与法律融合,礼法结合,成为中国传统立法逐步完善的过渡阶段。

第一节 魏晋南北朝的法律思想与立法

东汉末年,天下大乱,拉开了魏晋南北朝时期的序幕。在这几百年的乱世之中,华夏文明发生了不少变化,法律自然也不例外。

在法律思想方面,魏晋时期法家思想、玄学思想等相继而起,对儒家正统法律思想产生了一定的冲击。但在这些思想的冲击之下,儒家思想不仅没有失败,反而通过法律儒家化进一步确立了自己的正统地位。继魏晋而起的隋唐最终完成了法律的儒家化,确立了以儒家思想为绝对主导的法律思想,并将这种法律思想传播至周边其他国家,形成了为人所熟知的中华法系。

在立法方面,魏晋南北朝时期朝代众多,制定了大量的律令,其中有些律令散落在历史的尘埃之中,难以识得;有些史料记载语焉不详。陈寅恪在《隋唐制度渊源略论稿》中谈到:西晋建立后,“其所制定之刑律尤为儒家化,既为南朝历代因袭,北魏改律,复采用之,辗转嬗蜕,经由(北)齐、隋,以至于唐,实为华夏刑律不祧之正统”。这基本上概括了魏晋南北朝立法的特点。

一、魏晋南北朝时期的法律思想

公元220年,曹丕代汉称帝,建立曹魏,历史进入了魏晋南北朝时期。魏晋时期大体可以分为四个阶段:三国时期、西晋时期、五胡十六国时期、南北朝时期。其中,除了西晋时期全国获得了短暂的统一,其他时期天下均处于分裂割据的状态。分裂割据造成的必然现象之一便是思想的多元化,这在法律思想上也表现得非常明显。在这一时期,除了儒家思想之外,主要兴起的法律思想有法家思想与玄学思想。

(一)三国时期的法家思想

法家思想在三国时期曾流行一时,尤其是在当时的当权者之中,不少人参照法家思想治国,其中的代表人物有曹操与诸葛亮。

曹操“运筹演谋,鞭挞宇内,揽申、商之法术,该韩、白之奇策”[1]。他认为“拨乱之政,以刑为先”[2],主张在乱世需要以刑法为先,而汉末正是乱世,故而需要“以刑为先”。正如他自己所言,“天下尚未安定,未得遵古也”。[3]也正因为曹操“以刑为先”,故其对于司法官吏的选任非常重视,《三国志·魏书·武帝纪》载其言“夫刑,百姓之命也,而军中典狱者或非其人,而任以三军死生之事,吾甚惧之。其选明达法理者,使持典刑”,对于司法官吏,一定要求“明达法理”,如此才可“使持典刑”。诸葛亮与曹操的情况类似,他认为“宠之以位,位极则贱,顺之以恩,恩竭则慢。所以致弊,实由于此。吾今威之以法,法行则知恩,限之以爵,爵加则知荣;荣恩并济,上下有节。为治之要,于斯而著”[4],针对当时蜀国的现状,主张“今威之以法”。

这里需要注意的是,魏晋时期流行的法家思想与先秦时期的法家思想不同。一方面,这一时期主张法家思想治国的统治者都承认法家思想只可作为权宜之计,真正的治国之本还是在于儒家思想;另一方面,在强调法治的同时,他们并未忽视礼教对社会的作用。

(二)玄学思想

玄学思想在三国末期与两晋时期极为流行。当时的人们将《老子》《庄子》与《周易》三本典籍合称为“三玄”,以这三本典籍为基础的学问,便是当时流行一时的玄学。玄学糅合了儒家、道家等流派的思想,其间又多有变化。

总体而言,玄学的中心论点在于自然与名教的关系。所谓名教便是儒家所言的礼教。从玄学的发展历程来看,其对于名教的态度是由轻视到摒弃的。曹魏时期的何宴与王弼认为自然为本,名教为末,尚且并未完全否认名教;到了稍后的嵇康与阮籍等人,已经发展成为“非汤武而薄周孔,越名教而任自然”,主张摒弃礼教;西晋时期因为国家的统一,此时的玄学代表人物郭象与向秀主张调和自然与名教,但到了东晋时期,因为天下又归分裂,所以玄学进一步走向对名教的批判。代表人物如张湛,主张彻底摒弃名教。可以说,玄学的思想在魏晋时期一步步走向了纯任自然的极端。其对法律的整体态度自然也可想而知,基本所有的玄学家均不重视法律的作用,甚至认为应该摒弃法律。但是,玄学思想对现实中的法律并未产生太大影响,从这一时期的立法成果来看,仍然是以儒家思想为主导思想。

---

〔1〕《三国志·魏书·武帝纪》。
〔2〕《三国志·魏书·高柔传》。
〔3〕《三国志·魏书·武帝纪》。
〔4〕《三国志·蜀书·诸葛亮传》裴松之注。

(三)主导法律的儒家思想

魏晋南北朝时期虽然思想界非常活跃,有不少法律思想兴起,但自汉末以来,占据主导地位的法律思想仍然是儒家思想。而且,历代统治者通过不断的立法活动,推进了法律儒家化的进程,使儒家在法律思想上彻底取得了支配地位。法律儒家化的进程,与律学的兴起不无关系。因为律学家大多同时兼通儒家经典,很多律学家甚至是当世大儒(如杜预),所以他们在立法及解释法律的时候,自然会将法律与儒家思想结合在一起。最典型的例子便是西晋武帝时期编纂的《泰始律》,参与编纂的诸人中多有博学鸿儒,律文内容本身便已深受儒家思想影响,之后张斐、杜预二人所作的注释更进一步加深了这种趋向。

总而言之,魏晋南北朝时期,法律思想方面呈现出了多元化的趋势,但与此同时,儒家思想的地位不仅没有降低,反而通过官方的力量彻底成为法律主导思想。

二、三国时期的立法

三国时期,魏、蜀、吴各自独立建立政权后,在沿袭汉律的基础上,各有律令,曹魏制定了《甲子科》和《魏律》(《新律》),蜀有《蜀科》,吴有科条、科令。其中对后世立法最有影响的是曹魏制定的《魏律》十八篇(又称《曹魏律》《新律》)。

曹魏早在曹操时期,就制定了《甲子科》,但其中的主要内容是对汉律和汉科的沿袭。至魏明帝时,考虑到“法令滋章,犯者弥多,刑罚愈众,而奸不可止”。[1] 下令改订刑制,命司空陈群、散骑常侍刘邵等“删约旧科,傍采汉律、定为魏法”。[2] 经修订完成《新律》十八篇、《州郡令》四十五篇、《尚书官令》《军中令》等合计一百八十篇。其中,《新律》即《魏律》,在《晋书·刑法志》中留存了序言,其他法令均散佚不存,难以考证。

魏律序言中记录了《新律》与汉律相比较而形成的新的变化和调整:

首先,总则篇的调整。汉律的总则篇“具律”位于第六,“既不在始,又不在终,非篇章之义”。[3] 至《新律》中,改“具律”为“刑名律”,并置于律首,“集罪条例为刑名”,突出刑名作为刑罚原则的作用,统率全文,符合“篇章之义”。这种体例皆为后世历代法典所沿用。

其次,篇目增省。《新律》的篇目增修为十八篇。汉《九章律》于律篇数量有限,

---

〔1〕《三国志·魏书·明帝纪》。

〔2〕《晋书·刑法志》。

〔3〕同上注。

后世随着发展,令文内容急剧增多,“前主所是著为律,后主所是疏为令”。至东汉末,实际断罪所用律令远远超出《九章律》的范畴。因此,《新律》在《九章律》的基础上,将汉时除《九章律》外的律、令、科、比的内容修订为“劫掠”“诈伪”“毁亡”“告劾”“系讯”“断狱”“请赇”“惊事”“偿赃”等九篇,与原《九章律》合为十八篇。魏律“于正律九篇为增,于旁章科令为省”。

再次,调整篇章之间重复抵触的条文。由于汉律数次编修皆无疾而终,造成了“事类虽同,轻重乖异”的情况,律令之间前后矛盾,交相混杂。“盗律有贼伤之例,贼律有盗章之文,兴律有上狱之法,厩律有逮捕之事。”[1]在《新律》对各篇的内容进行重新修订的时候,将各个篇章之间重复抵触的篇目进行了调整,如将原“盗律”中劫掠、恐喝和买卖人等分出,作为“劫掠律”。“囚律”中的鞫狱、断狱之法另分为“断狱律”。

复次,重新统一刑种。汉文景帝废肉刑,更改了刑罚种类,虽后世数有复废肉刑的讨论,但刑罚文明化的趋向是难以逆转的。曹魏修律时,除了调整律文外,将刑罚“更依古制为五刑”[2],刑种有:“死刑有三,髡刑有四,完刑、作刑各三,赎刑十一,罚金六,杂抵罪七,凡三十七名,以为律首。”[3]由此可见,经过调整的刑罚有:死、髡、完、作、赎。另有两种经济刑:罚金和杂抵。肉刑完全被排除了。

最后,“八议”入律,礼法结合。曹魏时期,为了笼络贵族官僚集团,巩固统治,在法律中正式规定“八议”以保护贵族特权。

三、两晋的立法

魏末司马昭受命辅佐幼主,封为晋王之后,即着手定礼仪、修律令、立官制。他认为前代(曹魏)的律令,虽已经对汉律进行了改革,然而所制定的《新律》“本注烦杂”“科网严密”,汉朝遗留的章句律学仍然频繁地对律令进行注释,“未承可用”,便命贾充、郑冲、羊祜、杜预等人参酌旧律,制定律法。泰始三年(公元 267 年)律法初定,史称《晋律》或《泰始律》,次年颁布天下。

《晋律》的制定者与《曹魏律》的制定者有所不同,《晋律》在制定的过程中吸收了当时知名的人士参加。如贾充“有刀笔才能,所定新律,百姓便之”[4]。杜预则

---

〔1〕《晋书·刑法志》。
〔2〕同上注。
〔3〕同上注。
〔4〕《晋书·贾充传》。

博学多识,长于经籍,擅长《春秋左传》,另有著《律本》和《杂律》等法学著作。其他参与人,羊祜、郭欣等皆是当时名儒。与《新律》相比照,《晋律》有以下特点:

首先,《晋律》贯彻了"务从简约"的立法思想。《晋律》对汉魏旧律进行了大刀阔斧的修改,篇章内容删改调整为二十篇,依次为:"刑名""法例""盗律""贼律""诈伪""请赇律""告劾律""捕律""系讯律""断狱律""杂律""户律""擅兴律""毁亡律""卫宫律""水火律""厩律""关市律""违制律""诸侯律",共六百二十条,二万七千六百五十七言,篇目数量多于汉律,但条目省于汉律。这是对旧律删繁就简的改革,是中国法制史上由繁入简的典范。正因如此,后世南朝宋齐梁陈多沿用《晋律》。

其次,篇章体例的调整。《晋律》进一步调整了《曹魏律》的总则篇,将《曹魏律》的"刑名"从内容上,因事分类,调整为"刑名"和"法例"两篇。总篇目数量为二十篇六百二十条。

再次,一改律令混杂的情况,明确区分律令。汉时律令混杂,"前主所是著为律,后主所是疏为令。"令替代、修改律的情况比比皆是。晋对律令进行了明晰的区分,"律以正罪名,令以存事制"〔1〕,"违令有罪则入律"〔2〕。由此可见,律是稳定性的法条,令则是临时性的条款,由此律令区分。此后又将品式章程单独列出,称为故事,各归主管机关执行。

最后,颁布"张杜律"。《晋律》颁布后,为使朝廷百官理解新律,让百姓知所避就,武帝诏令天下,注解新律,《隋书·经籍志》载《晋律》有十七家注。其中张斐和杜预的注"兼采汉世律家诸说之长",经武帝批准,与《晋律》具有同等法律效力,并附于律后,颁行天下,这种添附了张斐、杜预注的《晋律》,称为"张杜律"。其中张斐的注,又称《注律表》,从法理学角度对《晋律》的篇章结构、定罪量刑等基本原则做了阐述,并对一些法律术语做了科学的阐述。由于西晋是这一时期唯一的统一王朝,《晋律》也成为这一时期唯一一部通行全国的法典。

2002年6月,甘肃省文物考古研究所对玉门花海毕家滩十六国墓葬群进行抢救性发掘,在M24的棺木盖板里侧发现贴有《晋律注》的纸文书,久佚的晋律得以重见天日。尽管棺板出土的相对位置已经错乱,棺板文书断裂为9段,残存只有4234+289字,但仍然是这次考古发掘中最有价值的重大发现,2010年曹旅宁、张俊民发表《玉门花海所出〈晋律注〉初步研究》首次公布了所抄录《晋律注》的部分条

〔1〕《太平御览》。
〔2〕《晋书·刑法志》。

款内容，[1]**《晋律注》是魏晋时期出土文献中所能见的唯一法律文本，对研究汉唐之际立法的发展演变影响和意义都十分重要。**

四、南北朝的立法

南朝（宋、齐、梁、陈）在立法上多沿用《晋律》，没有什么新的建树。刘宋朝在立法上，沿用《晋律》，没有编制过律典，仅制定了一些单行的法令，补充《晋律》。南齐的立法情况与刘宋大体相同，沿用《晋律》作为自己的律典。南梁虽然制定了自己的律典，但也是在《晋律》是基础上，"稍加损益，即成梁律"[2]。南陈律典，"轻重简繁，一用梁法"。归根结底，南朝所编制的法典的体例和内容都没有超出晋律的范围。

至北朝，各国都比较注意修订法律，这些律令对后世的影响远远超过南朝。北魏、北齐、北周都制定了有效律令。北魏先后八次议改律令，《隋书·经籍志》中记载了《魏律十二卷》，但到唐末已经散佚，《唐六典》中载："后魏初，命崔浩定令，后命游雅等成之，史失篇名。"程树德在《九朝律考·后魏律考》中考证认为，北魏律目有：刑名、法例、宫卫、违制、户律、厩牧、擅兴、贼律、盗律、斗律、系讯、诈伪、杂律、捕亡、断狱等十五篇，此外可能还有请赇、告劾、关市、水火、婚姻等五篇，但不能确定。魏律的情况究竟怎样，史无记载，只能"姑列之以存疑"。

北魏分裂后，东、西魏皆议定新制。东魏于孝静帝兴和三年（公元541年）命群官于麟趾殿删定法令，名为《麟趾格》。西魏则于大统元年（公元535年），对北魏的律令加以损益，"总为五卷，班于天下"，[3]称为《大统式》。自此"格"和"式"这两种法律形式确立下来，并对隋唐立法有直接影响。

北齐初年沿用东魏《麟趾格》于司法审判，高洋受禅后，即着手制定律令，至北齐武成帝河清三年（公元564年）完成，前后耗时14年。《北齐律》在《北魏律》基础上，十二篇，共949条。首先，其在篇章体例上，将"刑名""法例"合为"名例律"，冠于律首，自此，中国传统法典的总则篇正式形成。"名例律"的篇目名称一直沿用至清末修律，在法典中起到了"校举上下纲领"的统摄作用，完善了体例作用。其次，内容上，《北齐律》对前朝旧律进行简化，形成十二篇的结构，为隋唐定律奠定了基础。《北齐律》的显著特点是"法令明审，科条简要"。再次，开启了律、令、格、式并

---

〔1〕曹旅宁、张俊民：《玉门花海所出〈晋律注〉初步研究》，载《法学研究》2010年第4期。

〔2〕《隋书·刑法志》。

〔3〕《周书·文帝纪》。

行的先河。《北齐律》修订颁布后不久,即颁布了《北齐令》《别权条格》等多种法律形式,并明确了格的法律价值在于"律无正条"的情况下,补充律的空白。最后,为隋唐律的修订奠定了重要的基础。史料记载,北齐律的修订花费了大量精力,聚集了一批擅于律学的士人,"校正古今所增损十有七八"。[1] 因此,当隋朝建立后,杨坚虽承北周之业,在定律上却以《北齐律》为蓝本。程树德在《九朝律考》中言:"南北朝诸律,北优于南,而北朝尤以齐律为最。"对《北齐律》和《唐律》的比较研究发现,"盖唐律与齐律篇目虽有分合,而沿十二篇之旧;刑名虽有增损,而沿其五等之旧;十恶名称,虽有歧出,而沿其重罪十条之旧"。[2]

北周也进行了积极的立法活动,周文帝时制定《大律》,《隋书·刑法志》评价为:"大略滋章,条流苛密,比之齐法,烦而不要。"由此可见,隋唐之时对《北齐律》和《北周律》的优劣已有定论。

总体来说,魏晋南北朝时期,朝代极多,修律频繁,然而史料有存,并对后世产生重要影响的律典不过《曹魏律》《晋律》《北齐律》。此外,"格"和"式"这两种新的法律形式正式出现,并影响隋唐立法。

第二节　魏晋南北朝法律内容的发展

魏晋南北朝时期,战争频繁,各朝所制定的律典在继承前朝律令的基础上,在体例、罪名、刑制等问题上也有重大的发展,并为隋唐法制奠定了重要的基础。

一、立法体例的变化

(一)篇目条文删繁就简

魏晋南北朝的立法总体由繁入简。依《晋书》和《唐律疏议》所载,战国时《法经》仅6篇,商鞅携《法经》入秦,继承法家思想,秦律令"繁于秋荼,而网密于凝脂"。刘邦初入咸阳城时,立"约法三章",事从轻典,汉朝初建,因"三章之法不足以御奸",又制《九章律》。至武帝时,采董仲舒建议,"罢黜百家,表彰六经",强化立法,此后春秋决狱兴起,以经注律蔚然成风,至东汉律令数量极度膨胀,数次修律皆未果,言数益繁,以至于律令数达26000多条,773万余字。曹魏时删繁就简,整汉律

[1] 《北齐书·崔昂传》。
[2] 程树德:《九朝律考》,商务印书馆2010年版,第521页。

令为18篇。西晋任用律学家修律，再次删减，法律条目数量仅为汉时十分之一。北齐律修订过程中，删减量最大，形成的12篇结构基本为隋唐所继承。

（二）《名例律》的形成

★《名例律》相当于法典的总则篇，它集中体现了立法的指导思想和基本原则。战国的《法经》中的“具法”就是法典的总则，置于律末，“具其加减”。西汉萧何定《九章律》，直接在六篇之后增加三篇，“而具律不移，因在第六”。曹魏时将“具律”改为“刑名”，置于律首。西晋《泰始律》中，改“刑名”为“刑名”“法例”两篇。至《北齐律》时，终将“刑名”“法例”合为“名例律”，“冠十二篇之首”，标志着中国古代法典编撰技术的成熟。“名例律”作为中国古代律典的总则篇，直到1908年《大清新刑律》的制定，才被废除。

表6－1　各律中总则篇情况

律名	总则篇名称及位置	篇章数量（篇）
战国《法经》	具法，篇末	6
汉《九章律》	具律，第六	9
《曹魏律》（《新律》）	刑名，篇首	18
《晋律》（《泰始律》）	刑名、法例两篇，篇首	20
《北齐律》	名例律，篇首	12

二、以礼入律

魏晋南北朝在汉代以礼入律的基础上，更进一步，除了篇章体例的调整外，历代统治者也注意到礼律的密切结合，强化等级特权。

（一）“八议”入律

★“八议”入律始于曹魏。“八议”是皇帝为维护贵族官僚的特权地位，而在法律中确定的违法处罚的特权原则。“八议”的对象有“亲”（皇亲国戚）、“故”（皇帝故旧）、“贤”（德行有佳）、“能”（有大才干者）、“功”（有大功勋者）、“贵”（官僚贵族）、“勤”（为国家勤勉服务者）、“宾”（前朝宗亲）。这八类人犯罪在处罚上均享受减免特权，尤其是“亲贵犯罪，大者必议，小者必赦”[1]。

“八议”源于《周礼》的“八辟丽邦法”。汉已有“八议”之名，但并未入律。《北齐律》进一步限制了“八议”制度的适用范围，“八议”原则仅适用于一般刑事犯罪，

〔1〕《太平御览》。

凡严重威胁统治秩序和伦理纲常的犯罪,即“重罪十条”,“不在八议论赎之限”[1]。此后“八议自魏、晋、宋、齐、梁、陈、后魏、北齐、后周及隋,皆载于律”[2]。“八议”之制从曹魏确立一直沿用至清末,虽内容略有变化,但一直作为中国传统法典的基本原则而见诸于律。

(二)“重罪十条”

“重罪十条”在北齐时期入律。重罪十条“一曰反逆,二曰大逆,三曰叛,四曰降,五曰恶逆,六曰不道,七曰不敬,八曰不孝,九曰不义,十曰内乱。其犯此十者,不在八议论赎之限”[3]。至隋改定律典,改“重罪十条”为“十恶”,“虽会赦,犹除名”形成中国传统法典的核心原则。

“重罪十条”虽形成于北齐,但早在汉朝律典之中就可以见到“谋反”“大逆”“不道”“不孝”等内容,主要打击严重侵犯统治阶级利益、威胁家长权等行为,维护传统礼教,使礼教与法律进一步融合。

(三)“准五服以制罪”

★《晋书·刑法志》中载:**《晋律》“峻礼教之防,准五服以制罪也”,明确了亲属相犯需要按照五等服制定罪量刑。**五服,中国古代以丧服为标注,规定亲属的范围、等级,明确亲属亲疏远近尊卑的制度。五服分为五等,每等的服丧期和所穿丧服的质地均不同,亲者服重,疏者服轻,依次递减。五服,又称丧服,即亲属在服丧期间所穿的衣服,共有五等,这五等服制依次是:(1)斩衰(音崔)三年,用极粗生麻布制作丧服,衣服不缝边。儿子及未出嫁女儿为父母、妻为夫、臣为君(以日代年,服丧三日)服丧皆如是。(2)齐(音资)衰,用次等生麻布制作丧服,衣服缝边。丧期有三年、一年、五月、三月等。一般为祖父母、曾祖父母、高祖父母服丧。(3)大功,用稍粗的熟麻布为丧服,丧期九月。(4)小功,用略细的熟麻布为丧服,丧期五月。(5)缌麻,用细熟麻布为丧服,丧期三月。丧服是确定刑等的基本标志,五服之内的亲属为有服亲。[4]

五服制度是明确划分家庭内部等级关系的基本原则。“准五服以制罪”原则的确立,从律典上保障了家长对家庭内部的管理权,家庭内部的尊卑等级。一般来说,相比较于普通人之间的纠纷,服制越近,以尊犯卑,处罚越轻;以卑犯尊,处罚越重。

---

[1] 《隋书·刑法志》。

[2] 《唐六典》。

[3] 《隋书·刑法志》。

[4] 有关丧服制度的内容,参见丁凌华:《中国丧服制度史》,上海人民出版社2000年版。

反之,服制越远,尊卑相犯的处罚越接近于普通人。"准五服以制罪"是以礼入律,礼律结合的重要表现,在西晋入律后,至清末才修改。

三、刑罚体系化

魏晋南北朝朝代迭起,随着立法的系统化,刑罚的演化发展也逐步从汉朝的混乱状态中厘清体系,逐步发展,为隋唐新五刑的确立奠定了重要的基础。

(一)三国时期的刑罚

汉文景帝在废肉刑后,整体刑罚结构比较混乱,曹魏《新律》中开始着手改变这一现状,将刑罚归纳为:死、髡、完、作、赎、罚金、杂抵。"改汉旧律不行于魏者皆除之,更依古义制为五刑。其死刑有三,髡刑有四,完刑、作刑各三,赎刑十一,罚金六,杂抵罪七,凡三十七名,以为律首。"[1]

蜀汉以汉室正统自居,继承了汉文景帝废肉刑后的刑罚制度。东吴则是重刑主义的信奉者,不仅恢复了肉刑,死刑的执行也更加残酷。

(二)晋的刑罚

进入晋朝,刑罚总体上向轻刑化方向发展,刑罚种类越来越简要,刑罚强度减轻,晋律"宽简为本"的立法思想在刑罚制度上基本得到了实现,正如《晋书·刑法志》中记载:《晋律》"事从中典,归于益时"。

在刑罚种类上,晋律中记载的主要有:死、髡、赎、杖、鞭、杂抵及罚金等,其中死、髡、赎为正刑。死刑主要有:枭首、斩、弃市三种。晋朝的髡刑合并了曹魏的髡刑、完刑和作刑,分五年、四年、三年、二年几等,同时附加刑具或耻辱刑等。西晋时期赎刑广泛使用,死刑可赎,髡刑可赎,免官等刑也可以赎,"老小废疾及妇人犯罪,皆收赎。"[2]另有专门针对官吏的禁锢、免官、除名等刑罚。

西晋在汉景帝《箠令》基础上对杖刑有所调整。"应得法杖者,以小杖过五寸者稍行之,应杖而髀有疮者,臀也。"[3]"应受杖而体有疮者,督之也。"[4]"杖皆用荆,长六尺,制杖大头围一寸,尾三分半。"西晋杖刑既用于刑罚,也用于拷囚。

《太平御览》卷649引晋令《鞭杖令》,明确了鞭刑的规定:"应得法鞭者,即执以鞭,过五十称行之,有所督罪,皆随过大小,大过五十,小过二十。鞭皆用牛皮革廉

---

[1] 《晋书·刑法志》。
[2] 《资治通鉴》卷一百《晋纪》二二。
[3] 《北堂书钞》卷四五晋令《鞭杖令》。
[4] 《太平御览》卷六五零。

成,法鞭生苇去四廉,常鞭用熟靼,(之列反,柔革也)不去廉,作鹄头,纫长一尺一寸,鞘长二尺二寸,广三分,厚一分,柄皆长二尺五寸。”

(三)北朝的刑罚

北魏初入中原,经济文化比较落后,刑罚也因此比较严酷,尤其是族刑运用范围也比较广泛。《北魏律》定“五刑”之名,依次为死、流、徒、鞭、杖。其正式将髡刑定名为徒刑,并规定了流刑,此时流刑不分远近,统称远流,“恕死从流”,作为死刑的减等刑罚。此外,北魏恢复了宫刑,并对犯大逆不道之子年十四以下者适用。

至北齐时,立法虽然提倡“思存轻典”的原则,但具体司法多采用重刑主义原则,文宣帝高洋建北齐后,廷上设刑具,多次亲杀大臣。同时对盗贼行为,多用重刑处罚。刑罚上基本沿用北魏“五刑”。

北周《大律》沿用“五刑”之名,但具体刑罚排列顺序与北魏、北齐不同,采用由轻至重的排列顺序,依次为杖、鞭、徒、流、死,为隋唐五刑的最后确定提供了参考模式。

(四)魏晋南北朝时刑罚变化的特征

1. 总体上限制族刑连坐

魏晋南北朝时期,族刑连坐的范围与处罚方法与前代相比,产生了一些重要的变化。

三国时期,由于战争频繁,曹魏用刑严酷,律令中有“夷三族”的规定。但曹魏时程咸上表,讨论有关父母有罪不应追刑已出嫁女子,由于程咸的建议,曹魏时期,免除了出嫁女子与父母连坐的责任,缩小了连坐范围。

至北魏时,少数民族主政,刑罚也颇为酷烈。连坐范围极广,甚至姻亲之家也会受到株连。因此,北魏的连坐之法前后进行了两次改革,但它仍是南北朝时期使用时间最久,株连范围最广的。此后,至唐,逐步限制连坐范围,连坐亲属中女性,母、妻、姊妹等得以免除死刑,没为官奴婢。

★2. 流刑逐步规范化

自汉文帝废除肉刑后,刑罚上轻重无品,生死等差过大,为解决此问题,开始多使用徙边之刑,作为死刑的减等之刑。北魏北齐之时,根据汉晋的立法经验,把“赦死从流”确定为量刑的原则,并固定为法定刑。至北周时期,在大律中依照《尚书》“五流有宅,五宅三居”的思想,把流刑分为卫、要、荒、镇、蕃五等,对应“去皇畿”二千五百里至四千五百里五等,每等相差五百里,各等均加鞭笞。从此**流刑按照距离分等成为定制,并成为缓解生死等差的重要刑罚**,此后**自唐至清,多用流刑及近似刑罚解决生死等差问题。**

3. 新五刑体系逐步成型

从旧五刑到新五刑的转变是逐步完成的：

汉文帝开始废肉刑，至曹魏《新律》“更依古义，制为五刑”[1]，其中规定了刑名有死刑、髡刑、完刑、作刑、赎刑、罚金、杂抵罪等，其中死、髡、完、作、赎是五刑。

《晋律》中所规定的刑罚相比较《新律》又有简化，以死刑、髡刑和赎刑为正刑，此外，尚有杂抵罪和罚金，完刑和作刑均成为髡的并科刑。

《北魏律》正式定“五刑”之名，依次为死、流、徒、鞭、杖。其将髡刑定名为徒刑，并规定了流刑。

《北齐律》沿用北魏“五刑”的总称，内容略有调整，依次为死、流、耐、鞭、杖。

北周《大律》进一步规范了五刑，刑罚分为：杖刑五等，十至五十；鞭刑五等，六十至一百；徒刑五等，徒一年至徒五年，并附加鞭笞；流刑五等，流二千五百里至四千五百里，每等加五百里，均附加鞭笞；死刑五等，依次为磬、绞、斩、枭首、裂。

杨坚建隋后，立法多从北齐，刑罚则在北周《大律》基础之上修订而成新五刑，并基本为唐所沿用。

（五）复废肉刑之争

★汉文景帝废除肉刑后，到东汉初期有屡有批评之声，至魏晋之时朝堂之上又多次提出复废肉刑。东汉班固在《汉书·刑法志》中即提出：文帝废肉刑使民俗不如古，轻刑不足以镇压被压迫者的反抗，用死刑替代斩右趾之刑，“外有轻刑之名，内实杀人”；而用髡笞替代劓刖，民既不怕，又不知耻，不足以惩奸。班固认为汉文帝废肉刑，将刑罚由重改轻，为了“刑可畏而禁易避”，班固虽未明确主张恢复肉刑，而对文帝废肉刑多有贬抑。至东汉末年，仲长统则明确提出了恢复肉刑的主张。他认为当时的刑罚制度本身存在问题，“肉刑之废，轻重无品”。“杀之则甚重，髡之则甚轻”，应当制定“中刑”来处罚，才能刑罚相当，他认为解决“中刑”的方法即是恢复肉刑。孔融则认为，身受肉刑之人“虑不念生，志在思死”，再也没有改过自新的机会，所以从犯罪预防和纠正来说，不应该恢复肉刑。

至三国曹魏，复废肉刑之争始终不断，《晋书·刑法志》详细记录了四次争论。在这些争论中陈群、钟繇、傅干、夏侯玄等人数次参与讨论。陈群、钟繇、傅干等反对废除肉刑，他们认为肉刑是有效的以牙还牙的报复主义，能够解决现有刑罚体系“名轻实重”的缺陷。王脩、王朗、夏侯玄等人反对恢复肉刑，他们认为三国争霸，重

〔1〕《晋书·刑法志》。

点在得民心,恢复肉刑,必然失去群众的支持,为解决轻重有差的问题,可以用“倍其居作之岁数”的方法,弥补生死刑罚的等差,而且如果不能从根本上杜绝犯罪行为,即使恢复肉刑也无济于事。

晋朝建立以后,又针对复废肉刑展开了三次较大的争论,第一次在晋武帝时,“刘颂为廷尉,频表宜复肉刑,不见省”[1]。第二次在晋元帝时,廷尉卫展又主张恢复肉刑。“元帝欲从展所上,大将军王敦以为:‘百姓习俗日久,忽复肉刑,必骇远近。且逆寇未殄,不宜有残酷之声,以闻天下。’于是乃止。”[2]第三次是在安帝元兴末年,时论大多反对,不行。最终,晋朝未复苏肉刑。

南北朝时,由于时局影响,肉刑时有恢复。南朝刘宋政权有诏:“五人以下相逼夺者,可特赐黥刖,投界四远。”至南梁时规定,劫者遇赦施黥、髡钳。此后肉刑在南朝屡有复废。北朝相对照南朝,肉刑适用更加广泛。《魏书·刑罚志》载:魏世祖命崔浩修定律令,复用宫刑,并多适用于谋反大逆之子孙,为绝其后也。直至北齐,天统五年二月下诏令:“诏应宫刑者,普免刑为官口。”[3]宫刑正式废除。

第三节　魏晋南北朝的司法制度

一、司法机关

魏晋南北朝全国局势分裂,动荡不安;但在各个小朝廷内部,权力却越发集中。与立法权相同,司法权牢牢掌握在统治者手中,并不断强化,变化增多。

(一)曹魏时期

三国曹魏的司法机关基本延续了汉朝的司法机关结构,在中央为皇帝,丞相(三公)和廷尉(大理),地方由州、郡、县的行政长官兼理。值得注意的是,曹魏政权受法家思想影响,重视法律。魏明帝在位时,在中央廷尉之下增设律博士一职,专门向官吏传习法律,培养司法人才。律博士的设置,对律学的发展起到了重要的推动作用。

(二)两晋时期

西晋的中央司法机关,在晋初以三公尚书郎掌刑狱,后定为廷尉,主要职能有典刑狱、审理诏狱及地方州郡的大案、疑案,审理皇帝交付的案件。此外,对于重大

[1] 《晋书·刑法志》。
[2] 同上注。
[3] 《北齐书·后主纪》。

疑难案件，采用八座议罪的制度。[1]

地方司法机关与汉魏近似，地方行政长官兼理司法，此外，设狱吏等官职负责具体司法事务。要案、疑案上奏廷尉。

东晋中央与地方司法机关与西晋基本相同。

（三）南北朝时期

南朝时期，朝代更迭频繁。司法行政机关的设置与两晋基本一致。在地方上，东晋以来设立的持节都督统领州军政权，后逐步"假黄钺"，代表皇帝镇守一方，取得地方司法行政权，这种军事长官在地方上兼理司法的情况贯穿于整个南朝时期。且南朝皇帝普遍热衷于录囚。

★至北齐，中央最高审判机关为大理寺，**"大理寺掌决正刑狱"**，自此，大理寺**成为中国古代重要的中央司法机关之一**。大理寺建成后，任职人员比北魏的廷尉大为扩充，增加了四五十人之多。

北周在职官设置上，仿《周官》之制，中央最高司法审判机关称"司寇"。《周书·卢辩传》："秋官府领司寇等众职。"

二、诉讼审判制度

（一）刑讯的文明化

秦汉以来，刑讯是一种取得证据的重要手段，滥施刑讯，野蛮逼供常常会带来口供失实等效果，汉景帝定《箠令》后，刑讯略有制度所严，但到魏晋南北朝，刑讯泛滥残酷，除笞掠外，南梁与南陈均发明了新的刑讯方法。

南梁测罚法，又称测囚法，即通过饥饿审讯的方法，以获得犯人的口供。凡人犯不招供者，三天不给饭吃，妇女、老人和孩子则饿一天半，然后允许家人送二升粥（南梁时期计量单位），共持续十天方止。"断食三日，听家人进粥二升，女及老小，一百五十刻乃与粥，满千刻而止。"[2]这种方法在梁末陈初引起一场争论，虽然争论结果基本保留测罚法的执行，但一些文明刑讯的观点在争论中反复提出，如都官尚书周弘正认为，断狱判罪"必应以情"，不可"全恣考掠"，他认为刑讯是造成冤假

---

〔1〕 八座议罪是东汉至曹魏及晋时的一种中央会审制度。"八座"各代略有差异，皆指代中央高层官吏。东汉时以三公曹为核心的中央六曹并令仆二人为"八座"；曹魏时设五曹尚书、二仆射、一令为"八座"；晋初沿曹魏旧制，后又有多番调整。八座议罪是对重大疑难案件，由中央高层官吏合议审理的制度。

〔2〕《隋书·刑法志》。

错案的重要原因,并提出审判要"罪疑惟轻,功疑惟重"。[1]

至南陈,刑讯方法改为测立法,又称立测法。"其有赃验显然而不款,则上测立。立测者,以土为垛,高一尺,上圆劣,容囚两足立,鞭二十,笞三十讫,著两械及杻,上垛。一上测七刻,日再上。三七日上测,七日一行鞭。凡经杖,合一百五十,得度不承者,免死。"[2]对刑讯的前提条件作了更加细致的规定,并结合鞭笞的惩罚,以达到获取口供的目的。

北朝相对南朝,胡人主政,刑讯更加严酷。北魏之时用大枷刑讯逼供,后发展为刑石,在大枷之内,"复以缒石悬于囚颈","冤死者众"。[3] 北齐、北周比北魏花样更为翻新,有"立烧犁耳""臂贯烧车釭"等。

(二)死刑奏报制度的形成

★死刑奏报制度是指人犯在判决死刑后,死刑执行的最终决定权属于皇帝,死刑执行前必须奏请皇帝核准。秦汉以来,地方长官均享有专杀之权,随着中央集权制度的进一步确立,北魏时期,开始设立死刑复奏制度。"当死者,部案奏闻。以死不可复生,惧监官不能平,狱成皆呈,帝亲临问,无异辞怨言乃绝之。诸州国之大辟,皆先谳报乃施行。"[4]

(三)建立会审制度

会审制度是指对重大疑难或屡诉冤枉的案件,由中央各机关长官会同审理的行为。南朝陈时,为防止司法滥权,建立了朝廷重官会审制度,"常以三月,侍中、吏部尚书、尚书,三公郎、部都令史、三公录冤局,令史、御史中丞、侍御史、兰台令史,亲行京师诸狱及治署,理察囚徒冤枉"。[5] 除三月众官会审一般疑难案件外,还复审已经判决的刑徒,以防冤滥。这种由中央朝廷各机关长官会同审理案件的制度正式确立,对后世司法审判有深远的影响。

北魏时期,中央司法工作由廷尉与都官共掌,廷尉是中央最高的司法审判机关;都官为尚书省属下,司法行政机关,长官称都官尚书。

三、律学的兴起

律学是中国古代研究法律原理的学说。中国古代的律学可能起源于春秋末

---

〔1〕《陈书·沈洙传》。
〔2〕《隋书·刑法志》。
〔3〕《魏书·刑罚志》。
〔4〕同上注。
〔5〕《隋书·刑法志》。

期,从传世文献来看,邓析是这一时期研究传播律学的重要人物之一。《左传·定公九年》载:“郑驷颛杀邓析而用其竹刑。”杜预注:“邓析,郑大夫,欲改郑所铸旧刑,不受君命而私造刑法,书之于竹简,故言竹刑。”由此可见,邓析的竹刑是个人学术研究成果,与国家制定的成文法不同。邓析竹刑的内容已不可考,但它无疑是中国历史上较早的一部研究法律的著作。

至汉时,汉高祖刘邦在废除苛法的同时,为汉初学术的再度兴盛发展创造了条件,至武帝时虽在学术上“罢黜百家,独尊儒术”,但对汉初黄老思想影响下形成的制度进行儒家化解读,为律学的繁荣发展提供了巨大的契机,“汉来治律有家,子孙并世其业,聚徒讲授,至数百人”。[1] 在这样繁荣昌盛的律学研究基础之下,形成了大量的法律解释成果,“叔孙宣、郭令卿、马融、郑玄诸儒章句十有余家,家数十万言”,“凡断狱所当由用者,合二万六千二百七十二条,七百七十三万二千二百余言,言数益繁,览者益难。”[2]这些律学研究者多为当时的名儒,对法律所做的解释具有一定的权威性,甚至可以作为定罪量刑的指导性意见。但这些观点之间不尽相同,甚至相互抵触,这导致在汉朝随着律学的发展司法的不确定性更强。

到魏晋南北朝,针对汉时律学解释众多的情况,魏文帝“于是下诏,但用郑氏章句,不得杂用余家”,这肯定了郑玄的法律解释与法律的同等作用。律学至此进入一个高速发展的时期。汉时律学仍然是为解说汉初政治制度的而成,至魏晋时期,律学开始逐步独立形成一门专门的学科,甚至有些家族以律学研究为主,并出现了一批专业性著作,据《晋书·经籍志》载,这时期有晋张斐《汉晋律序注一卷》《杂律解二十一卷》,杜预《律本二十一卷》,南梁朝《杜预杂律七卷》等著作,这些著作均标志着律学发展进入一个新的阶段。

此外,这一阶段律学研究的内容不仅仅局限于对国家律令的解释,而是开始涉及法律内部逻辑结构,罪名的法理概念,定罪量刑的原则等一些专门性法律问题。对这些问题进行解读的人员也不再是汉时儒学者,而是长期从事立法和司法的人员,以长期经验为基础,展开专业性研究。

张斐,晋武帝时任明法掾,解释律令,为晋《泰始律》作注,著有《汉晋律序注一卷》《杂律解二十一卷》。《晋书·刑法志》中记录了张斐上表的内容,表文中保存了张斐对近似罪名在适用上的区分,立法的原理、法律篇章逻辑结构等问题,确立了总则篇在法典中的地位,强调刑名为法典中众篇之首领,全律的中心,

---

〔1〕《南齐书·崔祖思传》。
〔2〕《晋书·刑法志》。

并对二十种近似罪名做了详细的区分,很多概念至唐仍然沿用。“其知而犯之谓之故,意以为然谓之失,违忠欺上谓之谩,背信藏巧谓之诈,亏礼废节谓之不敬,两讼相趣谓之斗,两和相害谓之戏,无变斩击谓之贼,不意误犯谓之过失,逆节绝理谓之不道,陵上僭贵谓之恶逆,将害未发谓之戕,唱首先言谓之造意,二人对议谓之谋,制众建计谓之率,不和谓之强,攻恶谓之略,三人谓之群,取非其物谓之盗,货财之利谓之赃。凡二十者,律义之较名也。”〔1〕其中一些概念与当代刑法理论一致。同时在定罪量刑的过程中,张斐也强调考察犯罪者的主观动机,“论罪者务本其心,审其情,精其事,近取诸身,远取诸物,然后乃可以正刑”。这要求在审理案件的过程中通过大量搜集犯罪事实,结合犯罪者的主观动机,查清犯罪的原因。

杜预,晋武帝泰始年间任河南尹、秦州刺史等职,后封当阳县侯。其人长于经籍,著《春秋左氏经传集解》,汇集了前人对《春秋左传》的注解,并对先秦历史和礼仪政治法律制度均有说明,此外还著有《律本二十一卷》等。对于立法,杜预强调“简直”,“法者,盖绳墨之断例,非穷理尽性之书也。故文约而例直,听省而禁简。例直易见,禁简难犯。易见则人知所避,难犯则几于刑厝”。简是简练,去掉繁芜;直是直截了当,明白易懂。认为立法要做到简单明白,人民才易遵守,知所避就,这样违法者自然也就少了。这一观点有效解决了汉魏律令繁多、科条繁要的情况。

但至东晋以后,由于清谈的盛行,南朝宋齐梁陈皆未出现比较有影响的律学家,北朝虽非汉人政权,但由于政权更迭频繁,各个政权反而更加注重立法行为,因此在北魏有崔浩,北齐的渤海封氏,北周修订《大统式》的苏绰都是这一时期知名的律学家,这正是有这些律学家的存在,北朝的立法成果相对于南朝更加丰富,也成为隋唐法律的重要渊源。

---

〔1〕《晋书·刑法志》。

第七章　隋唐法律

教学目标

理解隋唐时期的法律思想与制度的主要内容，熟悉礼律合一、永徽律疏与中华法系，掌握十恶、六赃与保辜制度，公罪与私罪、自首与类推、化外人等刑罚原则。

推荐参考资料

1. 刘俊文：《唐律疏议笺解》，中华书局1996年版；
2. 乔伟：《唐律研究》，山东人民出版社1985年版；
3. 钱大群：《唐律与唐代法制考辨》，社会科学文献出版社2009年版；
4. 王立民：《唐律新探》，北京大学出版社2007年版；
5. 戴建国：《唐宋变革时期的法律与社会》，上海古籍出版社2010年版。

第一节　隋唐时期的法律思想与立法

公元581年，杨坚接受北周静帝禅位，建立了隋朝，历史进入了隋唐时期。隋唐时期是中国历经魏晋数百年乱世之后的又一个大一统时期，经过几百年乱世的淬炼，许多传统在这一时期定型。法律自然也不例外，在隋唐时期，中华法系正式成型，可谓是中国法律史上的定鼎时期。

在儒家思想的指导之下，隋唐时期的立法呈现为吸收与综括式的发展方式，以律、令、格、式为主要法律形式的法典体系在隋初得到确立并在唐代呈现出高度完备的形态，唐中期尤其是“安史之乱”以后，法典编撰的技术与体例出现了一些新的变化，这也为五代、宋元新的法律形式产生奠定了基础。

一、隋唐时期的法律思想

隋唐时期的法律上承南北朝,以儒家思想为法律思想的核心。其立法指导思想主要表现在《唐律疏议》之中,而这些思想则又渊源自初唐。究其大略,主要可以概括为以下几点。

(一)以儒家思想为尊

唐朝的立法指导思想受到魏晋法律儒家化的影响,以儒家思想为尊。唐朝初立之时,唐太宗便对儒家思想极为推崇,他认为"朕今所好者,惟在尧、舜之道,周、孔之教,以为如鸟有翼,如鱼依水,失之必死,不可暂无耳"[1]。他非常强调儒家思想中的仁义,认为仁义乃是治国之基,如其在《贞观政要·论仁义》中提道:"林深则鸟栖,水广则鱼游,仁义积则物自归之。人皆知畏避灾害,不知行仁义则灾害不生。夫仁义之道,当思之在心,常令相继,若斯须懈怠,去之已远。犹如饮食资身,恒令腹饱,乃可存其性命。"在这种指导思想之下,唐太宗在法律上主张以礼为主,礼法兼治,这种倾向最终在《唐律疏议》中得到了系统的诠释,并成为中华法系的特点之一。

(二)法律应当简约

唐太宗认为,"国家法令,惟须简约,不可一罪作数种条"[2],因为若不这样,则会"格式既多,官人不能尽记,更生奸诈,若欲出罪即引轻条,若欲入罪即引重条"[3],即法律条文过多的话会引起司法实践当中的种种问题,所以"数变法者,实不益道理,宜令审细,毋使互文"。[4] 在唐太宗这种思想的指导下,《贞观律》及之后的《永徽律》均务求宽简,体现出高超的立法技术。

(三)法律应当稳定

法律需要有一定的稳定性,若是朝令夕改,会使整个社会无所适从,进而使法律的权威性受到质疑。初唐之时,唐太宗便认识到了这一点,他认为"诏令格式,若不常定,则人心多惑,奸诈益生。《周易》称'涣汗其大号',言发号施令,若汗出于体,一出而不复入也。《书》曰:'慎乃出令,令出惟行,弗为反。'且汉祖日不暇给,萧何起于小吏,制法之后,犹称画一。今宜详思此义,不可轻出诏令,必须审定,以为永

[1] 《贞观政要·论慎所好》。
[2] 《贞观政要·论赦令》。
[3] 同上注。
[4] 同上注。

式”[1]。可以看到,唐太宗之所以这么认为,还是本于儒家经典。这种法律需要稳定的观点,无疑是具有进步性的,对于唐朝的立法活动亦产生了极为深远的影响。

这些思想自初唐以后,为《唐律疏议》所继承并发扬光大,成为后世统治者在立法时的指导思想。可以说,法律儒家化至此基本完成,儒家思想作为立法指导思想,完全渗入了法律中,二者成为不可分割的整体。自此以后,直至晚清,在立法指导思想层面,儒家的统治地位未有大的变化。

二、法律形式

中国古代国家制定法,自秦汉以来即呈现为以“律”为中心的发展趋势;至西晋,“令”也成了基本规范,进入律令并行时代;之后,律令以外的法律规范逐渐法典化,南北朝时期,“格”与“式”先后产生;隋初,以律、令、格、式为主干的国家法律体系基本形成,这种法律形式在唐代进一步发展、完善;唐中后期,“格后敕”与“刑律统类”产生,对以律、令、格、式为主的法律形式产生了冲击。

隋开皇初,基本上形成了以律、令、格、式为主干的国家法律体系。《隋书·经籍志》载:“后齐武成帝时,又于麟趾殿删正刑典,谓之《麟趾格》。后周太祖又命苏绰撰《大统式》。隋则律令格式并行。”根据《隋书·苏威传》的记载:“律、令、格、式,多威所定。”大业年间,对律、令、格、式等略有增删,但未影响其主要内容与体系。至唐代,以开皇旧制为据而经高祖、太宗、玄宗年间的全面修订,律、令、格、式的法典体系大为完备。《新唐书·刑法志》载:“唐之刑书有四,曰:律、令、格、式。令者,尊卑贵贱之等数,国家之制度也;格者,百官有司之所常行之事也;式者,其所常守之法也。凡邦国之政,必从事于此三者。其有所违及人之为恶,而入于罪戾者,一断以律。”又《唐六典》载:“凡律以正刑定罪,令以设范立制,格以禁违止邪,式以轨物程式。”

律为定罪量刑之依据,其内容大致相当于刑事法律规范。虽然未得见《开皇律》及《大业律》全文,但从传世文献对修律过程的记载及《唐律疏议》的内容来看,皆是具体犯罪行为与相应处罚的列举及相关刑罚适用原则的规定。虽然《新唐书·刑法志》将律、令、格、式并称为“唐之刑书”,但需要注意的是,令、格、式在条文的表述形式方面与律存在明显的差异,即令、格、式的条文内容原则上未有关于具体处罚的规定,违于令、格、式,则由律予以处罚。

---

〔1〕《贞观政要·论赦令》。

令最初是由皇帝发布的诏令,秦汉时期,令已经成为主要的法律形式,但秦汉律令的界限并不清晰。隋唐时期的令大致相当于行政法,隋唐令的内容已不存,《唐六典》记载了《开皇令》三十卷、唐令二十七卷名目,从篇目来看,主要是国家组织制度方面的一些规定。

格是皇帝临时、临事而颁布的行政命令,《唐六典》卷六"刑部郎中员外郎"条载:"凡《格》二十有四篇。(以尚书省诸曹为之目,共为七卷。其曹之常务但留本司者,别为《留司格》一卷。盖编录当时制敕,永为法则,以为故事。)"由于格随时、随事而发,针对性强,属于"特别法",故针对具体事项而言,格的法律效力高于律、令、式。唐代格按照效力范围分为两种,"留司格"与"散颁格",后者颁行天下广泛适用。格分二十四篇,以六部的二十四司为篇目,现已不存。

式的内容主要是尚书省二十四司及其他部门在执行律、令、格的过程中各自订立的办事细则和公文程式。《隋书·炀帝纪》载隋大业四年(公元 608 年)曾"颁新式于天下",唐式自武德至开元共修订六次,定为三十三篇。现存唐式只有《开元水部式》残卷,其内容可见文字一百四十六行。

《唐律疏议·断狱》"断罪不具引律令格式"条(484)载:"诸断罪皆须具引律、令、格、式正文,违者笞三十。"这首先说明律、令、格、式是隋唐时期主要的法律形式;其次,律、令、格、式既有明确的分工,又相互协调,令、格、式三者主要的内容近似于行政法,规定的是如何组织与行为,律规定违反这些内容的处罚条款。律、令、格、式形成了隋唐时期完备的法律体系。

三、律典沿革

(一)隋《开皇律》与《大业律》

公元 581 年,北周大臣杨坚建立隋朝并统一北方,是为隋文帝,年号开皇;公元 589 年,杨坚统一南北,结束了自东汉末年以来的分裂局面。隋文帝即位后即着手修订新律,《隋书·刑法志》载:

> 高祖既受周禅,开皇元年,乃诏尚书左仆射、勃海公高颎,上柱国、沛公郑译,上柱国、清河郡公杨素,大理前少卿、平源县公常明,刑部侍郎、保城县公韩浚,比部侍郎李谔,兼考功侍郎柳雄亮等,更定新律,奏上之……三年,因览刑部奏,断狱数犹至万条。以为律尚严密,故人多陷罪。又敕苏威、牛弘等,更定新律……自是刑网简要,疏而不失。

据《隋书·刑法志》记载,隋初于开皇元年(公元 581 年)、开皇三年(公元 583

年)两次大规模修律,且两次修律活动都被称为“更定新律”。开皇元年更定新律的主要内容是将旧法中的“枭首轘身”等残酷刑罚以及“杂格严科”等不合时宜的条文皆悉除去,从旧法中“取适于时”者编入新律,以达到“以轻代重,化死为生”之目的;开皇三年更定新律则是大规模删减条文数量,“除死罪八十一条,流罪一百五十四条,徒杖等千余条”,主旨在于“刑网简要,疏而不失”,最终形成了五百条、十二篇的法典体例与结构,“定留唯五百条。凡十二卷。一曰名例,二曰卫禁,三曰职制,四曰户婚,五曰厩库,六曰擅兴,七曰贼盗,八曰斗讼,九曰诈伪,十曰杂律,十一曰捕亡,十二曰断狱”。这对唐律及后世法典的结构影响极大。我们通常所说的隋《开皇律》主要指开皇三年律。

★客观地说,**《开皇律》在法典沿革史上具有极为重要的地位,是中国古代法典编纂的里程碑与转折点,被称为中华法系代表的《唐律疏议》完全以隋《开皇律》为底本。**[1]

隋文帝晚年禁网深刻、持法尤峻,“恒令左右觇视内外,有小过失,则加以重罪。又患令史赃污,因私使人以钱帛遗之,得犯立斩。每于殿廷打人,一日之中,或至数四。尝怒问事挥楚不甚,即命斩之”。仁寿四年(公元604年),隋炀帝继位,次年改年号大业。隋炀帝“以高祖禁网深刻,又敕修律令”,新律于大业三年(公元607年)修成,即《大业律》。根据《隋书·刑法志》的记载,《大业律》与《开皇律》相比,有三方面的变化:

第一,“除十恶之条”,《大业律》仅是除去了“十恶”之条目,其内容仍在各条文之中。

第二,篇目调整,“一曰名例,二曰卫宫,三曰违制,四曰请求,五曰户,六曰婚,七曰擅兴,八曰告劾,九曰贼,十曰盗,十一曰斗,十二曰捕亡,十三曰仓库,十四曰厩牧,十五曰关市,十六曰杂,十七曰诈伪,十八曰断狱。”《大业律》在《开皇律》篇目的基础之上改变了一些原有篇目的名称,如《卫禁》《职制》《斗讼》改为《卫宫》《违制》《斗》;又将部分原有篇目一分为二,如《户婚》分为《户》与《婚》,《厩库》分为《仓库》与《厩牧》,《贼盗》分为《贼》与《盗》;并新增了《请求》《告劾》《关市》三篇,最终形成了《大业律》十八篇的结构。从结构来看,《大业律》的变化使《开皇律》所创体系散漫无章,而结合条文数来看,律文五百条未变,仅变其篇目,这显然不是法典编

[1] 程树德谓:“今所传唐律,即隋《开皇律》旧本。”参见程树德:《九朝律考·隋律考》,商务印书馆2010年版,第563页。

纂发展的内在需求,而是“炀帝好大喜功,特欲袭制礼作乐之名”[1]的产物。

第三,刑罚有所减轻,“其五刑之内,降从轻典者,二百余条。其枷杖决罚讯囚之制,并轻于旧”。刑罚方面的变化在一定程度上对文帝晚年“持法尤峻”的状况有所改善,这是值得肯定的。

(二)唐代律典沿革

唐代法典沿革大致可分为两个时期,前后以安史之乱为界分。前期直接承袭隋开皇之制,立法频繁,后期则是在维持主要法律形式的基础之上创制“格后敕”与“刑律统类”,这在后世逐渐演变成“编敕”与“刑统”,并成为法律体系的主干。唐代最主要的立法方式是集中修纂法典,具体方法包括:撰定,即编创或重编新的法典;删定,即增删或改动原有法典的内容;刊定,即刊削或修正原有法典的文字,但不变其内容;详定,即审查、选编原有的法律文件,而不进行加工。[2] 唐代前后二百九十年,有记载的集中立法活动27次,内容涉及律、令、格、式等法律形式的更定及“格后敕”与“刑律统类”等法律形式的编纂。[3] 此处将唐律的产生与沿革稍作梳理。

1.《武德律》

唐高祖武德元年,下诏撰定律、令、格、式。《唐会要·定格令》载:

武德元年六月一日,诏刘文静与当朝通识之士,因隋开皇律令而损益之,遂制为五十三条,务从宽简,取便于时。其年十一月四日颁下,仍令尚书令左仆射裴寂、吏部尚书殷开山、大理卿郎楚之、司门郎中沈叔安、内史舍人崔善为等更撰定律令。十二月十二日又加内史令萧瑀、礼部尚书李纲、国子博士丁孝乌等同修之。至七年三月二十九日成,诏颁于天下。大略以开皇为准,正五十三条,凡律五百条,格入于新律。他无所改正。

武德元年,高祖诏刘文静等人在损益隋开皇律令的基础之上制定了格五十三条或称《武德新格》,此为临时性法规,制定主旨在于约法缓刑。《武德新格》为有唐第一部法典。《武德律》的主要内容是将隋《开皇律》与《武德新格》稍做增删后“并入于新律”,其内容在《开皇律》的基础之上变化不大,“皇朝武德中,命裴寂、殷开山等定律令。其篇目一准隋开皇之律,刑名之制又亦略同,唯三流皆加一千里,居作三

---

[1] 程树德:《九朝律考·隋律考》,商务印书馆2010年版,第564页。
[2] 参见刘俊文:《唐代法制研究》,文津出版社1999年版,第1~2页。
[3] 详细内容参见刘俊文:《唐代法制研究》,文津出版社1999年版,第23~60页。

年、二年半、二年皆为一年,以此为异。又除苛细五十三条”。[1] 除了流刑里数、居作时间以外,删除隋律五十三条,而篇章结构、条文内容的其他方面“一准隋开皇之律”。《武德律》的意义在于废除隋《大业律》,将魏晋南北朝法典发展的集大成者《开皇律》作为基础,为唐代律典的沿革与发展确定了开端与方向。另外,武德七年还撰定《武德令》31 卷、《武德式》14 卷,并颁下施行。

2.《贞观律》

唐太宗贞观元年(公元 627 年),命长孙无忌、房玄龄等人更定新律,《旧唐书·刑法志》载:

及太宗即位,又命长孙无忌、房玄龄与学士法官,更加厘改……玄龄等遂与法司定律五百条。

此次定律首先肯定了律典篇章结构及基本原则等内容,如十二篇的法典结构与具体篇名;五刑二十等的刑罚体系;议、请、减、赎、当、免与十恶等刑罚适用原则。在此基础之上,还做了大规模的删改。这使全面承袭了《开皇律》的《武德律》在内容方面有了比较大的变化,“比隋代旧律,减大辟者九十二条,减流入徒者七十一条。其当徒之法,唯夺一官,除名之人,仍同士伍。凡削烦去蠹,变重为轻者,不可胜纪。”[2] 贞观定律之后,唐代法制的基本面貌已经确立,之后尤其是唐律的内容再无实质性变化。可以说唐代法制“虽始于武德,而实定于贞观”[3]。另外,贞观年间还撰定《贞观令》30 卷、《贞观格》18 卷、《贞观式》14 卷,并颁下施行。

3.《永徽律》及其《律疏》

唐高宗永徽元年(公元 650 年),“敕太尉长孙无忌……共撰定律令格式,旧制不便者皆随有删改。”[4] 永徽二年(公元 651 年),奏上新删定律、令、格、式,“勒成律十二卷、令三十卷、式四十卷,颁于天下”。同时,将格分为“留司格”与“散颁格”,“曹司常务者为留司格,天下所共者为散颁格。散颁格下州县,留司格本司行用”[5]。《永徽律》在《贞观律》的基础之上所做的改动非常少,而且多是条文内容方面的变化,而法典结构与体例、法律原则等方面没有任何变化。

★唐高宗永徽三年(公元 652 年)下诏:“律学未有定疏,每年所举明法,遂无凭准。宜广召解律人条义疏奏闻。仍使中书、门下监定。”长孙无忌等人遂“参撰《律

---

〔1〕《唐六典》卷六“刑部郎中员外郎”条。

〔2〕《旧唐书·刑法志》。

〔3〕刘俊文:《唐代法制研究》,文津出版社 1999 年版,第 27 页。

〔4〕《册府元龟·刑法部·定律令》。

〔5〕《唐会要·定格令》。

疏》,成三十卷,四年十月奏之,颁于天下。”[1]永徽四年(公元653年)颁行《律疏》,其内容是对于《永徽律》的逐条阐释,由于其为官方解释,因此,内容具有法律效力,“自是断狱者皆引疏分析之。”[2]**《律疏》在后世又被称为《永徽律疏》或《唐律疏议》,它是中国历史上最早的注释法典,在法制史与法学史上具有极其重要的地位。**

4.《开元律》

唐玄宗开元六年(公元718年),“敕吏部尚书兼侍中宋璟……九人删定律令格式,至七年三月奏上。律、令、式仍旧名,格曰《开元后格》。”此次集中立法活动仍是“删定”,即在旧法基础之上作修订,而所针对的对象包括律、令、格、式等主要法律形式。从结果来看,除《开元后格》的名称有所变化外,传世文献中未见内容有所变化的记载。经此次“删定”,律令格式一直沿用至开元二十五年(公元737年)。

开元二十二年(公元734年),“户部尚书李林甫受诏改修格令。林甫寻迁中书令,乃与侍中牛仙客……共加删缉旧格式律令及敕……总成律十二卷、律疏三十卷……又撰《格式律令事类》四十卷,以类相从,便于省览。二十五年九月奏上,敕于尚书都省写五十本,发使散于天下”。此次删缉旧法涉及内容极其广泛,是贞观之后最重要、影响最大的集中立法活动,最终编成律与律疏。另外,需要注意的是,此次撰成的《格式律令事类》,体例上“以类相从”,目的在于“便于省览”,这为唐中后期及五代“刑律统类”的产生提供了基础。

唐律作为有唐一代之法,自唐初高祖武德年间开端;太宗贞观年间确立基本面貌;高宗永徽年间作《律疏》对律文、律义条分缕别、句推字解;玄宗开元年间刊定。可将唐律的形成总结为:武德开其端;贞观定其型;永徽疏其议;开元刊其定。[3]

秦汉魏晋时期开始的法典化进程至隋唐时期已呈现成熟、完备的体系,这表现在两方面:法典体系方面,律、令、格、式作为主要法律形式,各自内容与体例、结构皆成熟完备,且相互之间形成了有机的整体,形成了以律为主的法典体系;内容方面,更定律典总的方向是内容精简、用刑轻缓,尤其是隋唐定律“务从宽简”“削繁去蠹,变重为轻”的宗旨表现得非常明显。

---

〔1〕《旧唐书·刑法志》。

〔2〕同上注。

〔3〕叶孝信主编:《中国法制史》,北京大学出版社1996年版,第165页。

四、《唐律疏议》的篇章结构

《唐律疏议》即《永徽律疏》，也就是《永徽律》及其官方注疏的合称。[1]《律疏》的制作最初是为明法科考试的需要，《旧唐书·刑法志》载："律学未有定疏，每年所举明法，遂无凭准，宜广召解律人，条义疏奏闻，仍使中书门下监定。于是太尉赵国公无忌……参撰律疏，成三十卷。四年十月奏之，颁于天下。自是断狱者皆引疏分析之。"在《律疏》制作阶段，司法实践中的迫切需要又对其产生了直接影响，《唐律疏议·名例》"序"《疏》议曰："今之典宪，前圣规模，章程靡失，鸿纤备举，而刑宪之司执行殊异：大理当其死坐，刑部处以流刑；一州断以徒年，一县将为杖罚。不有解释，触涂睽误……爰造律疏，大明典式……譬权衡之知轻重，若规矩之得方圆。迈彼三章，同符画一者矣。"因此，制作《律疏》既是明法科考试的需要也是对司法实践中迫切需要的回应。[2]

《唐律疏议》凡502条，分为12篇，计30卷。"条"是唐律中所包含的刑事法律规范划分的基本单位；"篇"主要是按照若干法律规范的调整对象所作的划分；"卷"是按照编写中文字篇幅所做的划分。各篇基本内容如下：

《名例》（凡57条，计6卷），位于律首，相当于刑法总则，《唐律疏议·名例》"序"《疏》议曰："名者，五刑之罪名；例者，五刑之体例。名训为命，例训为比，命诸篇之刑名，比诸篇之法例。"作为刑法典的总则，《名例》一篇大致包含以下内容：刑名，即刑罚种类及其适用细则，如笞、杖、徒、流、死之五刑刑等、各自赎铜数量等；法

---

〔1〕关于《唐律疏议》的制作年代问题，自20世纪二三十年代以来，中、日法律史学界长期存在争议，主要有"贞观说""开元说""永徽说"以及"折中说"。日本学者仁井田陞、牧野巽主张《唐律疏议》非《永徽律疏》，而是唐玄宗开元二十五年（737年）新颁行"开元律疏"，此说影响甚大。参见［日］仁井田陞、牧野巽：《故〈唐律疏议〉制作年代考》，载杨一凡总主编：《中国法制史考证》（丙编第二卷），中国社会科学出版社2003年版。我国学者杨廷福教授与蒲坚教授围绕《唐律疏议》的制作年代所作的详细、严密的论证，基本上澄清了以往中日学者在这个问题上的疑问，再次证明了《唐律疏议》为《永徽律疏》的传统说法是可信的。参见杨廷福：《唐律疏议制作年代考》，载《文史》1979年第5期。此文又收入杨廷福：《唐律初探》，天津人民出版社1982年版。蒲坚：《试论唐律疏议的制作年代》，载中国法律史学会《法律史论丛》编委会编：《法律史论丛》（第2辑），中国社会科学出版社1982年版。近些年，郑显文教授撰文以敦煌文书为主，再次指出《唐律疏议》为《永徽律疏》。岳纯之教授对此提出了不同见解，在一定程度上支持了日本学者的观点。参见郑显文：《现存的〈唐律疏议〉为〈永徽律疏〉之新证——以敦煌吐鲁番出土的唐律、律疏残卷为中心》，载《华东政法大学学报》2009年第6期。岳纯之：《所谓现存〈唐律疏议〉为〈永徽律疏〉的新证——与郑显文先生商榷》，载《敦煌研究》2011年第4期。此处，笔者仍采传统观点，即《唐律疏议》为《永徽律疏》。

〔2〕参见钱大群：《唐律研究》，法律出版社2000年版，第45～46页。

例,即定罪量刑过程中的通则性条款,如共同犯罪、十恶、八议等;字义,如“谋”“皆”“罪止”等。从法典结构的角度来看,《名例》中包含的法律规范具有超越其他篇章的适用效力;从立法技术的角度来看,这些内容最终的指向是一致的,即为具体的犯罪行为确定适当的处罚。

《卫禁》(凡33条,计2卷),主要内容是关于宫廷警卫与关口、边境等相关制度及违反之罚则。《唐律疏议·卫禁》“序”《疏》议曰:“卫者,言警卫之法;禁者,以关禁为名。”置于《名例》之后,可见内容之重要。

《职制》(凡59条,计3卷),主要内容是官吏职责与相关法律规定及违反之罚则。《唐律疏议·职制》“序”《疏》议曰:“言职司法制,备在此篇。”《职制》一篇是唐律立法比较重视的部分,“治吏”是历代王朝的核心任务,官吏贪赃、枉法的处罚即在此篇。

《户婚》(凡46条,计3卷),主要内容是户口、土地、赋役、继承、婚姻、家族管理相关法律规定及违反之罚则,如“嫁娶违律”“同姓为婚”“子孙别籍异财”等。

《厩库》(凡28条,计1卷),主要内容是饲养、使用公私牲畜与仓库管理方面相关制度及违反之罚则。《唐律疏议·厩库》“序”《疏》议曰:“厩者,鸠聚也,马牛之所聚;库者,舍也,兵甲财帛之所藏。”

《擅兴》(凡24条,计1卷),主要内容是关于军事、徭役、兴造相关法律规定及违反之罚则。《唐律疏议·擅兴》“序”《疏》议曰:“大事在于军戎,设法须为重防。”

《贼盗》(凡54条,计4卷),“贼”即杀人,《左传·昭公十四年》载:“杀人不忌为贼。”《春秋谷梁传·定公八年》载:“非其所取而取之,谓之盗。”张斐注《晋律》谓:无变斩击谓之“贼”,取非其物谓之“盗”。〔1〕贼,可理解为杀人与作乱;盗,可理解为取货、劫物,根据“盗”之手段,又可分为“强盗”与“窃盗”。本篇分为“贼”与“盗”两部分,前者包括叛乱、煽惑、蛊巫、杀人等处罚规定,后者包括盗贼、抢劫、勒索、掠卖、窝藏及共盗、累盗等处罚规定。“贼盗”是历代王朝立法之重点,“(李)悝撰次诸国法,著法经,以为王者之政,莫急于盗贼,故其律始于盗、贼。”〔2〕唐律虽将《贼盗》置于法典中部,但从其处罚内容来看,仍是立法重点。

《斗讼》(凡60条,计4卷),本篇包含两方面内容:“斗殴”与“告诉”,《唐律疏议·斗讼》“序”《疏》议曰:“斗讼律者,首论斗殴之科,次言告诉之事。”“斗讼”包括

---

〔1〕《通典·刑法二·刑制中》。
〔2〕《通典·刑法一·刑制上》。

斗殴致伤与斗殴致死，亦包括仅有殴斗行为而未致伤害的情况，另外，法律规范内容的重点在于不同身份人之间“斗殴”的处罚，如尊卑、良贱、长幼、官民等。“告诉”即有关诉讼方面的犯罪，从本篇关于“告诉”事项禁止性规定的具体内容中可以看出，其中既有属于普遍性规定的诬告、越诉，又有属于特别性条款的诬告谋反大逆、亲属相告、奴婢告主等；既有处罚违反知而不告义务，又有禁止告发事项；通过处罚相关犯罪，规定了告发犯罪应有的程序。

《诈伪》（凡27条，计1卷），主要内容是欺骗、诈骗、伪造等罚则，具体来说，规定了伪造、假冒、欺诈、伪证等四类行为的处罚。

《杂律》（凡62条，计2卷），主要内容是其他各篇无法包含的各类犯罪行为之处罚，《唐律疏议·杂律》“序”《疏》议曰：“诸篇罪名，各有条例。此篇拾遗补阙，错综成文，班杂不同，故次诈伪之下。”主要功能在于“拾遗补阙”，此种“拾遗补阙”既有以明确列举其他各篇未有之犯罪行为的方式而为之“补阙”，亦有通过立法技术而为之“补阙”。前者如“奸罪”，在唐律立法体例中无法纳入其他各篇，则置于《杂律》；[1]后者如《唐律疏议·杂律》“不应得为”条（450）载：“诸不应得为而为之者，笞四十；（谓律、令无条，理不可为者。）事理重者，杖八十。”该条概括规定了律令未有规定但应当处罚的行为。

《捕亡》（凡18条，计1卷），主要内容是抓捕逃亡罪犯、逃亡士兵、逃亡丁役及抓捕过程中违法行为的处罚。《唐律疏议·捕亡》“序”《疏》议曰：“然此篇以上，质定刑名。若有逃亡，恐其滋蔓，故须捕系，以置疏网，故次杂律之下。”

《断狱》（凡34条，计2卷），主要内容是司法审判相关制度及违反之罚则，此篇为唐律中关于司法审判之“专则”。《唐律疏议·断狱》“序”《疏》议曰：“此篇错综一部条流，以为决断之法，故承众篇之下。”其中的“决断之法”是关于处理官员在监狱管理、审讯、判决、执行方面犯罪的法律，涉及刑讯、审理、复审、死囚复奏、疑罪处理以及狱囚管理方面的具体犯罪。其中，犯罪主体既包括主持审讯、判决的司法官员，也包括监狱管理人员、刑罚执行机构的官员等主体。

唐律十二篇，根据各篇内容之性质，亦可将其结构分为总则、事律、罪律、专则四部分。《名例》一篇为全律之“总则”，规定通用全律之刑名与法例；《卫禁》《职制》《户婚》《厩库》《擅兴》五篇为“事律”，主要规定违反各种行政制度的罚则；《贼盗》

---

[1] 随着立法技术、法典编纂与法学理论的发展，这一现象在后世有所改变，至明代，“奸罪”独立成篇而不在《杂律》。清人沈之奇谓：“前代奸事，皆在杂律中，明始类为一篇，国朝因之。”参见（清）沈之奇：《大清律辑注》（下），怀效锋、李俊点校，法律出版社2000年版，第911页。

《斗讼》《诈伪》《杂律》《捕亡》五篇为“罪律”,主要规定各种刑事犯罪的处罚;《断狱》一篇为“专则”,主要规定司法审判制度及相关的罚则。“唐律始以总则,终以专则,先列事律,后列罪律,是一部内容丰富、体例整严的综合性法典。”〔1〕

★《唐律疏议》总结了古代中国立法和注律的经验,对主要的法律原则和制度作了精确的阐释,并引经注律,礼律合一,使法律统治“一准乎礼”,强调先教化后刑罚。**《唐律疏议》的完成,标志着中国古代立法水平进入最高层次,全面展示了中国古代法律制度的最高水平、独特风格和基本特征,成为中华法系的代表作,对后世及朝鲜、日本等周边国家产生了极为深远的影响。**

第二节　刑事法制

一、五刑及赎刑

隋初《开皇律》“蠲除前代鞭刑及枭首轘裂之法,其流徒之罪皆减从轻”,在此基础之上确立了封建五刑体系:

其刑名有五:一曰死刑二,有绞,有斩。二曰流刑三,有一千里、千五百里、二千里。应配者,一千里居作二年,一千五百里居作二年半,二千里居作三年。应住居作者,三流俱役三年。近流加杖一百,一等加三十。三曰徒刑五,有一年、一年半、二年、二年半、三年。四曰杖刑五,自五十至于百。五曰笞刑五,自十至于五十。〔2〕

★隋初法定刑罚包括死、流、徒、杖、笞五种,每种法定刑又分为若干等,根据不同的刑种与刑等,对应着具体的赎铜数额:“应赎者,皆以铜代绢。赎铜一斤为一负,负十为殿。笞十者铜一斤,加至杖百则十斤。徒一年,赎铜二十斤,每等则加铜十斤,三年则六十斤矣。流一千里,赎铜八十斤,每等则加铜十斤,二千里则百斤矣。二死皆赎铜百二十斤。”隋初刑罚体系基本上被唐律沿袭,《唐律疏议·名例》载:

笞刑五:笞一十。(赎铜一斤。)笞二十。(赎铜二斤。)笞三十。(赎铜三斤。)笞四十。(赎铜四斤。)笞五十。(赎铜五斤。)

---

〔1〕参见刘俊文:《唐律疏议笺解》(上),中华书局1996年版,第30~36页。
〔2〕《隋书·刑法志》。

杖刑五：杖六十。（赎铜六斤。）杖七十。（赎铜七斤。）杖八十。（赎铜八斤。）杖九十。（赎铜九斤。）杖一百。（赎铜十斤。）

徒刑五：一年。（赎铜二十斤。）一年半。（赎铜三十斤。）二年。（赎铜四十斤。）二年半。（赎铜五十斤。）三年。（赎铜六十斤。）

流刑三：二千里。（赎铜八十斤。）二千五百里。（赎铜九十斤。）三千里。（赎铜一百斤。）

死刑二：绞。斩。（赎铜一百二十斤。）

★唐律五刑与隋律五刑的体系与内容基本一致，笞刑是五刑中最轻的刑罚，“言人有小愆，法须惩诫，故加捶挞以耻之”，可见其适用于轻罪。至于其形质，“汉时笞则用竹，今时则用楚”，即唐代笞刑用荆条击打犯人。杖刑重于笞刑，除行刑数量比笞刑多以外，行刑工具也与笞刑不同，形质上更加大、重。徒刑比笞、杖刑更重，兼具自由刑与劳役刑的属性，即剥夺囚犯人身自由并强制劳役。流刑仅次于死刑，律《疏》中说“谓不忍刑杀，宥之于远也”，从产生之时，流刑就是作为衔接死刑与生刑之间的过渡刑而出现的。唐律中规定的三等流刑都是将犯人流放至边远地区后强制服役一年，服役期满后则在服役地落户，不得回原籍。唐太宗时期，将旧有的死刑与肉刑改为加役流，《唐律疏议·名例》“应议请减”条（11）：“加役流者，旧是死刑，武德年中改为断趾。国家惟刑是恤，恩弘博爱，以刑者不可复属，死者务欲生之，情轸向隅，恩覃祝网，以贞观六年奉制改为加役流。”加役流皆流三千里、服役三年。死刑即剥夺生命的刑罚，根据剥夺生命的方式不同，唐律中的死刑分为绞、斩二等，绞刑保留了完整躯体故比斩刑轻。

唐律五刑是承袭隋律五刑而来，但仍有一些差别需要注意：

首先，五刑的排列顺序，《隋书·刑法志》中所记载的顺序为由重至轻，《唐律疏议》中五刑顺序为由轻至重。当然，《隋书·刑法志》并非法典原文，其记述内容也可能与隋律有异。

其次，唐律三等流刑在隋律的基础之上各增加一千里，即二千里、二千五百里、三千里三等。

最后，唐律针对五刑及各自刑等所规定的赎铜数额与隋律不同。需要注意的是，并非所有的犯罪所科处的刑罚都可以用铜赎而不科真刑，隋律久已亡佚不见全文，我们自唐律条文中得见，适用赎刑的犯罪行为大致分为三类：第一，特定官员及其一定范围内亲属的特定犯罪，《唐律疏议·名例》“应议请减（赎章）”条（11）：“诸应议、请、减及九品以上之官，若官品得减者之祖父母、父母、妻、子孙，犯流罪以下，听赎。”第二,过失犯罪听赎,《唐律疏议·斗讼》“过失杀伤人”条(339):“诸过失杀伤人者,各依其状,以赎论。(谓耳目所不及,思虑所不到;共举重物,力所不制;若乘高履危足跌及因击禽兽,以致杀伤之属,皆是。)”此处的过失与现代刑法的“过失”不同,包含了现代刑法中的“意外事件”及“疏忽大意的过失”。第三,疑罪听赎,《唐律疏议·断狱》“疑罪”条(502):“诸疑罪,各依所犯,以赎论。(疑,谓虚实之证等,是非之理均;或事涉疑似,傍无证见;或傍有闻证,事非疑似之类。)”“疑罪”即根据已查明的案件事实与法律规定,无法判断行为人有罪或无罪的情况,或者说现有证据与法律规定在判断行为人有罪和无罪的证明力相当。以现代诉讼法的观念来看,“疑罪听赎”是落后的,但将其置于古代刑法发展的脉络中来看,“疑罪听赎”无疑是对“疑罪从有”的批判与发展。

另外,五刑体系的确立是指法定刑罚体系或律内刑罚体系得以确立,但并不能排除法外刑罚的适用,尤其是王朝中后期,法外处刑的情况非常普遍。如隋文帝于朝堂内以马鞭笞杀楚州行参军李君才,并于殿庭内决杀兵部侍郎冯基;[1]又如唐文宗腰斩大臣数人并枭首示众。[2]

虽然唐律五刑及其具体内容与隋律稍有差异,但二者之间沿袭的脉络是非常清晰的。至唐代,封建五刑体系完全确立,并为后世各朝刑律所沿袭。

二、十恶

★“十恶”的渊源与沿革,《唐律疏议·名例》“十恶”条(6)有略述:

《疏》议曰:“五刑之中,十恶尤切,亏损名教,毁裂冠冕,特标篇首,以为明诫。其数甚恶者,事类有十,故称‘十恶’。然汉制九章,虽并湮没,其‘不道’‘不敬’之目见存,原夫厥初,盖起诸汉。案梁陈已往,略有其条。周齐虽具十条之名,而无‘十恶’之目。开皇创制,始备此科,酌于旧章,数存于十。大业有造,复更刊除,十条之内,唯存其八。自武德以来,仍遵开皇,无所损益。”

可见,汉律中已有“十恶”部分条目的雏形,而较为完整的内容始自《北齐律》中的“重罪十条”。隋文帝开皇元年更定新律时,“又置十恶之条,多采后齐之制,而颇有损益。**一曰谋反,二曰谋大逆,三曰谋叛,四曰恶逆,五曰不道,六曰大不敬,七曰不孝,八曰不睦,九曰不义,十曰内乱**。犯十恶及故杀人狱成者,虽会赦,犹除

[1] 参见《隋书·刑法志》。

[2] 参见《资治通鉴》卷二四五《唐纪》六一。

名”〔1〕。隋炀帝制《大业律》将“十恶”之条目刊除，但其内容仍多存于律文之中。唐律沿袭隋《开皇律》“十恶”之条目，我们自《唐律疏议·名例》“十恶”条(6)中可以看到具体内容：

一曰谋反。（谓谋危社稷。）

二曰谋大逆。（谓谋毁宗庙、山陵及宫阙。）

三曰谋叛。（谓谋背国从伪。）

四曰恶逆。（谓殴及谋杀祖父母、父母，杀伯叔父母、姑、兄姊、外祖父母、夫、夫之祖父母、父母。）

五曰不道。（谓杀一家非死罪三人，支解人，造畜蛊毒、厌魅。）

六曰大不敬。（谓盗大祀神御之物、乘舆服御物；盗及伪造御宝；合和御药，误不如本方及封题误；若造御膳，误犯食禁；御幸舟船，误不牢固；指斥乘舆，情理切害及对捍制使，而无人臣之礼。）

七曰不孝。（谓告言、诅詈祖父母父母，及祖父母父母在，别籍、异财，若供养有阙；居父母丧，身自嫁娶，若作乐，释服从吉；闻祖父母父母丧，匿不举哀，诈称祖父母父母死。）

八曰不睦。（谓谋杀及卖缌麻以上亲，殴告夫及大功以上尊长、小功尊属。）

九曰不义。（谓杀本属府主、刺史、县令、见受业师，吏、卒杀本部五品以上官长；及闻夫丧匿不举哀，若作乐，释服从吉及改嫁。）

十曰内乱。（谓奸小功以上亲、父祖妾及与和者。）

“十恶”是刑律中所规定的十类严重的犯罪，那么，传统刑律由秦汉代至隋唐将十类严重的犯罪行为逐渐概念化的原因是什么？或者说传统刑律设立“十恶”的立法意图为何？律《疏》中说：“五刑之中，十恶尤切，亏损名教，毁裂冠冕，特标篇首，以为明诫。”《唐六典》载：“乃立十恶，以惩叛逆、禁淫乱、沮不孝、威不道。”〔2〕唐律规定的应当受到刑罚处罚的各种犯罪当中，列于“十恶”的犯罪行为是最严重的，这些严重的犯罪皆属弃礼经、悖道德、坏伦常的行为。“集中此类行为，称以十恶，冠于篇首，其意盖欲表明律对于维护封建伦理道德的高度重视，从而达到震慑和禁绝违背礼教行为之目的。”即“十恶之设，乃法律礼教化之体现”。〔3〕

“十恶”之名可视作刑律中规定的十类“恶行”，即包含了十个“恶名”，需要注

〔1〕《隋书·刑法志》。

〔2〕《唐六典》卷六“刑部郎中员外郎”条。

〔3〕刘俊文：《唐律疏议笺解》（上册），中华书局1996年版，第89页。

意的是,这里的“恶名”并不能等同于犯罪行为或“罪名”,因为犯罪行为与“罪名”及其处罚内容都是《唐律疏议·名例》以下各篇中的具体内容。《唐律疏议·名例》之内设“十恶”并非强调其适用刑罚的具体内容,同时,“恶名”并不等同于具体的犯罪行为或“罪名”,多数“恶名”包含了若干犯罪行为或“罪名”。

“十恶”可分为四类:(1)危及皇帝与皇权类,包括谋反、谋大逆、谋叛、大不敬。(2)侵犯尊长与有服亲属类,包括恶逆、不孝、不睦、内乱。(3)侵犯官长尊师类,即不义。(4)惨无人性类,即不道。“十恶”中,谋反、谋叛、谋大逆三者与律文中所列的应受处罚的行为是一一对应的,即“十恶”中此三者之“恶名”与律文中的“罪名”一一对应。如谋反与谋大逆为《唐律疏议·贼盗》“谋反大逆”条(248)所规定的犯罪行为,谋叛为《唐律疏议·贼盗》“谋叛”条(251)所规定的犯罪行为。“十恶”中,恶逆以下七者分别包含了若干犯罪行为,即“十恶”中恶逆以下七者之“恶名”各自包含了若干律文中的“罪名”。如恶逆包含了五类犯罪行为或曰“罪名”,分别为:殴祖父母、父母,规定于《唐律疏议·斗讼》“殴詈祖父母父母”条(329);谋杀祖父母、父母,规定于《唐律疏议·贼盗》“谋杀期亲尊长”条(253);杀伯叔父母、姑、兄姊、外祖父母,规定于《唐律疏议·斗讼》“殴兄姊等”条(328);杀夫,规定于《唐律疏议·斗讼》“妻殴詈夫”条(326);杀夫之祖父母、父母,规定于《唐律疏议·斗讼》“妻妾殴詈夫父母”条(330)。律设“十恶”并非强调这些犯罪行为应当严厉处罚,因为具体犯罪行为的处罚已经由具体条文规定得非常清晰,立法者将“十恶”集中规定于《唐律疏议·名例》一篇,除了体现“法律礼教化”以外,还强调了“十恶”在通常刑罚处罚基础之上的一些处罚特例。具体来说,包括以下几方面内容:官员、贵族及其一定范围内的亲属犯罪享有议、请、减之特权,若犯“十恶”则不准议、请、减;有官爵之人犯罪所处除名之刑,遇赦可予以免除,若犯“十恶”则会赦犹除名;同居亲属得以相互容隐,若犯“十恶”则亲属听告;犯死罪者,可以父祖年老疾病为由上请缓于执行死刑,若犯“十恶”则不准上请侍亲;死刑执行必须于特定时间,且执行之前必须五覆奏(执行前一日两覆奏、执行之日三覆奏),若犯“十恶”则决死不待时、决前一覆奏;一般犯罪遇有赦免刑罚得以减、降,若犯“十恶”则会赦不原。[1] 唐律“十恶”于刑罚适用方面的特例详见表7-1:

---

〔1〕 唐律中“十恶”所涉及的具体犯罪行为、刑罚及处罚特例,参见刘俊文:《唐律疏议笺解》(上册),中华书局1996年版,第86~103页。

表7-1 唐律"十恶"适用处罚特例表

恶名＼处罚特例	不准议、请、减	不准上请侍亲	会赦犹除名	亲属听告	决死不待时、决前一覆奏	会赦不原
谋反	●	●	●	●	●	○
谋叛	●	●	●	●	●	○
谋大逆	●	●	●	●	●	○
恶逆	●	●	●	○	●	●
不道	●	●	●	○	○	○
大不敬	●	●	●	○	○	○
不孝	●	●	●	○	○	○
不睦	●	●	●	○	○	○
不义	●	●	●	○	○	○
内乱	●	●	●	○	○	○

三、贵族与官员的法定特权

(一)八议

"八议",即八种具有特殊身份的人,此制于《周礼》已见雏形,并为后世沿袭。("《周礼》以八辟丽邦法,附刑罚,即八议也。自魏、晋、宋、齐、梁、陈、后魏、北齐、后周及隋皆载于律。"[1])"八议"的具体内容,自《隋书·刑法志》中得见大概:"其在八议之科及官品第七已上犯罪,皆例减一等。其品第九已上犯者,听赎。"唐律在沿袭隋律的基础之上有更加详细的规定,享有"八议"特权的主体,《唐律疏议·名例》"八议"条(7)载:

一曰议亲。(谓皇帝袒免以上亲及太皇太后、皇太后缌麻以上亲,皇后小功以上亲。)二曰议故。(谓故旧。)三曰议贤。(谓有大德行。)四曰议能。(谓有大才艺。)五曰议功。(谓有大功勋。)六曰议贵。(谓职事官三品以上,散官二品以上及爵一品者。)七曰议勤。(谓有大勤劳。)八曰议宾。(谓承先代之后为国宾者。)

此八种人的特权,《唐律疏议·名例》"八议者(议章)"条(7)载:"诸八议者,

[1] 《唐六典》卷六。

犯死罪,皆条所坐及应议之状,先奏请议,议定奏裁;流罪以下,减一等。”即八议之人若犯应死之罪,司法机关无权审判,必须将犯罪事实与犯罪人所属的具体八议类型上报皇帝,由皇帝最终决断;八议之人除死罪以外的其他犯罪皆减一等处罚。

(二)请

“请”亦称“上请”,《唐律疏议·名例》“皇太子妃(请章)”条(9)载:

诸皇太子妃大功以上亲、应议者期以上亲及孙、若官爵五品以上,犯死罪者,上请;(请,谓条其所犯及应请之状,正其刑名,别奏请。)流罪以下,减一等。

享有“上请”特权之人包括三类:皇太子妃大功以上亲;“八议”之人期亲以上亲属及孙;官爵五品以上之人。这些人若犯应死之罪,由司法官员将具体身份与应处的绞、斩之刑报请皇帝裁断;应上请之人若犯除死罪以外的其他犯罪,皆减一等处罚。

(三)减

“减”即减等处罚,《唐律疏议·名例》“七品以上之官(减章)”条(10)载:

诸七品以上之官及官爵得请者之祖父母、父母、兄弟、姊妹、妻、子孙,犯流罪以下,各从减一等之例。

享有减之特权的主体包括两类:一是六品、七品官员;二是受有五品以上官爵之人的祖父母、父母、兄弟、姊妹、妻、子孙。这些人犯应处流刑以下之罪,减一等处罚。需要说明的是,若应减之人犯罪被处以流二千里,则减等处罚应处于徒三年。《唐律疏议·名例》“称加减”条(56)载:“惟二死、三流,各同为一减。”即唐律中所称的二千里、二千五百里、三千里减一等皆为徒三年。“八议”“请”及其他涉及减等处罚皆准此。

(四)赎与官当

“赎”即以铜赎罪而不科处真刑,亦可理解为以缴纳铜折抵刑罚。《唐律疏议·名例》“应议请减(赎章)”条(11)载:

诸应议、请、减及九品以上之官,若官品得减者之祖父母、父母、妻、子孙,犯流罪以下,听赎。

享有以铜赎罪特权之人包括三类:一是享有“八议”“请”“减”特权之人;二是八品、九品官员;三是六品、七品官员之祖父母、父母、妻、子孙。这些人犯应处流刑以下之罪,得以缴纳赎铜以折抵刑罚。有一点需要注意:官员犯应处徒刑、流刑的犯罪,不得直接以铜赎罪,而是必须以官品折抵刑罚,此即“官当”。“官当之实质,乃官人犯流、徒罪之特殊赎刑。”[1]官员只有在官当的范围之外，才准予以铜赎罪。关于唐律中官当的具体内容，《唐律疏议·名例》“官当”条(17)载：

诸犯私罪，以官当徒者，五品以上，一官当徒二年；九品以上，一官当徒一年。若犯公罪者以官当流者，三流同比徒四年。

★官当的效力取决于两方面因素：一是犯罪行为，二是官品。**官员犯私罪，即与公务行为无关的犯罪或公务活动中涉及私利的犯罪**，五品以上官一官当徒二年，六品以下、九品以上官一官当徒一年；官员犯公罪，即由于公务活动导致的犯罪，五品以上官一官当徒三年，六品以下、九品以上官一官当徒二年。以官当罪的折算标准都是以徒刑年数计算，因此，三等流刑皆等同于徒四年。

四、刑事法律规范的主要内容

(一)犯罪主观心态的划分：以“七杀”为例

立法对于犯罪主观心态的划分与系统注释最早可见于张斐《晋律注》：

其知而犯之谓之故，意以为然谓之失，违忠欺上谓之谩，背信藏巧谓之诈，亏礼废节谓之不敬，两讼相趣谓之斗，两和相害谓之戏，无变斩击谓之贼，不意误犯谓之过失，逆节绝理谓之不道，陵上僭贵谓之恶逆，将害未发谓之戕，唱首先言谓之造意，二人对议谓之谋，制众建计谓之率，不和谓之强，攻恶谓之略，三人谓之群，取非其物谓之盗，货财之利谓之赃：凡二十者，律义之较名也。[2]

《晋律注》中的注释内容与注释体例皆被后世立法沿袭并进一步发展，唐律中的一些典型犯罪中关于犯罪主观心态的划分已呈现比较系统的结构。以唐律中的杀人罪为例，按照犯罪主观心态为依据划分为“七杀”，即谋、故、劫、斗、戏、误、过失。具体分析唐律“七杀”在犯罪主观意图、罪过形式上的相互关系：谋杀中，行为人之犯罪意图产生于具体杀伤行为之前，甚至，仅需“谋计”之意图、无实际杀伤行为亦构成谋杀人犯罪；故杀中，杀人之意图即“杀心”“害心”产生于行为过程中，即“斗殴”中起杀意；劫杀中，杀人意图产生于劫财、劫囚、掠人过程中。斗杀、戏杀、过失杀中，行为人对他人死亡之结果的主观心态并非直接故意，即无“杀心”或“害心”，具体言之，斗杀中，行为人预见到了斗殴行为可能致他人死亡，但放任了此种或然结果的发生；戏杀中，对于他人死亡之结果仅是预见到可能发生，并且相信“两和相害”之行为不致发生他人死亡之结果；误杀中，行为人应当预见到其行为可能

[1] 刘俊文：《唐律疏议笺解》(上册)，中华书局1996年版，第192页。
[2] 《晋书·刑法志》。

造成致人死亡之结果,但实际上未预见此种可能之结果;过失杀中,部分行为以现代刑法理论观之,属于正当行为,行为人对他人死亡之结果完全无责任,部分行为仅有轻微的责任,即与误杀相同,应当预见而未预见。这呈现了唐律杀人罪立法的严密结构,是以行为人的犯罪意图、主观恶性为标准,从恶性最重的谋杀到完全无恶性的过失杀,其立法将一切杀人犯罪包揽无遗。唐律立法中"七杀"具体行为的罪过形式详情见表7-2:

表7-2　唐律"七杀"犯罪主观心态

<table>
<tr><th></th><th>传统律学释名</th><th>现代刑法理论下的罪过形式</th><th>主观恶性产生时间</th></tr>
<tr><td>谋杀</td><td>二人对议</td><td>直接故意</td><td>恶性产生于行为之前</td></tr>
<tr><td>故杀</td><td>知而犯之</td><td>直接故意</td><td>恶性产生于行为当时</td></tr>
<tr><td>劫杀</td><td>威力强取</td><td>直接故意、间接故意</td><td>恶性产生于行为当时</td></tr>
<tr><td>斗杀</td><td>两讼相趣</td><td>间接故意</td><td rowspan="2">就他人死亡之结果而言,并无主观恶性(并非直接追求他人死亡结果的发生),对致人死亡之结果仅为放任或未预见此种结果可能发生</td></tr>
<tr><td>戏杀</td><td>两和相害</td><td>间接故意、过于自信的过失</td></tr>
<tr><td>误杀</td><td>目所不见,
心所不意</td><td>疏忽大意的过失</td><td rowspan="2">就他人死亡之结果而言,并无主观恶性(并非直接追求他人死亡结果的发生),对致人死亡之结果仅为放任或未预见此种结果可能发生</td></tr>
<tr><td>过失杀</td><td>不意误犯</td><td>疏忽大意的过失、意外事件</td></tr>
</table>

(二)同居相为隐

"同居相隐"即一定范围内亲属之间相互不予告发的权利,"同居相隐"是前代"亲亲得相首匿"的进一步发展,并且扩大了容隐的范围,这实际上是儒家思想与法律制度的进一步融合。《唐律疏议·名例》"同居相为隐"条(46)载:

诸同居,若大功以上亲及外祖父母、外孙,若孙之妇、夫之兄弟及兄弟妻,有罪相为隐;部曲、奴婢为主隐:皆勿论,即漏其事及擿语消息亦不坐。其小功以下相隐,减凡人三等。若犯谋叛以上者,不用此律。

从律文规定的内容来看,同居亲属之间容隐的范围也是按照服制有所区分,不同服制之间的亲属,容隐犯罪的法律后果有所不同,大致分为两类:一类是大功以上亲(包括大功亲)以及虽然服制为小功以下但情重之亲属,律《疏》说:"'外祖父母、外孙若孙之妇、夫之兄弟及兄弟妻',服虽轻,论情重。"另一类是除去外祖父母、外孙若孙之妇、夫之兄弟及兄弟妻之外的小功以下亲(包括小功亲)。前一类同居亲属相容隐不处罚,律文又明确规定部曲、奴婢为主隐亦不处罚;后一类同居亲属相容隐减凡人处罚三等。但同居相隐仍有例外,律《疏》说:“谋反、谋大逆、谋叛,此等三事,并不得相隐。”

(三)自首

★《唐律疏议·名例》“犯罪未发自首”条(37)载:“**诸犯罪未发而自首者,原其罪。**”“犯罪未发”即他人未告发至官府或官府尚未发觉,亦可理解为尚未进入司法程序。“原其罪”即减轻或免除处罚。但自首原免尚有例外:如无法恢复原状的犯罪,自首并不减免刑罚。主要包括于人损伤、于物不可备偿、越度关、私度关、奸、私习天文,律《疏》载:“伤,谓见血为伤。”不可备偿之物包括“谓宝印、符节、制书、官文书、甲弩、旌旗、幡帜、禁兵器及禁书之类,私家既不合有,是不可偿之色。”“私度者,谓无过所,从关门私过。越度者,谓不由门为越。”“天文玄远,不得私习。”这些犯罪行为皆造成无法恢复原状,即使自首仍不予减免刑罚。

唐律中关于自首的规定需要注意以下几点:首先,让他人代为自首,可视为本人自首;法律规定可以互相容隐的亲属向官府告发视为自首,亲属代为自首自然等同于本人自首。其次,余罪自首,唐律还规定被官府抓获后,若将尚未被发觉的其他犯罪向官府坦白,只要不是“于人损伤”“于物不可备偿”等犯罪,未发觉的犯罪可以自首论。再次,自首不实与不尽,若自首后并未完全坦白所有的犯罪,只将部分犯罪自首的,所坦白的部分可以自首减免刑罚,但只要有自首情节,原则上可以免除死刑。最后,知他人告发而自首,得知他人欲告发自己“亡叛”即“逃亡或叛国”等犯罪,自首或未逃亡、未抗拒抓捕,可减二等处罚,由于“亡叛”等罪性质与普通犯罪不同,故不能完全免于处罚。但得知他人赴官府告发,逃避官府抓捕的,不得以自首论。

(四)化外人相犯

★《唐律疏议·名例》“化外人相犯”条(48)载:“诸化外人,同类自相犯者,各依本俗法;异类相犯者,以法律论。”以现代法律观念观之,唐律此条是为处理涉外案件所规定,其中包含了“属人”与“属地”两方面的法律适用标准:“同类自相犯”,即同属一国之人相犯,适用“化外人”本邦之法,此为“属人主义”;“异类相犯”,即国别不同之人相犯,适用唐律定罪量刑,此为“属地主义”。[1] 但有一点需要注意,关于“化外人”的含义,律《疏》解释为:“谓蕃夷之国,别立君长者,各有风俗,制法不

---

〔1〕 参见戴炎辉:《唐律通论》,戴东雄、黄源盛校订,台北,元照出版有限公司2010年版,第433页。

同。"化外人相犯,律《疏》所举的事例为"若高丽之与百济相犯之类",高丽、百济与大唐之间的关系实质上和现代国家之间的关系并不相同,因此,唐律此条之含义与现代国际法所表达的内容还是存在本质上的差别。但"化外人相犯"条的积极意义是值得肯定的。

(五)"比附论罪"与"轻重相举"

★唐律对于犯罪行为及其处罚的规定方式一般采取概括规定、具体列举、比附论罪、轻重相举四层次相结合的方式。概括规定不涉及具体犯罪情节、犯罪工具、犯罪时机、犯罪主体与犯罪对象间的身份关系等详情,具体列举则将以上详情包揽无遗,比附论罪涉及的是与律中所规定的典型犯罪罪质相同、犯罪形式相异的犯罪。具体列举与比附论罪中,又可依犯罪主体与犯罪对象间是否存在特殊身份关系分为两类。轻重相举包含了所有在律无文的犯罪,按《名例》"断罪无正条"条(50):"诸断罪而无正条,其应出罪者,则举重以明轻;其应入罪者,则举轻以明重。"《疏》议曰:"断罪无正条者,一部律内,犯无罪名。'其应出罪者',依贼盗律:'夜无故入人家,主人登时杀者,勿论。'假有折伤,灼然不坐……此并'举重明轻'之类……案贼盗律:'谋杀期亲尊长,皆斩。'无已杀、已伤之文,如有杀、伤者,举始谋是轻,尚得死罪;杀及谋而已伤是重,明从皆斩之坐……是'举轻明重'之类。"此将一切犯罪包揽无遗,避免了有罪无罚之情况。

就"轻重相举"与"比附"的含义来说,唐人赵冬曦、清人沈家本与日本学者仁井田陞将"轻重相举"等同于"比附";我国台湾地区刑法学者蔡墩铭认为"轻重相举"近似于现代刑法解释学中的论理解释;我国台湾地区学者戴炎辉与大陆学者刘俊文肯定"轻重相举"所具有的论理解释性质,但又将其归入广义的"比附",戴、刘之说颇具折中性质。我国台湾地区学者黄源盛总结上述观点认为,"比附援引"之性质近似于近现代刑法理论中的类推,"轻重相举"之性质近似于论理解释中的当然解释。[1] 比附论罪与轻重相举不可等量观之,就其外延来说,律文中"比附论罪"的适用必须要求相似之律文依据,所涵盖之范围相对有限;轻重相举则不要求确定的律文依据,涵盖之范围较宽。其两者亦不在同一层面适用,两者结合才能构成唐律完整的罪刑体系。

这里对"比附论罪""轻重相举"之评价只限于立法层面,法律实践中其确为官吏弄权、罪刑擅断开启了方便之门,但这是确定的法律在运行层面的问题。笔者所

---

〔1〕 参见黄源盛:《唐律轻重相举条的法理及其运用》,载林文雄教授祝寿论文集编辑委员会主编:《当代基础法学理论——林文雄教授祝寿论文集》,学林文化事业有限公司2001年版,第261～292页。

见对援引、比附等不确定的立法模式予以最直接、最尖锐的批判来自唐人赵冬曦：

神龙元年正月，赵冬曦上书曰："臣闻夫今之律者，昔乃有千余条。近有隋之奸臣，将弄其法，故着律曰：犯罪而律无正条者，应出罪则举重以明轻，应入罪则举轻以明重。立夫一言，而废其数百条。自是迄今，竟无刊革，遂使死生罔由乎法律，轻重必因乎爱憎，赏罚者不知其然，举事者不知其犯。臣恐贾谊见之，必为恸哭矣！夫立法者，贵乎下人尽知，则天下不敢犯耳，何必饰其文义、简其科条哉？夫条科省则下人难知，文义深则法吏得便。下人难知，则暗陷机阱矣，安得无犯法之人哉！法吏得便，则比附而用之矣，安得无弄法之臣哉！臣请律令格式，复更刊定，其科条言罪，直书其事，无假饰文；其以准、加减、比附、原情及举轻以明重，不应为而为之类，皆勿用之。使愚夫愚妇闻之必悟，则相率而远之矣，亦安肯知而故犯哉！苟有犯者，虽贵必坐，则宇宙之内，肃然咸服矣。故曰：法明则人信，法一则主尊。书曰：刑期于无刑。诚哉是言。"〔1〕

赵氏意图在于减少司法活动中官吏擅权、出入人罪，但依唐律客观具体之立法体例言之，赵氏观点则过于理想化。〔2〕就唐律立法上的完善与实践中的异化的矛盾，黄源盛曾谓："单以唐律法条、法理的优越性，并不能隐瞒历代以来君主或裁判官舞文弄法的事实，这也是专制皇朝法制下的无奈！"〔3〕但绝不能因此忽略唐律立法方面的成就。

(六)老小病残刑罚的减免

唐律对于老小病残等特殊人在刑罚执行方面给予了特殊优遇，《唐律疏议·名例》"老小及疾有犯"条(30)载：

诸年七十以上、十五以下及废疾，犯流罪以下，收赎。八十以上、十岁以下及笃疾，犯反、逆、杀人应死者，上请；盗及伤人者，亦收赎。余皆勿论。九十以上，七岁以下，虽有死罪，不加刑；即有人教令，坐其教令者。若有赃应备，受赃者备之。

根据唐律的规定，老小病残之人按照年龄以及健康状况可分别享有三档法定优遇。第一档包括三类人：年龄在七十岁以上(不满八十周岁)、十五岁以下(十一岁及以上)或者废疾。所谓"废疾"，唐《户令》载："诸一目盲、两耳聋、手无二指、足无三指、手足无大拇指、秃疮无发、久漏下重、大瘿瘇，如此之类，皆为残疾。痴症、侏

〔1〕《通典》卷一六七《刑法五·杂议下》。

〔2〕另可参见陈新宇：《从比附援引到罪刑法定——以规则的分析与案例的论证为中心》，北京大学出版社2007年版，第16～20页。

〔3〕黄源盛：《唐律轻重相举条的法理及其运用》，载林文雄教授祝寿论文集编辑委员会主编：《当代基础法学理论——林文雄教授祝寿论文集》，学林文化事业有限公司2001年版，第292页。

儒、腰脊折、一肢废,如此之类,皆为废疾。”[1]此三类人犯当处流刑之下之犯罪,可缴纳赎铜以折抵刑罚。但有例外情形,若犯加役流、反逆缘坐流、会赦犹流者,不得收赎。第二档包括三类人:年龄在八十岁以上(不满九十周岁)、十岁以下(八岁及以上)或者笃疾。所谓“笃疾”,唐《户令》载:“恶疾、癫狂、两肢废、两目盲,如此之类,皆为笃疾。”[2]此三类人犯罪,原则上不予处罚,但有例外情形,若犯反、逆、杀人等罪本应处死者,司法官员不得裁断,奏请皇帝听裁;若犯盗及伤人等罪者,可缴纳赎铜以折抵刑罚。第三档包括两类人:年龄在九十岁以上或者七岁及以下。此两类人一般不予处罚,但仍有例外,若因父祖反逆缘坐等罪而须配没,则执行配没。

另外,唐律还对老小病残等人享有法定优遇时特殊情况的认定作了具体规定,《唐律疏议·名例》“犯时未老疾”条(31)载:“诸犯罪时虽未老、疾,而事发时老、疾者,依老、疾论。若在徒年限内老、疾,亦如之。犯罪时幼小,事发时长大,依幼小论。”犯罪时属于完全责任能力人,但刑罚执行时已达年老标准或身体疾病,则仍享有法定优遇;在刑罚执行过程中达到年老标准或者身体疾病,仍享有法定优遇;犯罪时年龄在十五岁以下,事后案发,审判以及刑罚执行之时虽然达到完全责任能力年龄,但仍按照行为时的年龄享有法定优遇。可见,唐律立法不论是技术层面还是观念层面皆与当代刑法之轻刑、矜恤等思潮有暗合之处。

(七)共犯罪

数人共同犯罪及其各自定罪量刑问题,是中西刑法理论中最为困难的问题之一,唐律对于共同犯罪问题作了比较有特色的规定。需要注意的是,唐律中只有“共犯罪”的内容,这有别于现代刑法中的“共同犯罪”问题。《唐律疏议·名例》“共犯罪造意为首”条(42)《疏》议曰:“‘共犯罪者’,谓二人以上共犯”,这与现代刑法理论中的“二人以上共同故意犯罪”在内涵与外延方面皆有较大差异。关于共犯罪中数人的认定与处罚,唐律规定:“诸共犯罪者,以造意为首,随从者减一等。”造意者为共犯罪之首犯,随从者在造意者处罚的基础之上减一等。那么何为“造意”?《广雅·释话》载:“造、昌,始也。”《晋律注》载:“唱首先言谓之造意。”可见“造意”强调的是倡导、最先提出犯罪意图。“最先”自然只有一人,若是有若干人皆为“造意”者,那么,只有最先提出犯罪意图的人为“首犯”,其余人等皆为“从犯”。因此,唐律中的“共犯罪”只有“首犯”,没有“主犯”,“首犯”只有一人。

关于两种特殊“共犯罪”的处罚,一是家人“共犯罪”,即“祖、父、伯、叔、子、孙、

---

[1] [日]仁井田陞:《唐令拾遗》,栗劲、霍存福等编译,长春出版社1989年版,第136页。
[2] 同上注。

弟、侄共犯”，此种情况之下，原则上只处罚“尊长”，即同居家族中的男性尊长，其他人不予处罚。但“侵损于人”仍以常人共犯罪定罪量刑，即盗窃财物或斗殴杀伤之类，不适用“止坐尊长”。二是“共监临主守为犯”，即与主管官员共犯罪，不论谁为“造意”，首犯皆为监临主守，其他人为从犯。

（八）六赃与保辜

★保护共有财产和私人财产是唐律的重要内容，唐律中的财产犯罪主要体现在“**六赃**”之罪中，即“**强盗**”“**盗窃**”“**受财枉法**”“**受财不枉法**”“**受所监临**”“**坐赃**”这六种涉及财产之犯罪。唐律还规定了“保辜”制度，“手足殴伤人限十日，以他物殴伤人者二十日，以刃及汤火伤人者三十日，折跌支体及破骨者五十日”[1]。即伤害发生后，确定一定的期限，以该时间结束后的被害人的死伤状态作为伤害人定罪量刑的参考。保辜期限内，伤害人可以采取积极的挽救措施以减轻自己的罪行。

第三节　《唐六典》及其性质

《唐六典》是奉皇帝诏命由官方修撰而成的典章制度汇编，关于其修撰过程，《大唐新语》载：

开元十年，玄宗诏书院撰《六典》以进。时张说为丽正学士，以其事委徐坚。沉吟岁余，谓人曰：“坚承乏，已曾七度修书，有凭准皆似不难。唯《六典》，历年措思，未知所从。”说又令学士毋煚等，检前史职官，以今式分入六司，以今朝《六典》，象周官之制。然用功艰难，绵历数载。其后张九龄委陆善经，李林甫委苑咸，至二十六年，始奏上。百寮陈贺，迄今行之。

开元十年（公元722年），唐玄宗亲书六条：理、教、礼、政、刑、事，并下诏要求将唐代官制按照《周礼》体例撰成“六典”，时任宰相张说最初交由徐坚编修，但“历年措思，未知所从”，数度更换编修人员后，最终于开元二十六年（公元738年）修成奏上，书题“御撰，李林甫等奉敕注。”《唐六典》中编入了很多令、式的等法律规范的内容，具体内容包括国家机构设置、人员编制、职责以及各司官员选拔、任用、考核、奖惩等规定。《唐六典》正文三十卷，分别是：三师、三公、尚书省；尚书吏部；尚书户部；尚书礼部；尚书兵部；尚书刑部；尚书工部；门下省；中书省、集贤院、史馆、匭使

〔1〕《唐律疏议·名例》。

院;秘书省;殿中省;内官、宫官、内侍省;御史台;太常寺;光禄寺;卫尉、宗正寺;太仆寺;大理、鸿胪寺;司农寺;太府寺;国子监;少府、军器监;将作、都水监;诸卫;诸卫府;太子三师、三少、詹事府、左右春坊、内官;太子家令、卒吏、仆寺;太子左右卫及诸率府;诸王府、公主邑司;三府、都督、都护、州县官吏。同时,还将这些制度的历史沿革附注于后。

就《唐六典》本身的性质来说,并非法典,唐代的"典"也非与律、令、格、式并行的法律形式。如上文所述,《唐六典》中的确包含了部分令、式的内容,但这些内容只是唐代部分令、式的摘要或概括,并非令、式的全部,也不是某些具体法律规范的全文;而且,有唐一代,《唐六典》并未作为法律规范行用;更加重要的是,编撰《唐六典》的过程并非立法活动,修撰机构为"书院"。[1] 因此,《唐六典》虽然是记载了唐代大量典章制度的重要文献并且记载了大量法律内容,但其本身并非法典,也不是一种法律形式。

第四节　司法制度

一、司法机构

(一)中央司法机构

1. 审判机构——大理寺

秦汉时期,审判机构主要是廷尉,北齐将廷尉改为大理寺,后世在机构设置方面始终沿袭。唐代大理寺负责审理中央百官犯罪及京师徒刑以上案件,对刑部移送来的地方死刑案件有重审权,但判处徒、流刑的案件,须移交刑部复核;死刑案件的判决须奏请皇帝最终决断。人员设置方面,大理寺设置官吏、职位共计285人,大理卿与大理少卿为大理寺的正、副长官,官职分别为从三品与从四品上。[2]

2. 复核机构——刑部

刑部职掌全国司法行政事务,并复核大理寺判决的流刑以下及州县判决的徒刑以上案件,有权将这些案件发回重审。人员设置方面,刑部设置官吏、职位共计191人。其中刑部尚书、刑部侍郎为刑部正、副长官,官职分别为正三品、正四品

[1] 关于《唐六典》的性质,参见钱大群:《唐律与唐代法制考辨》,社会科学文献出版社2013年版,第314~335页。

[2] 参见《唐六典》卷十八"大理寺"条。

下,[1]可见行政级别高于大理寺的正副长官。

3. 监察机构——御史台

唐代中央监察机构为御史台,下设有三个院:台院、殿院、察院。台院(侍御史),掌纠察百僚、弹劾不法;审判皇帝特命的案件,并与门下省的给事中、中书省的中书舍人分直朝堂,受理冤讼,号称“小三司”。殿院(殿中侍御史),掌殿廷供奉之仪式,纠察朝会典礼失仪和随驾检举非违等事。察院(监察御史),掌监察地方官吏及尚书省的六部。唐代以“道”为监察区,唐太宗时全国划分十道,玄宗时增为十五道。每道派监察御史一人,后来也称巡按使、观察使、按察使等。唐代御史台职掌监督中央机构的官吏以及地方的官吏、弹劾不法,又称“宪司”“宪府”,被称作“执法之地”。人员设置方面,御史台设置官吏、职位共计136人。其中御史大夫、御史中丞分别为御史台正、副长官,官职分别为从三品、正五品上。[2] 从部门正、副长官的行政级别来看,御史台低于大理寺与刑部。

(二)地方司法机构

1. 司法参军负责刑事审判

唐代司法参军的职掌,“法曹司法参军事,掌鞫狱丽法、督盗贼、知赃贿没入。”[3]具体来说,“(三府、诸都督府、诸州)法曹、司法参军,掌律、令、格、式,鞫狱定刑,督捕盗贼,纠逖奸非之事,以究其情伪,而制其文法。赦从重而罚从轻,使人知所避而迁善远罪。”[4]“鞫狱定刑”大致是有关刑事司法的范围,其司法依据则是律、令、格、式。

2. 司户参军负责民事审判

唐代司户参军的职掌,“户曹司户参军事,掌户籍、计账、道路、过所、蠲符、杂徭、逋负、良贱、刍藁、逆旅、婚姻、田讼、旌别孝悌。”[5]具体来说,“(三府、诸都督府、诸州)户曹、司户参军,掌户籍、计帐,道路、逆旅,田畴、六畜、过所、蠲符之事,而剖断人之诉竞。凡男女婚姻之合,必辨其族姓,以举其违;凡井田利害之宜,必止其争讼,以从其顺。凡官人不得于部内请射田地及造碾硙,与人争利。”[6]可见,与司法参军相比司户参军的职掌有两个特点:一是涉及事项较多;二是具体职掌皆为琐碎之事。

---

[1] 参见《唐六典》卷六“尚书刑部”条。

[2] 参见《唐六典》卷十三“御史台”条。

[3] 《新唐书·百官志》。

[4] 《唐六典》卷三十“三府督护州县官吏”条。

[5] 《新唐书·百官志》。

[6] 《唐六典》卷三十“三府督护州县官吏”条。

(三)特殊司法机关——三司

由中书省中书舍人、门下省给事中和御史台侍御史等官员组成司法机构,鞫听“天下怨滞”、详决“国之大狱”,此谓“三司”。《唐六典》中有以下记载:

凡国之大狱,三司详决,若刑名不当,轻重或失,则援法例退而裁之……凡天下冤滞未申及官吏刻害者,必听其讼,与御史及中书舍人同计其事宜而申理之。(每日令御史一人共给事中、中书舍人受辞讼。若告言官人事害政者及抑屈者,奏闻;自外依常法。)[1]

凡察天下冤滞,与给事中及御史三司鞫其事。[2]

凡天下之人有称冤而无告者,与三司诘之。(三司:御史大夫,中书,门下。大事奏裁、小事专达。)[3]

凡三司理事,则与给事中、中书舍人更直于朝堂受表。(三司更直,每日一司正受,两司副押,更递如此。其鞫听亦同。)[4]

“三司”可概括为:“依据法令规定,由中枢部门中书省、门下省和中央监察部门御史台联合组成的、作为最高审级而直接对皇帝负责的、类似于最高法院的常设司法机构。”[5]“三司”在唐代司法体系中的地位极高,直接对皇帝负责,即“大事奏裁,小事专进”,有权受理县、州及尚书省在内的各级司法机关处理不当之上诉案件。

另外,唐代还有刑部、大理寺、御史台官员共同推鞫案件的事例,这类案件一般是重大案件,但是,这类司法组织是临时性的,案件审理结束即撤销。唐代宗大历四年(公元769年)六月三日敕:“有大狱即命中丞、刑部侍郎、大理卿鞫之,谓之大三司使。又以刑部员外郎、御史、大理寺官为之,以决疑狱,谓之三司使,皆事毕日罢。”[6]同时,组成人员并不固定,有时由三法司正副长官组成,如刑部尚书、侍郎,御史大夫、中丞,大理卿、少卿,有时由三法司中其他官员组成,如刑部郎中、员外郎、侍御史、殿中侍御史、监察御史、大理丞、大理正、司直、评事等。临时机构组成后,一般赴案发地点进行推鞫。“若三司所按而非其长官,则与刑部郎中、员外郎、大理司

---

[1] 《唐六典》卷八“给事中”条。

[2] 《唐六典》卷九“中书舍人”条。

[3] 《唐六典》卷十三“御史大夫”条。

[4] 《唐六典》卷十三“侍御史”条。

[5] 刘俊文:《唐代法制研究》,文津出版社1999年版,第245页。

[6] 《唐会要》卷七八《诸史杂录》。

直、评事往讯之。”[1]

二、诉讼与审判

(一)案件的受理机构与审级

1.专门机构受理辞诉

唐代规定了受理辞诉的专门机构,其余官司无权受理。提起告诉者亦只能向专门机构告诉。唐代受理辞诉的专门官司分为中央和地方两级:

中央受理辞诉的专门官司按其职掌不同,可分为以下三类:一是在京专受辞诉的专门机构为尚书省、御史台和“三司”(由中书省中书舍人、门下省给事中和御史台侍御史一人组成);二是大理寺专受内外官人之投告辞诉;三是中央政府派往各地巡视省察之使节,如巡察使、按察使、巡抚使等,可受理巡察之地投告辞诉。

地方受理辞诉的专门官司是州、县级政府。其中州一级地方政府的户曹参军、司户参军专门受理民事诉讼,法曹参军、司法参军专门受理刑事诉讼;而县一级地方政府的行政长官县令则被要求“躬亲狱讼”,[2]即全面受理,未有刑、民之分。

凡投告辞诉,皆不得向上述官司以外之他司,特别是严格禁止向军、府投告辞诉;即使有告诉,军、府之官亦不得受理。除非投告之人所告之事为谋反、逆、叛及盗等重大犯罪,始得受诉,但受诉后一日内必须转送附近有受理辞诉之职权的官司,而不得自行审理,否则即依律科罚。《唐律疏议·斗讼》“告人罪须明注年月”条(355):

其军府之官,不得辄受告事辞牒。

又《唐律疏议·斗讼》“犯罪皆经所在官司首”条(353):

诸犯罪欲自陈首者,皆经所在官司申牒,军府之官不得辄受。其谋叛以上及盗者,听受,即送随近官司。若受经一日不送及越览余事者,各减本罪三等。

专司受诉之制确立之目的在于规范司法程序,尤其是控制诉讼的渠道,防止非司法部门,尤其是军事部门干预司法。[3] 不过,这一规定在唐后期有所变化,唐德宗贞元中有诏:

(贞元)七年……三月……辛巳,诏神威、神策六军将士自相讼,军司推劾;与百

---

[1] 《唐六典》卷十三“侍御史”条。

[2] “京畿及天下诸县令之职……审察冤屈,躬亲狱讼,务知百姓之疾苦。”《唐六典》卷三十“三府督护州县官吏”条,亦可见《旧唐书·职官三》。

[3] 参见刘俊文:《唐代法制研究》,文津出版社1999年版,第166页。

姓相讼,委府县推劾;小事移牒,大事奏取处分,军司、府县不得相侵。[1]

此后军府及其长官获得一定的受理辞诉职权。

2. 自下而上逐级上告

唐代司法审级制度的规定极为复杂,有权受理辞诉的官司依照其行政级别自下而上分为四级:第一级是县司,第二级是州、府司和都督、都护府司,第三级是尚书省,第四级是“三司”。《唐律疏议·斗讼》“越诉”条(359)律《疏》载:“凡诸辞诉,皆从下始。从下至上,令有明文。谓应经县而越向州、府、省之类,其越诉及官司受者,各笞四十。”其中的“令有明文”,即《唐令·公式令》中的相关规定,具体内容可见《唐六典》卷六“刑部郎中员外郎”条载:

凡有冤滞不申欲诉理者,先由本司、本贯;或路远而踬碍者;随近官司断决之。即不伏,当请给不理状,至尚书省,左、右丞为申详之。又不伏,复给不理状,经三司陈诉。

一般诉讼案件的告诉人应当向所在县司投告辞诉,如对县一级受诉机关审判结果不服,则可要求发给上诉证明“不理状”,然后持状向上级州、府司或都督、都护府司“上诉”,如对州一级受诉机关的审判结果仍旧不服,则可再次要求发给“不理状”,然后持状进京,向中央尚书省“上诉”;如对尚书省的审判结果还是不服,则继续要求发给“不理状”,然后持状向最高诉讼官司“三司”上诉;对“三司”的审判结果不服,再邀驾、挝鼓或上表,直诉于皇帝。规定逐级上诉的意图是通过完善诉讼程序来间接保障诉讼公正,若违反这一程序,逾级上诉,即为越诉。越诉是非法行为。凡越诉概不得受理;另外,诉讼人合法的逐级上诉,相应官司亦必须受理,否则要予以处罚。《唐律疏议·斗讼》“越诉”条(359)载:

诸越诉及受者,各笞四十。若应合为受,推抑而不受者笞五十,三条加一等,十条杖九十。

《疏》议曰:凡诸辞诉,皆从下始。从下至上,令有明文。谓应经县而越向州、府、省之类,其越诉及官司受者,各笞四十。若有司不受,即诉者亦无罪。“若应合为受”,谓非越诉,依令听理者,即为受。推抑而不受者,笞五十。“三条加一等”,谓不受四条杖六十,十条罪止杖九十。若越过州诉,受词官人判付县勘当者,不坐。请状上诉,不给状,科“违令”,笞五十。

若违反法律规定越级告诉,告诉者与受诉官司各笞四十。若告诉者合法的诉

[1] 《旧唐书·德宗本纪下》。

讼,应予受理的官司不予受理,拒受官司拒受一条笞五十,每三条加一等,即拒收四条杖六十,拒收七条杖七十,拒收十条杖九十。可见唐律对于告诉人的要求是依法而告,对受诉官司的要求是该受理的必须受理、不该受理的不得受理。另外,告诉人不服判决欲上诉的则要求作出判决的官司发给上诉凭证“不理状”,官司拒而不发的行为,也是违法行为,要受到处罚;官司拒不发给“不理状”并不影响告诉人上诉,时经三日,上讼人只要记下不给官司之姓名,虽无“不理状”仍可按级上诉。而上级官司受诉后,只要问明不给原因,即可依情处断。日本《养老令·公式令》第53条载:

凡诉讼皆从下始,各经前人本司、本属,若路远及事碍着,经随近官司断之。断讫,诉人不服,欲上诉者,请“不理状”以次上陈。若经三日内不给,听诉人录不给官司姓名以诉。官司准其诉状,即下推不给所由,然后断决。[1]

另外,需要注意的是,向尚书省上诉的案件,必须是被枉判徒罪以上的案件。被枉判杖罪以下的案件,不得向尚书省上诉。同时向尚书省上诉者,必须由上诉人首先向京城四面关附近之州、县司申诉,并出示“不理状”,由近关州、县勘实后上报尚书省,递送至京,而不得由上诉人自行上诉至尚书省。

(二)案件受理程序——“三审”

唐制,官司受理辞诉以后,须对告诉人进行三次审问,核实诉状与诉讼内容,然后才能正式立案审理,即“三审”立案。首先,受诉官司向告诉人说明诬告反坐的法律规定,即《唐律疏议·斗讼》“诬告反坐”条(342):

诸诬告人者,各反坐。即纠弹之官,挟私弹事不实者,亦如之。(反坐致罪,准前人入罪法。至死,而前人未决者,听减一等。其本应加杖及赎者,止依杖、赎法。即诬官人及有荫者,依常律。)

其次,受诉官司每隔一日就诉讼内容对告诉之人进行一次问讯,每次问讯,须做书面审问记录,审问完结,经告诉人确认后签名画押,不能书写者由典吏代书。经过三次问讯,告诉人前后诉辞一致即予立案,案件正式进入审理阶段。如果受理辞诉之官司为巡察使,因有公务不便在途久停,则三次问讯可在一日中进行,不必隔日进行。《通典》卷一六五《刑法三·刑制下》载:

诸言告人罪,非叛以上者,皆令三审。应受辞牒,官司并具晓示,并得叛坐之情。每审皆别日受辞,(若使人在路,不得留待别日受辞者,听当日三审。)官人于审后判

---

〔1〕［日］仁井田陞:《唐令拾遗》,栗劲、霍存福等编译,长春出版社1989年版,第533页。

记审讫,然后付司。不解书者,典为书之。

“三审”立案制的意图在于保证诉讼的严肃性,防止妄诉和诬告。然而,应注意的是,此制对下述两种情况不适用,《通典》卷一六五《刑法三·刑制下》载:“若事有切害者,不在此例。(切害,谓杀人、贼盗、逃亡若强奸良人,并及更有急速之类。)”又《唐六典》卷六“刑部郎中员外郎”条载:“称告谋反已上不肯言事意者,经驿部送京。其犯死罪囚及缘边诸州镇防人等若犯流人告密,并不在送限。”“事有切害”与“谋反已上”二事,不适用“三审”立案之制,原因在于与诉讼秩序相比,君主安全和统治稳定更加重要。“不过由此例外,亦造成有唐一代妄诉和诬告反逆之事屡见不鲜,而大部分冤假错案即因之而起。”〔1〕

(三)重罪案件的审结程序

唐制,司法官员凡断当处徒刑以上之重罪,案件审讯完结后,应当向罪犯本人及其家人、亲属等公开宣判,并将所断罪名、所处刑罚以及判决依据(事实依据与法律依据)予以告知,同时当面听取罪犯本人对判决的意见与申辩。如罪犯服从断决,即命其立“服状”,案件即告审结并予归档;如罪犯不服从断决,即命其立“辩状”,听其申诉,并重新详加审理该案。司法官员若断当处杖刑以下之轻罪,则立断立决,无须取囚服辩。如违反该制,即司法官员断当处徒以上之重罪而不公开宣判,或虽公开宣判而不听取囚犯申辩,或虽听取囚犯申辩而不为之重新详审,即予以处罚。《唐律疏议·断狱》“狱结竟取服辩”条(490)载:

诸狱结竟,徒以上,各呼囚及其家属,具告罪名,仍取囚服辩。若不服者,听其自理,更为审详。违者,笞五十;死罪,杖一百。

《疏》议曰:“狱结竟”,谓徒以上刑名,长官同断案已判讫,徒、流及死罪,各呼囚及其家属,具告所断之罪名,仍取囚服辩。其家人、亲属,唯止告示罪名,不须问其服否。囚若不服,听其自理,依不服之状,更为审详。若不告家属罪名,或不取囚服辩及不为审详,流、徒罪并笞五十,死罪杖一百。

司法官员审断当处流、徒之重罪而不具告罪名或不取囚服辩或不为其审详者,三种情节具备一种即笞五十,若司法官员同时具备三种处罚情节,根据律文仍处笞五十之刑;司法官员审断死罪而不具告罪名或不取囚服辩或不为其审详者,各杖一百。“狱结竟取服辩”的立法意图在于,明确罪犯及家属对审判过程与审判结果的监督权,同时赋予罪犯申诉与辩护的权利。目的在于避免和纠正审判中的重大失

---

〔1〕 刘俊文:《唐代法制研究》,文津出版社1999年版,第174页。

误，保障司法公正。

（四）死刑覆奏

死刑覆奏制入律的源头可追溯至北魏，北魏世祖太武帝拓跋焘即位后主张轻刑并重视刑狱，神䴥年间下诏改定律令，其中一项重要举措便是死刑处决的覆奏制度，规定死刑案件审理完结之后、刑罚执行之前，必须经过皇帝亲自问讯，确保囚犯“无异辞怨言”。地方死刑案件亦实行“谳报”，即覆核和奏报皇帝，经皇帝同意方可行决。这应当对隋、唐时期的死刑覆奏制度产生了极大的影响。隋文帝开皇十二年（公元592年），“诏诸州死罪不得便决，悉移大理案覆，事尽然后上省奏裁”〔1〕。地方的死刑案件要由大理寺案“覆”，然后“奏”裁。“十五年（公元595年）制，死罪者三奏而后决。”〔2〕又“（开皇）十六年（公元596年）……秋八月丙戌，诏决死罪者，三奏而后行刑。”〔3〕说的是全国范围内的死刑案件，在执行之前一律经三次奏闻，确立了后世死刑三覆奏制度。唐承隋死刑案件三覆奏的规定，但在太宗时将三覆奏增加为五覆奏，这在隋唐法制史乃至中国法制发展史上是一件大事，据《通典》：

因大理丞张蕴古、交州都督卢祖尚并以忤旨诛斩，帝寻追悔，遂下制，凡决死刑，虽令即杀，二日中五覆奏，下诸州三覆奏。

张蕴古案与卢祖尚案皆为唐贞观初年的重大案件，一般认为，唐太宗将三覆奏增为五覆奏的缘由是追悔诛杀大理丞张蕴古与交州都督卢祖尚。〔4〕

唐代从制度上对死刑的执行规定了非常严格的限制，按唐制，死刑案件已经中书门下奏请皇帝裁决，但正式行决前，仍要再次奏请皇帝核准。关于死刑覆奏的具体程序：

诸决大辟罪，在京者，行决之司五覆奏；在外府，刑部三覆奏。（在京者，决前一日二覆奏，决日三覆奏。在外者，初日一覆奏，后日再覆奏。纵临时有敕，不许覆奏，亦准此覆奏。）若犯恶逆以上，及部曲、奴婢杀主者，唯一覆奏。〔5〕

死刑覆奏按行决地点与死罪性质不同，分为三类：第一类是五覆奏，在京城行决死刑案件，决前要由负责行决官司连续覆奏五次，其中两次是在行决的前一天，三次是在行决的当天。第二类是三覆奏，京外行决死刑案件，决前要由刑部连续覆

---

〔1〕《隋书·刑法志》。

〔2〕同上注。

〔3〕《隋书·高祖纪下》，又见《北史·隋本纪上》。

〔4〕对唐代三覆奏改为五覆奏的过程以及缘由尚有不同观点，参见陈俊强：《唐代前期的死刑覆奏制度》，载《中国史学》（第23卷），2013年10月25日发行。

〔5〕《通典》卷一六八《刑法六·考讯》。

奏三次,其中一次是在第一天,两次是在第二天。第三类是一覆奏。行决犯恶逆以上及部曲、奴婢杀主之死刑案件,决前要由行决官司(京城)或刑部(京外)进行一次覆奏。即使皇帝临时敕令不得覆奏,亦照奏不误。同时,死刑案件经皇帝最终核准后,由尚书省签发"决符"。行决官司接到"决符",仍须停候三日才能执行死刑。若行决之司违反死刑覆奏规定,则依律予以严惩。《唐律疏议·断狱》"死囚覆奏报决"条(497)载:

诸死罪囚,不待覆奏报下而决者,流二千里。即奏报应决者,听三日乃行刑,若限未满而行刑者,徒一年;即过限,违一日杖一百,二日加一等。

《疏》议曰:"死罪囚",谓奏画已讫,应行刑者。皆三覆奏讫,然始下决。若不待覆奏报下而辄行决者,流二千里。"即奏报应决者",谓奏讫报下,应行决者。"听三日乃行刑",称"日"者,以百刻,须以符到三日乃行刑。若限未满三日而行刑者,徒一年。即过限,违一日杖一百,二日加一等。在外既无漏刻,但取日周晬时为限。

若行决官司指未取得皇帝之最终核准,擅自执行死刑,处以流二千里;若行决官司违反三日候限,提前执行死刑,处以徒一年;若行决官司违反三日候限,延期执行死刑,延期一日处以杖一百,延期一日以上则每二日加一等,即延期三日处以徒一年、延期五日徒一年半,以此类推。但延迟十七日处以流三千里,以上不再加刑。[1]

第五节 五代法制简介

五代时期是唐中后期藩镇割据的延续与发展,总的发展趋势是频繁的战乱与政权更替。五代沿袭隋唐以来的法律体系,以律、令、格、式为主干,由于战乱频繁,没有集中制定法典,但五代作为连接隋唐与宋代的过渡阶段,其法制发展在全面承继隋唐法制的基础之上又孕育了宋代法律形式变革的一些因素。《宋会要辑稿·刑法》载:

国初用唐律令格式外,又有《元和删定格后敕》《泰和新编后敕》《开成详定刑法总要格敕》,后唐《同光刑律统类》《清泰编敕》、后晋《天福编敕》、周《广顺续编敕》《显德刑统》皆参焉。[2]

由此可以看到,宋代法制除了沿袭隋唐以外,五代时期的一些立法也对其产生

〔1〕 参见《唐律疏议·名例》"称加减"条。

〔2〕 马泓波点校:《宋会要辑稿·刑法》,河南大学出版社2011年版,第1页。

了比较大的影响。宋初参用五代时期的立法,主要形式有两种:编敕与刑统。实际上,这两种法律形式都是唐“安史之乱”以后产生的,但是“格后敕”与“刑律统类”进一步发展是在五代时期,并对宋代法制发展产生了极大的影响。

编敕频繁是五代法律形式的主要特点,唐安史之乱以后,敕的法律地位和作用已凸显,其原因自然是社会动荡、政治局势不稳定;五代时期,社会更加动荡,皇帝往往因一人、一事颁敕,大量单行的敕增多必然会带来前后矛盾与法律体系协调方面的困难,编敕的产生就成为必然。[1]

唐宣宗大中七年(公元853年)颁行《大中刑律统类》12卷,将律文分类为门,并附以相关格、敕,属于律敕合编,从而创立了一种新的刑法典。后周世宗显德五年(公元958年),颁行《大周刑统》(亦称《显德刑统》)21卷。刑统产生后,实际上仍发挥着律的作用,“五代格式虽多删定,律则一仍唐旧,盖编敕之事风行,实无上律之必要。后梁之新定格式律令,律并目录一十三卷,是沿唐律之旧可知;后唐之《同光刑律统类》十三卷,是沿唐《大中刑律统类》之旧可知;后周之刑统二十一卷,亦不过变律之称谓而已”[2]。

---

〔1〕 参见叶孝信主编:《中国法制史》,北京大学出版社1996年版,第229页。
〔2〕 陈顾远:《中国法制史概要》,商务印书馆2011年版,第65页。

第八章　宋 元 法 律

教学目标

理解宋元时期的法律思想与制度的主要内容，熟悉宋刑统与编敕，掌握折杖法、刺配、凌迟等罪名与刑罚，熟悉绝卖、义绝、户绝等契约与婚姻继承法规，以及大理寺、刑部、御史台、提点刑狱司、翻异别勘等司法制度，了解元代四等人制度。

推荐参考资料

1. 戴建国：《宋代法制初探》，黑龙江人民出版社 2000 年版；
2. 郭东旭：《宋代法制研究》，河北大学出版社 2000 年版；
3. 柳立言：《宋代的家庭和法律》，上海古籍出版社 2008 年版；
4. 曾代伟：《金元法制丛考》，社会科学文献出版社 2009 年版。

第一节　宋代的法律思想与立法

一、宋代的法律思想

晚唐藩镇割据的局面到了五代时期终于发展为天下的分裂。五代时期国家分裂为数个割据政权，武夫当政，天下混战。公元 960 年，后周大臣赵匡胤黄袍加身，代后周建立宋朝，象征着五代乱世的结束。经过宋太祖赵匡胤、宋太宗赵光义两代统治者的努力，国家重新统一，崇尚武力、武人当政的割据局面也得以改变。宋朝吸取了晚唐五代地方割据的经验教训，强调中央集权，崇尚文治，重用士大夫。故而在两宋，儒学高度发达，发展出了儒家思想在中国历史上的又一个高峰——理学。

宋朝建立以后，崇尚文教，以儒家经典取士，士大夫地位极高，北宋名臣文彦博有言，宋朝是“与士大夫治天下”[1]，由此可见一般。在这种背景之下，儒学发展很快，至北宋中晚期，理学思想逐渐形成。

所谓理学，是宋儒在批判地吸收释道两家思想的基础上，形成的一种儒家思想。之所以被称为理学，是因为理学认为“理”是一切的基础。理学思想始自北宋时期的周敦颐，后经程颐、程颢两兄弟的发展，兼之邵雍等人的推动，在北宋时期便已成为儒家思想的大宗。至南宋时期，朱熹使理学彻底成形。朱熹作为理学的集大成者，在思想史上地位极为重要，虽然南宋时理学一度被政府列为伪学加以禁止，但最终仍得到了官方的认可，并影响后世数百年。在理学的思想中，法律思想也是相当重要的一部分。以朱熹为代表，理学的法律思想大体而言，主要有以下几点：

(一)法源自理

理学的核心是“理”，认为“理”是一切的根本，“宇宙之间，一理而已，天得之而为天，地得之而为地，而凡生于天地之间者，又各得之以为性，其张之为三纲，其纪之为五常，盖皆此理之流行，无所适而不在”[2]。因此，法律也是源自“理”。朱熹认为，“礼字、法字实理字，日月寒暑往来屈伸之常理，事物当然之理”[3]，“盖三纲五常，天理民彝之大节而治道之本根也。故圣人之治，为之教以明之，为之刑以弼之”[4]。当然，值得注意的是，朱熹认为源自“理”的法并非现世的法律，而是类似于近代西方所谓的“自然法”。他心中的法是基于三纲五常等天理产生的法，现实的法律只有不违背这种“理”，才可以被称为正确的法律，若现世的法律不合于“理”，国家便会产生混乱，即“上无道揆，则下无法守。傥上无道揆，则下虽有奉法守一官者，亦将不能用而去之矣”[5]。基于这种理论，他认为刑罚只是君主代天体现意志而已，“罪之大者，则罪以大底刑；罪之小者，则罪以小底刑，尽是天命、天讨，圣人未尝加一毫私意于其间，只是奉行天法而已”[6]。

(二)反对一味轻刑

朱熹对于刑罚，一反传统儒家主张轻刑的态度，反对一味地轻刑，甚至主张重

---

[1]《续资治通鉴长编》卷二二一。
[2]《御纂朱子全书》卷六十。
[3]《晦庵先生朱文公文集·答吕子约》。
[4]《晦庵先生朱文公文集·戊申延和奏札一》。
[5]《朱子语类·孟子六·离娄上》。
[6]《朱子语类·尚书一·皋陶谟》。

刑。他认为“今人说轻刑者,只见所犯之人为可悯,而不知被伤之人尤可念也。如劫盗杀人者,人多为之求生,殊不念死者之为无辜;是知为盗贼计而不为良民计也”。[1] “今之士大夫耻为法官,更相循袭,以宽大为事,于法之当死者,反求以生之。殊不知‘明于五刑以弼五教’,虽舜亦不免。教之不从,刑以督之,惩一人而天下人知所劝戒,所谓‘辟以止辟’。虽曰杀之,而仁爱之实已行乎中。今非法以求其生,则人无所惩惧,陷于法者愈众;虽曰仁之,适以害之。”[2]他认为一味宽刑并非仁爱,实际上是“虽曰仁之,适以害之”。他强调,一味地宽刑是不妥的,在当时的社会环境下,必须严刑方可。“古人为政,一本于宽,今必须反之以严。盖必如是矫之,而后有以得其当。今人为宽,至于事无统纪,缓急予夺之权皆不在我;下梢却是奸豪得志,平民既不蒙其惠,又反受其殃矣。”[3]

朱熹甚至主张恢复肉刑,他认为“今徒流之法,既不足以止穿窬淫放之奸,而其过于重者则又有不当死而死。如强暴赃满之类者,苟采陈群之议,一以宫剕之辟当之,则虽残其支体,而实全其躯命,且绝其为乱之本,而使后无以肆焉”[4]。

当然,值得注意的是,朱熹主张重刑甚至肉刑,是基于儒家的理论,认为这是一种“仁”,即其所谓的“虽曰杀之,而仁爱之实已行乎中”。[5]

(三)支持适当时候的变法

对于变法的问题,朱熹与传统儒家相比也有一些不同。他认为严守祖宗之法不变并不可取,“祖宗之所以为法,盖亦因事制宜以趋一时之便,而其仰循前代,俯徇流俗者尚多有之,未必皆其竭心思,法圣智以遗子孙,而欲其万世守之者也。是以行之既久而不能无弊,则变而通之,是乃后人之责”[6]。他对于王安石变法颇多批判,但对变法本身则并无太大意见。朱熹认为,王安石变法太过急剧,未能循序善诱,这是其失败的根本。变法应当一步步缓缓为之,不可能一蹴而就。当然,朱熹所言的变法,是指改变现世之法,对于三纲五常等来源于“理”的法,他认为是绝对不可以改变的。

(四)纲常优先于成文法

朱熹在司法实践上主张义理决狱,即以儒家的三纲五常等义理断案,而并不是

---

[1] 《朱子语类·朱子七·论刑》。
[2] 《朱子语类·尚书一·大禹谟》。
[3] 《朱子语类·朱子五·论治道》。
[4] 《晦庵先生朱文公文集·答郑景望》。
[5] 《朱子语类·尚书一·大禹谟》。
[6] 《晦庵先生朱文公文集·读两陈谏议遗墨》。

优先适用成文法。“凡听五刑之讼，必原父子之亲，立君臣之义以权之。盖必如此，然后轻重之序可得而论，浅深之量可得而测。”“凡有诉讼，必先论其尊卑上下、长幼亲疏之分，而后听其曲直之辞。凡以下犯上、以卑凌尊者，虽直不右，其不直者罪加凡人连坐。其有不幸至于杀伤者，虽有疑虑可悯，而至于奏谳，亦不准辄用拟贷之例。”〔1〕这种思想与董仲舒的春秋决狱有一定的传承关系，但同时也是理学“法源自理”所得出的必然结论。三纲五常作为“理”，自然应在司法实践中被遵守，故而朱熹会主张在断案中优先考虑纲常的问题。

综上所述，以朱熹为代表的理学，其在法律方面有一些与传统儒家不尽相同的观点。但是，在义理方面，理学通过“理”这个核心将三纲五常上升到了前所未有的高度，这也为后世明清时期的官方儒学走向极端埋下了伏笔。

二、法律形式

北宋初期，法律体系在沿袭隋与唐中期律、令、格、式的基础之上，又受到唐后期所出现的“格后敕”与“刑律统类”的直接影响，这些法律形式在宋代逐渐演变为“编敕”与“刑统”，并成为法律体系的主干。宋初所定《宋刑统》与唐律地位相当，其作为刑法典存在于法律体系之中。《宋史·刑法志》所谓“凡律所不载者一断以敕”，其中“律所不载”即《宋刑统》中未有规定，“一断以敕”即由编敕来规定，可见“编敕”的法律效力高于《宋刑统》。在此基础之上，宋代的法律形式以“敕令格式”代替“律令格式”，由“律敕并行”逐渐转化为“以敕代律”。南宋时又出现了一种新的法律形式：“事类”，对北宋形成的敕、令、格、式的体系产生了比较大的影响，主要是以适用范围或公事性质为标准，将敕、令、格、式中所包含的法律规范进行汇编。

（一）《宋刑统》

★唐中后期，宣宗命张戣将刑律分类为门并附以格敕，称为《大中刑律统类》，颁行于大中七年（公元853年），五代时期后唐《同光刑律统类》、后周《显德刑统》皆沿袭《大中刑律统类》。宋初沿用旧法，太祖建隆三年（公元962年），乡贡明法张自牧、工部尚书窦仪奏请详定《显德刑统》以适应新形式的需要，太祖令窦仪主事详定刑统。建隆四年（公元963年），修成**《建隆重详定刑统》（简称《宋刑统》）**，并刻板颁行天下。**《宋刑统》是中国历史上第一部刻板印行的法典。**

〔1〕《晦庵先生朱文公文集·戊申延和奏札一》。

《宋刑统》共计31卷(包括目录),内容包括502条、12篇,分类归入213门。就内容来看,《宋刑统》是针对后周《显德刑统》直接修订而成,直接删除了后者原有的式、令、宣敕109条,增加了宋初制敕15条与“起请”32条,并将原律文内散列各篇的44条“余条准此”汇集于《名例》之内。

(二)令、格、式

令、格、式仍是宋代主要的法律形式,这显然是受到了隋唐法制的直接影响,但令、格、式的内容及其在两宋法律体系当中的地位与前代稍有不同。《宋史·刑法志》载:

禁于未然之谓令,设于此以待彼之谓格,使彼效之之谓式……自品官以下至断狱三十五门,约束禁止者,皆为令。命官之等十有七,吏、庶人之赏等七十有七,又有倍、全、分、厘之级凡五等,有等级高下者皆为格。表奏、帐籍、关牒、符檄之类凡五卷,有体制模楷者皆为式。

宋代的令、格、式与《唐六典》《新唐书·刑法志》中的表述略有不同,但基本含义是一致的。令,是正面规定行为模式,要求人们依令行为;格,是对令之具体实施规定的操作性标准;式,规定的是文书的形式规范与要求。

(三)编敕、编例、指挥与申明

★敕,是以皇帝的名义针对具体事件发布的诏令;**编敕,是编纂历年发布诏令的立法活动,也就是将针对具体事件所发布的法律文件进行汇编并赋予一般法律效力的活动**。宋代的编敕根据规范内容可以划分为两类:一类与刑事司法相关,另一类则包含了编纂所有敕文。狭义的编敕仅指前者。《宋史·刑法志》载:

神宗以律不足以周事情,凡律所不载者一断以敕,乃更其目曰敕、令、格、式,而律恒存乎敕外……禁于已然之谓敕……于是凡入笞、杖、徒、流、死,自名例以下至断狱,十有二门,丽刑名轻重者,皆为敕。

与定罪量刑紧密相关的编敕逐渐成为取代律的主要法律形式,但编敕并非完全取代律,“律恒存乎敕外”是说编敕中没有规定的内容依旧按照《宋刑统》来处理,也就是说,“今世断狱只是敕,敕中无,方用律”[1]。

编例,即将皇帝或中央司法机关审断的“指导性案例”进行汇编的立法活动,也指作为这种立法活动的汇编结果。编例之风为北宋所开,南宋编例已非常频繁,甚至影响到元、明、清三代。[2] 随着编例活动的频繁,出现了“因一言一事,辄立一

---

〔1〕《朱子语类·法制》。

〔2〕参见张晋藩、郭成伟主编:《中国法制通史·宋》,法律出版社1999年版,第481~482页。

法”的现象，以至于“烦细难以检用”。[1]

指挥，即皇帝或尚书省及各部向地方发布的用以指导地方行政事务与司法审判的指令，由于下级官员可以依照指挥办理类似公务或作为司法审判的依据，指挥也可作为一种“例”。经过整理汇编的指挥也成为与敕令并立的法律形式。

申明，即对其所附法律形式的解释、说明与补充，所见主要有申明刑统、申明敕、申明指挥。

(四)条法事类

条法事类突出“事类”，即分门别类地收入相关敕、令、格、式、申明与指挥等法律形式的内容。条法事类是宋代产生的一种新的法律形式，出现于孝宗淳熙初年，其产生是为解决“用法之际，官不暇偏阅”的实际问题，避免“吏因得以容奸”。“令敕令所分门编类为一书，名曰《淳熙条法事类》，前此法令之所未有也。四年七月，颁之。”[2]据记载，宁宗时曾编《庆元条法事类》，理宗时曾编《淳祐条法事类》，现仅存《庆元条法事类》残本。

三、刑事法制

(一)刑罚制度

宋代刑罚在全面沿袭隋唐五刑体系的基础之上略有变化，南宋将“凌迟”纳入法定刑罚体系，宋代刑罚与以往的不同主要是刑罚执行方式的变化。

★1. 折杖法

宋太祖建隆四年(公元963年)创“折杖之制”，《宋史·刑法志》载：“太祖受禅，始定折杖之制。”主要内容是将刑罚体系中的笞、杖、徒、流四种刑罚折抵为脊杖与臀杖执行，具体方式为：

凡流刑四：加役流，脊杖二十，配役三年；流三千里，脊杖二十，二千五百里，脊杖十八，二千里，脊杖十七，并配役一年。凡徒刑五：徒三年，脊杖二十；徒二年半，脊杖十八；二年，脊杖十七；一年半，脊杖十五；一年，脊杖十三。凡杖刑五：杖一百，臀杖二十；九十，臀杖十八；八十，臀杖十七；七十，臀杖十五；六十，臀杖十三。凡笞刑五：笞五十，臀杖十下；四十、三十，臀杖八下；二十、十，臀杖七下。[3]

同时，对于刑具的规格也有详细规定：“常行官杖如周显德五年制，长三尺五

---

〔1〕《宋史·刑法志》。
〔2〕同上注。
〔3〕同上注。

寸,大头阔不过二寸,厚及小头径不得过九分。徒、流、笞通用常行杖,徒罪决而不役。”北宋“折杖之制”的实际效果为:“流罪得免远徙,徒罪得免役年,笞杖得减决数。”〔1〕可见此制主旨在于彰显宽仁与慎刑。

★2. 刺配

笞、杖、徒、流以施以“折杖之制”彰显慎刑,与其主旨相同,宋初一般的死罪也以“刺配”免死,《宋史·神宗本纪》载:“河北饥民为盗者,减死刺配。”但中后期刺配适用范围扩大,“配法既多,犯者日众,黥配之人,所至充斥”〔2〕。刺配逐渐与“五刑”地位相同,成为刑罚体系中应用非常广泛的刑种。“刺配”是将犯人刺面后发配至指定场所强制服役并附加脊杖的刑罚,实质上是集刺面、脊杖、配流三种刑罚为一。

★3. 凌迟

凌迟是死刑的一种,《辽史·刑法志》载:“死刑有绞、斩、凌迟之属”,与其他死刑执行方式相比,凌迟是以残害肢体为手段最终剥夺生命的刑罚,是历史上最为残酷的刑罚之一。作为刑罚种类,其出现于五代,沈家本说:“凌迟之刑,始见于此,古无有也。放翁谓起于五季,然不详为何时。”〔3〕沈家本引述南宋陆游的说法,认为凌迟之刑大概起自五代时期。《宋史·刑法志》载:“凌迟者,先断其支体,乃抉其吭,当时之极法也。”清人王明德说:“凌迟者,极刑外之极刑也,不独《名例》五刑中所未列,即上古五刑中亦所未见。其法乃寸而磔之,必至体无余脔,然后为之割其势,女则幽其闭,剖其腹,出其脏腑以毕其命。仍为支分节解,菹其骨而后已。”〔4〕宋仁宗天圣六年(公元1028年)首用凌迟之刑,《文献通考·刑考六》载:“又诏:如闻荆湖杀人祭鬼,自今首谋若加功者,凌迟、斩。”南宋《庆元条法事类》中,将凌迟列为法定刑罚种类,明确了其在刑罚体系中的地位。后世元、明,凌迟皆有使用。

(二)盗贼重法

“重惩盗贼”是宋代尤其是中期以后法制发展的方向,虽然“王者之政,莫急于盗贼”的思想与观念贯穿于历代法典之中,但宋代对于“盗贼”的重惩有明确的制度表现:一是作为刑事一般法的《宋刑统》等法典当中对于盗贼的重惩;二是作为刑事特别法的《盗贼重法》的颁布实施。

唐律对于强盗的处罚,详细区分了犯罪结果的得财与不得财、犯罪加重结果的

---

〔1〕《文献通考·刑考七》。

〔2〕《宋史·刑法志》。

〔3〕(清)沈家本:《历代刑法考》,邓经元、骈宇骞点校,《刑法分考二》,中华书局1985年版,第109页。

〔4〕(清)王明德:《读律佩觿》,何勤华等点校,法律出版社2001年版,第136页。

杀人与伤人、犯罪情节的持杖与不持杖,分别予以处罚。宋代则将前代颁布的大量重惩盗贼的刑事特别法作为一般法适用,例如:“应擒获强盗,不论有赃、无赃并集众决杀。”“今后应持杖行劫,不问有赃、无赃,并处死;其同行劫贼内,有不持杖者,亦与同罪。”[1]另外,宋代刑事立法对于前代重法多有改重从轻之处,但强盗之法不在此列,《宋史·刑法志》载:“刑法之重,改而从轻者至多。惟是强盗之法,特加重者,盖以禁奸宄而惠良民也。”

宋仁宗嘉祐年间,将开封府及所属县列为“重法地”,宋神宗熙宁四年(公元1071年)颁布《盗贼重法》,规定:“凡劫盗罪当死者,籍其家赀以赏告人,妻子编置千里;遇赦若灾伤减等者,配远恶地。罪当徒、流者,配岭表;流罪会降者,配三千里,籍其家赀之半为赏,妻子递降等有差。应编配者,虽会赦,不移不释。凡囊橐之家,劫盗死罪,情重者斩,余皆配远恶地,籍其家赀之半为赏。盗罪当徒、流者,配五百里,籍其家赀三之一为赏。窃盗三犯,杖配五百里或邻州。”“重法地”之制实施之后范围不断扩大,“凡重法地,嘉祐中始于开封府诸县,后稍及诸州。以开封府东明、考城、长垣县,京西滑州,淮南宿州,河北澶州,京东应天府、濮、齐、徐、济、单、兖、郓、沂州、淮阳军,亦立重法,著为令。至元丰时,河北、京东、淮南、福建等路皆用重法,郡县浸益广矣”[2]。哲宗时期,地方二十四路行政区当中“重法地”已超过70%,同时还有大量“非重地,亦以重论”的情况。这意味着“盗贼重法”已失去了其作为刑事特别法的意义,从实施效果来看,各地治安状况并未因特别法的实施而有所好转。哲宗元符三年(公元1100年)“重法地”予以废除。

四、契约与婚姻继承

★契约与婚姻继承是民事生活中的重要组成部分,也是国家针对民事领域立法的重点。**宋代买卖契约分为绝卖、活卖与赊卖三种形态**。绝卖,指以转移所有权为目的的买卖;活卖,又称典卖,是附条件的买卖,当条件达成时,所有权才转移,在一定期限内,出卖人可以赎回典物;赊卖,指先用信用取得交易物,随后再付价金的买卖。宋代婚姻与集成方面的法律规范在全面承袭唐代相关制度的基础之上有一些新的变化与发展,对后世产生了比较大的影响。

(一)婚姻

关于法定婚配年龄,唐宋律中对于婚姻年龄皆无明文规定,宋代敕令中见有相

---

[1]《宋刑统·贼盗律》。

[2]《宋史·刑法志》。

关内容:“在法:男年十五,女年十三以上,并听婚嫁。”[1]但此处“在法”之内容并非宋代首创,唐开元“二十二年,诏男十五、女十三以上得嫁娶”[2]。关于婚姻成立的仪式,宋代也有所变化,将前代“六礼”(纳采、问名、纳吉、纳征、请期、亲迎),改为“三礼”(纳采、纳币、亲迎)。

在婚姻的成立、婚姻的解除以及禁止为婚的情况等方面,宋代与唐代法律的规定基本一致,如唐宋法律皆规定以下情况禁止为婚:同姓及外姻有服亲属禁止为婚、良贱不婚、禁止娶逃亡妇女、禁止有妻更娶、禁止居丧嫁娶等。宋代关于婚姻的解除方面,赋予了妇女在一定条件下解除婚姻关系、改嫁他人的权利:丈夫外出三年不归,妻子可以改嫁;丈夫犯罪移乡编管,妻子可以离婚;丈夫将妻子典雇与他人,妻子可以离婚、改嫁;被丈夫同居亲强奸,虽未成,妻子亦可以离婚;丈夫令妻子为娼,妻子可以离婚。[3]

(二)财产继承

宋代关于财产继承方面的法律规定基本沿袭唐代,财产以宗祧继承为前提,基本原则是兄弟均分,兄弟亡者则子承父分,即财产继承在享有继承权的兄弟之间均分,若兄弟之中有亡故者,则其应继承之份额由其子承受。宋代财产继承中主要的变化是女性的权利与地位有所提高,在“户绝”的情况之下,即被继承人没有男性继承人的情况下,女儿可享有一定的财产继承权。

被继承人“户绝”,未出嫁之女(在室女)可继承全部财产;出嫁之女由于各种原因又回到娘家居住的(归宗女),在“户绝”的情况下与在室女享有同样继承权,但宋中后期,归宗女的法定财产继承份额有所下降,逐渐变为三分之二、一半;若被继承人“户绝”且无在室女时,出嫁女也享有一定的财产继承权,《宋刑统·户婚》载:“请今后户绝者,所有店宅、畜产、资财,营葬功德之外,有出嫁女者,三分给与一分,其余并入官。如有庄田,均与近亲承佃。”

五、司法制度

(一)司法机构

1. 中央司法机构

宋初,制度建设的主线是强化中央集权,在这一背景之下,司法制度、司法机构

---

[1] 《名公书判清明集》卷七。

[2] 《新唐书·食货志》。

[3] 参见张晋藩、郭成伟主编:《中国法制通史·宋》,法律出版社1999年版,第288~290页。

等方面在前代的基础之上产生了一些变化。宋太宗淳化二年（公元 991 年）设置"宫中审刑院"（审刑院），规定凡属上奏案件，皆由审刑院备案后交大理寺、刑部断复，之后须经审刑院详议并奏请皇帝裁决。审刑院的设立实质是削弱大理寺与刑部独立行使审判权，便于皇帝掌控司法机关。神宗元丰改制后，大理寺与刑部的职权、职官设置等才在一定程度上恢复并有所发展。

（1）**大理寺**

★宋初，大理寺负责审判，只决断地方上奏狱案，《宋史·职官志》载："大理寺谳天下奏案而不治狱。"因此，未设专制长官而由朝官兼任。宋神宗元丰元年（公元 1078 年）下诏"复置大理狱"，[1]大理寺的审判权恢复后，设大理卿一人为长官、大理少卿二人为副长官。大理卿总管折狱、详刑、鞫谳公事。大理少卿以下为左断刑、右治狱两个系统，"天下奏劾命官、将校及大辟囚以下以疑请谳者，隶左断刑，则司直、评事详断，丞议之，正审之。若在京百司事当推治，或特旨委勘及系官之物应追究者，隶右治狱，则丞专推鞫"。这实质上是"审"与"判"的分离。

（2）**刑部**

★刑部主要负责大理寺详断的全国死刑已决案件的复核及官员除免、叙复、昭雪等。神宗元丰三年（公元 1080 年），将审刑院并入刑部。改制后，刑部设尚书一人为长官、侍郎二人为副长官，尚书主管全国刑狱政令，侍郎与尚书共同负责制勘、体量、奏谳、纠察、录问等事。正副长官以下分设左右厅，"分厅治事，左以详复，右以叙雪"，[2]即左厅审核各路大辟帐状，右厅审核官吏犯罪案件，以达到"同僚异事"之功。

（3）**审刑院**

审刑院设于宋太宗淳化二年（公元 991 年），"上钦恤庶狱，虑大理、刑部吏舞文巧诋，己卯，置审刑院于禁中，以枢密直学士李昌龄知院事，兼置详议官六员。凡狱具上奏者，先由审刑院印讫，以付大理寺、刑部断覆以闻，乃下审刑院详议，申覆裁决讫，以付中书，当者即下之，其未允者，宰相复以闻，始命论决"[3]。审刑院即刑部之上的复审机构，并有一定的审判权，淳化四年（公元 993 年），"诏大理寺所详决案牍，即以送审刑院，勿复经刑部详覆"[4]。审刑院设知院事一人为长官。宋神宗元

[1]《宋会要辑稿·职官》。
[2]《文献通考·职官六》。
[3]《续资治通鉴长编》卷三二。
[4]《续资治通鉴长编》卷三四。

丰改制后,审刑院并入刑部。

(4)**御史台**

★宋代御史台的职能与机构设置与唐代相比变化不大,主要承担监察职能,《宋史·职官志》载:"御史台掌纠察官邪,肃正纲纪。大事则廷辨,小事则奏弹。其属有三院:一曰台院,侍御史隶焉;二曰殿院,殿中侍御史隶焉;三曰察院,监察御史隶焉。"同时兼有司法审判职能,主要是官员的重大犯罪案件、司法官员的受贿枉法案件以及地方司法机构不能决断的疑难案件。

2. 地方司法机构

宋代,地方司法机构分为路、州、县三级。淳化二年(公元991年),**各路设提点刑狱司**,宋真宗时改称提点刑狱公事,仁宗、神宗时称提刑司。

★提点刑狱司的性质为中央派出机构,主要职责是监察本路司法刑狱并有权劾奏州县行政长官。各州在行政长官之下设司理参军与司法参军,"司法参军掌议法断刑;司理参军掌讼狱勘鞫之事"〔1〕。司法参军与司理参军的分设实际上是"审"与"判"的分离,即"鞫谳分司"。各县行政长官亲理司法,应判处笞、杖刑的案件可直接判决并执行。

京畿司法机构从机构设置上也属于地方司法机构,但其职能与其他地方司法机构相比有所不同。北宋时期开封府作为京畿行政机构也承担司法职能,不仅审断京畿地区诉讼案件而且承旨审判一些大案要案,还要承旨审判的案件直接上奏皇帝,刑部、御史台无权过问。《文献通考·职官》载:"掌正畿甸之事。中都之狱讼皆受而听焉,小事则裁决,大事则禀奏,若承旨已断者,刑部、御史台无辄纠察。"

(二)诉讼与审判

1. 直诉

宋代规定依照审级逐级上诉,至尚书省仍未平断案件,可依次经登闻鼓院、登闻检院、理检院实封投状,《宋会要辑稿·职官》载:"初诣登闻鼓院,次检院,次理检院。"由皇帝指定官司重新审理。若登闻鼓院、登闻检院、理检院不予受理,可拦驾由军头引见司转奏。

登闻鼓院,简称鼓院。宋初设鼓司,真宗景德四年(公元1007年)改为登闻鼓院。向皇帝报告公私利害、朝政缺失、理雪冤案等,都可向登闻鼓院实封投状。若登

〔1〕《宋史·职官志》。

闻鼓院不受理,可向登闻检院进状。登闻检院,简称检院,宋初沿唐制设匦院,太宗雍熙元年(公元 984 年)改为登闻院,真宗景德四年(公元 1007 年)改为登闻检院。主要接收登闻鼓院不予受理的书状,《文献通考·职官》载:"未经鼓院者,检院不得收接。"理检院,初设于太宗淳化三年(公元 992 年),是初步理问向登闻鼓院、登闻检院所投状的机构,《宋会要辑稿·职官》载:"登闻院、鼓司,进状人有称冤滥沉屈者,即引送理检院审问。"未经登闻检院者,不予受理。若登闻鼓院、登闻检院、理检院皆不受理,当事人可拦驾告御状,由军头引见司询问后进奏皇帝。

★2. 翻异别勘

翻异别勘制度由"翻异"与"别勘"两部分组成,**"翻异"即犯人推翻原口供或犯人家属申诉冤情**,这是前提;**"别勘"即重新审理**,这是后果,重审又分为原审机关其他官员(非原审官员)重审与其他机关(非原审机关)重审。《续资治通鉴长编》载:"大辟或品官犯罪已结案,未录问,而罪人翻异,或其家属称冤者,听移司别推。若已录问而翻异称冤者,仍马递申提刑司审察。若事不可委本州者,差官别推。"发生于不同审级的"翻异",由不同机关"别推",《宋会要辑稿·刑法》载:"州狱翻异,则提刑司差官推勘;提刑司复翻异,则以次至转运、提举、安抚司。本路所差既遍,则又差邻路。"翻异别勘本质上是案件重审制度,具体来说,凡州县死刑案件或官员犯罪案件已结案,但未经本路提刑司录问,犯人推翻原口供或犯人家属申诉冤情,则移送提刑司重新审判;若已经本路提刑司录问,犯人推翻原口供或犯人家属申诉冤情,则由提刑司审察,该换审判官重审;若死刑犯行刑时发推翻原口供或申诉冤情,则由本路与该案无关之监司重审,或移送邻路提刑司审理。《宋刑统·断狱》中见有对翻异别勘次数的限制性规定:"应犯诸罪,临决称冤,已经三度断结,不在重推限。"但在实际执行中,翻异五次、七次的情况并不少见。作为重审制度,翻异别勘制度设立之初的意图自然是慎刑与保证案件裁断的公正,但多次翻异无可避免地对司法效率与司法公正带来了负面影响。

3. 时限

宋代诉讼中所见的时限分为两种:一是案件受理时限,二是案件审理时限。

案件受理时限,即法律规定诉讼受理机关受理诉讼的时间范围。人命、犯奸、斗殴等类似于现代法中"刑事诉讼"的案件不受受理时限的限制。《宋刑统·户婚》载:"诉田宅、婚姻、债负,起十月一日至三月三十日检校,以外不合。若先有文案,交相侵夺者,不在此例。"后附"起请":"所有论竞田宅、婚姻、债负(债负,谓法许征理者。)之类,取十月一日以后,许官司受理,至正月三十日住接词状,三月三十日以前断遣须毕,如未毕,具停滞刑狱事由闻奏。如是交相侵夺及诸般词讼,但不干田农人户者,所在官司随时受理断遣,不拘上件月日之限。"此为"务限法",受理期间为"务开",非受理期间为"入务"。"务限法"之设,意图在于保证农业生产与维护社会稳定。

案件审理时限,即法律规定司法机关必须审结案件的时间范围,宋代关于中央司法机构与地方司法机构的审理时限有不同的规定。宋太祖时,规定大理寺审判案件,大事限三十日,中事二十日,小事十日;刑部详复案件,大事限十五日,中事十日,小事五日;审刑院复核,大事不过十五日,中事十日,小事五日。宋太宗时,将大理寺审判时限改为大事二十五日,其他未变。[1] 地方司法机构,"诸道刑狱,大事限四十日,中事二十日,小事十日"。若超过时限,"日笞十下,三日加一等"[2]。关于大事、中事、小事,一般是以案件涉及钱财的"缗"数为单位进行划分的,二十缗以上为大事,十缗以上为中事,不满十缗为小事。

4. 理雪

判决生效后,犯人及其家属可依法逐级申诉。若属"断遣不当",从所属县开始申诉,经本州、转运司、提点刑狱司、尚书省、御史台、直到登闻鼓院、登闻检院,依次申诉。各级官司接到申诉后,必须在期限内组织无利害关系的官员详究案情,大案、要案要组成"推勘院"审理。原则上不得越级申诉,只有官司不予受理或已届时限但未决,方可向上一级官司申诉。"命官犯罪经断后,如有理雪者,在三年外更不施行。"

第二节　元代法制

一、立法体系

元代始终没有编成统一法典,定罪量刑基本上是以陆续颁发的文书为依据,这些文书,一部分是以诏制的形式,绝大部分是以条格和断例的形式颁行全国,都是一些因时立制、临时制宜的单行法规。元代统治者曾有过编纂制定法典的想法与尝试,但最终未成形,而代之以整理汇编前代格例的模式。

---

〔1〕 参见《文献通考·刑考五》。

〔2〕《宋会要辑稿·刑法》。

（一）建元前的立法

1. 习惯法与蒙古汗国时期的立法

成吉思汗建立蒙古汗国之前，蒙古部落是以原始习惯作为纠纷解决与部族治理的手段；蒙古汗国建立之后，原有习惯被集中宣布成为习惯法并开始了一些单行法律规范的制定与颁布，但内容仍非常简单。

公元11～12世纪，蒙古部落尚未统一。1203年，铁木真召集“忽邻勒塔”，即部落议事会，制定“札撒”，此时蒙古族尚无文字，“札撒”的内容只是对于原有习惯与禁忌的集中宣布；1205年，铁木真统一各蒙古部落，1206年召集“忽邻勒塔”（后逐渐转变为“国家”议事会），接受了“成吉思汗”的称号，“汗”已由部落首领转变为“君主”，蒙古汗国成立。1211年，成吉思汗接受金朝降将郭宝玉的建议：“建国之初，宜颁新令”，[1]制定并颁布了《条画五章》，成为元朝“一代法制之始”。[2] 其主要内容：“如出军不得妄杀；刑狱惟重罪处死，其余杂犯量情笞决；军户，蒙古、色目人每丁起一军，汉人有田四顷、人三丁者签一军；年十五以上成丁，六十破老，站户与军户同；民匠限地一顷；僧道无益于国、有损于民者悉行禁止之类：皆宝玉所陈也。”[3]1219年，成吉思汗下令编纂“大札撒”，“重新确定了训言、札撒和古来的体例”。[4]

2. 循用金律

蒙古汗国建立之后，成吉思汗和继任者逐步占领了金与西夏的领土，1227年，蒙古灭西夏，1234年，金国全境并入蒙古版图。此时元统治下的地区面临两个问题：首先，蒙古汗国建立之后，虽有一些立法活动，但内容仍比较疏漏；其次，原有的蒙古习惯法与初步的立法成果在这些区域不适用。因此，中原地区很长一段时间沿用金《泰和律义》。《元史·刑法志》载：“元兴，其初未有法守，百司断理狱讼，循用金律，颇伤严刻。”1260年，忽必烈在开平召集“忽邻勒塔”即汗位，参照《泰和律义》颁行了一些法律规范，但内容基本上是对《泰和律义》的全盘袭用。至元八年（公元1271年）以前，北方汉人刑名之事皆参照《泰和律义》定罪量刑。实际上，《泰和律义》的内容也非金人所创，其基本上是唐律的翻版，只是个别条款有所变化。因此，“循用金律”背后所反映的仍是中原法制传统进一步发挥作用。客观地说，

---

[1] 《元史·郭宝玉传》。

[2] 《金史·刑法志》。

[3] 《元史·郭宝玉传》。

[4] ［波斯］拉施特主编：《史集》（第1卷·第2册），余大钧、周建奇译，商务印书馆1983年版，第59页。转引自曾宪义主编：《中国法制史》，北京大学出版社2013年版，第203页。

“循用金律”在蒙古汗国时期直接巩固了蒙古政权对于中原地区的统治。

(二)建元后的立法

1.《至元新格》

至元八年(公元1271年)忽必烈改国号大元,下诏禁行《泰和律义》。至元二十八年(公元1291年),元代颁布了第一部法典《至元新格》。《元史·刑法志》载:“及世祖平宋,疆理混一,由是简除繁苛,始定新律,颁之有司,号曰《至元新格》。”《至元新格》全文久已亡佚,关于其内容,《元史·世祖本纪》载:“何荣祖以公规、治民、御盗、理财等十事缉为一书,名曰《至元新格》,命刻版颁行,使百司遵守。”作为元朝第一部制定法典,《至元新格》的历史意义不容忽视,但其内容过于疏漏,元代人苏天爵在《至元新格序》中说:“虽宏法大纲,不数千言。”

2.《风宪宏纲》和《大元通制》

由于《至元新格》内容过于简要,成宗即位后,于大德三年(公元1299年)命何荣祖更定律令。《元史·何荣祖传》载:“荣祖奉旨定《大德律令》,书成已久,至是乃得请于上,诏元老大臣聚听之。”但《大德律令》并未正式颁行。大德十一年(公元1307年),大臣上奏武宗:“臣等谓律令重事,未可轻议,请自世祖即位以来所行条格,校雠归一,遵而行之。”[1]延祐二年(公元1315年),仁宗“命李孟等类集累朝条格,俟成书,闻奏颁行”。[2]可以看出,元代在立法方面逐渐放弃了制定法典而转向编纂历代格例。“仁宗之时,又以格例条画有关于风纪者,类集成书,号曰《风宪宏纲》。”[3]

英宗至治三年(公元1323年)以《风宪宏纲》为基础,制定了《大元通制》。这是关于国家政制法程各部类单行法的汇编集。《大元通制》的立法意图在于督责各级官吏遵守国家政制法程,改变政令不一、同罪异罚的混乱现象。[4]《元史·孛术鲁翀传》载:“(孛术鲁翀)升右司员外郎,奉旨预修《大元通制》,书成,翀为之序。”关于《大元通制》的体例与基本内容,《元史·英宗本纪》载:“格例成定,凡二千五百三十九条,内断例七百一十七、条格千一百五十一、诏赦九十四、令类五百七十七,名曰《大元通制》,颁行天下。”

---

〔1〕《元史·武宗本纪》。

〔2〕《元史·仁宗本纪》。

〔3〕《元史·刑法志》。

〔4〕参见韩玉林主编:《中国法制通史·元》,法律出版社1999年版,第16页。

3.《元典章》

元政府在编纂《大元通制》的同时，还编纂了《大元圣政国朝典章》（简称《元典章》），这是元代地方官吏自行编制的法律汇编，由《前集》和《新集》组成，分别于延祐七年（公元1320年）、至治三年（公元1323年）刊布。《元典章》体例上仿照《唐六典》而编纂的元朝法令制度大全，汇集了至元以来直至英宗至治三年（公元1323年）有关的政治、经济、军事、法律以及圣旨、条画等诸方面内容。《元典章》以吏、户、礼、兵、刑、工六部分篇为体例编纂。《元典章·前集》除六部外，还有诏令、圣政、朝纲、台纲等篇目，共计十大类；《元典章·新集》除六部外，还有国典、朝纲等篇目，共计八大类。这一编纂体例对后世法典编纂产生了直接影响。

4.《经世大典》和《至正条格》

天历二年（公元1329年），元文宗下令采辑本朝典故，仿照唐宋《会要》体例编辑政书。至顺二年（公元1331年），《皇朝经世大典》（简称《经世大典》）编成，体例方面沿袭了《元典章》，内容方面也与《元典章》和《大元通制》相同并有所增加。至正六年（公元1346年）元政府又颁布了《至正条格》，性质与《大元通制》相同。

（三）元代的法律形式

关于元代的法律形式，有两个需要说明的问题：首先，此处探讨法律形式，主要限定于建元之后，建元前的札撒及沿用前朝旧律不在其中；其次，元代并没有统一的制定法典，因此，法律形式的沿革方面与秦汉至隋唐的发展演变趋势呈现比较明显的差异。

《元史·刑法志》载："至英宗时，复命宰执儒臣取前书而加损益焉，书成，号曰《大元通制》。其书之大纲有三：一曰诏制，二曰条格，三曰断例。凡诏制为条九十有四，条格为条一千一百五十有一，断例为条七百十有七，大概纂集世祖以来法制事例而已。"又《大元通制序》："其宏纲有三：曰制诏，曰条格，曰断例。经纬乎格例之间，非外远职守所急，亦汇辑之，名曰别类。"从中我们可以看出，诏制、条格与断例是元代法律体系的主要组成部分。

诏制相当于宋代的敕，《新元史·刑法志》载："诏制，则不依格例而裁之，自上者也。"但元代发布诏制的数量与频率远不及宋代。

条格的基本内容与唐宋时期的令、格、式相似，是将原属令制及格、式的规范内容分拣、斟酌并厘定等第，集中汇编予以刊布。既然条格的内容原属令、格、式，那么，这些内容便没有刑罚处罚的条款。

断例有两种含义：一是"断案通例"或"科断通例"；二是"断案事例"或"科断事

例”。就内容来看,前者之“通例”自然是相当于隋唐时期的律与《宋刑统》之内容;后者之“事例”则是案例或判例。但不论“通例”或“事例”,所依据的内容都是前代旧律,或可直接说是沿袭了隋唐律与《宋刑统》的金《泰和律义》。不同之处在于:直接依据旧法断案、科断就是“通例”;依据旧法断案后形成了典型判例,以之作为相似案件定罪量刑的标准就是“事例”。既然是以旧律为基础,断例的主要内容就是刑罚处罚。

由此可知,元代法律形式与法律体系虽与前代差别明显,但这种差别主要是表现形式方面的,至于其内容,仍是以沿袭前代为基础,“其于古律,暗用而明不用,名废而实不废”〔1〕。

二、刑事法制

(一)刑罚制度

蒙古汗国时期,包括刑罚在内的法律制度皆有明显的游牧民族法印记,建元之后元习惯法与汉法逐渐融合,刑罚制度在沿袭前代五刑体系的基础之上主要变化表现于刑等方面,《元史·刑法志》载:

其五刑之目:凡七下至五十七,谓之笞刑;凡六十七至一百七,谓之杖刑;其徒法,年数杖数,相附丽为加减,盐徒盗贼既决而又镣之;流则南人迁于辽阳迤北之地,北人迁于南方湖广之乡;死刑,则有斩而无绞,恶逆之极者,又有凌迟处死之法焉。

元代刑罚体系主要刑种仍为笞、杖、徒、流、死五刑,笞刑为七、十七、二十七、三十七、四十七、五十七,共计六等,比原来多出一等;杖刑仍为五等,但具体杖数有所变化,分别为六十七、七十七、八十七、九十七、一百七;徒刑自一年至三年,共计五等,这与前代相同,但五等徒刑分别加杖五等杖刑;流刑南北互迁,“流则南人迁于辽阳迤北之地,北人迁于南方湖广之乡”;死刑仅有斩刑,除此之外还附有凌迟。

(二)定罪量刑:蒙汉异法

元代司法案件的管辖与受理方面蒙汉有别,《元史·刑法志》载:“诸蒙古人居官犯法论罪既定,必择蒙古官断之,行杖亦如之。诸四怯薛及诸王、驸马、蒙古、色目之人,犯奸盗诈伪,从大宗正府治之。”具体案件的处断方面,不同民族亦有极大差别,如元代对于窃盗犯有刺字之制,《元史·刑法志》载:“诸窃盗初犯,刺左臂,谓已得财者。再犯刺右臂,三犯刺项。”但蒙古人、妇人不适用刺字,“其蒙古人有犯,及

〔1〕(元)吴澄:《〈大元通制〉条例纲目后序》。

妇人犯者,不在刺字之例”。若司法官员将蒙古人刺字则要受到处罚,“诸审囚官强愎自用,辄将蒙古人刺字者,杖七十七,除名,将已刺字去之”[1]。

蒙汉相犯的情况,法律的差别化处理体现的更为清晰,《元史·刑法志》载:“诸杀人者死,仍于家属征烧埋银五十两给苦主,无银者征中统钞一十锭,会赦免罪者倍之。”杀人者死是古代处断一般人命案件的基本规则,若汉人杀死蒙古人自然是按照这一基本规则定罪量刑,“诸蒙古人因争及乘醉殴死汉人者,断罚出征,并全征烧埋银”。蒙古人殴死汉人烧埋银照常征收,但不必偿命,这可能受到了游牧民族习惯法的影响。另外,《元典章·刑部六》的记载中见有至元二十年(公元1283年)二月所规定“蒙古人打汉人不得还”的内容:“近为怯薛歹蒙古人员,各处百姓不肯应副吃的,不与安下房子,劄付兵部,遍行合属,依上应副去讫。今又体知得:各处百姓,依前不肯应副吃的粥饭、安下房舍,致有相争,中间引惹事端,至甚不便。仰遍行合属,叮咛省谕府、州、司、县村坊道店人民,今后遇有怯薛歹蒙古人员经过去处,依理应副粥饭、宿顿安下房舍,毋致相争。如蒙古人员殴打汉儿人,不得还报,指立证见,于所在官司赴诉。如有违犯之人,严行断罪。”汉人必须为过路蒙古人提供食宿,若因此产生争执,蒙古人殴打汉人时,汉人不得还击,只能“指立证见”告诉官司;汉人殴打蒙古人则要予以处罚。

★凡此种种都体现了元代所采取的民族政策,即元代四等人制度。元代统治者将百姓划分为四等:蒙古族为最优等级,早先被征服的西域民族即色目人为第二等,长江以北的汉人、契丹人、渤海人和女真人为第三等,原先南宋统治的百姓即南人为第四等。

三、司法制度

(一)司法机构

1. 中央司法机构

元代司法机构的设置在前代基础上有比较大的变化,最明显的是撤销大理寺,其他司法机构的职能也有相应变化。同时,中央司法机构长官皆由蒙古贵族担任,体现了少数民族政权的鲜明特点。

(1)大宗正府

元代大宗正府性质为中央司法审判机构,《元史·百官志》载:“大宗正府,秩从

---

[1] 《元史·刑法志》。

一品。国初未有官制,首置断事官,曰札鲁忽赤,会决庶务。”其中“会决庶务”为一般职能,主要司法职掌为:“凡诸王驸马投下蒙古、色目人等,应犯一切公事,及汉人奸盗诈伪、蛊毒厌魅、诱掠逃驱、轻重罪囚,及边远出征官吏、每岁从驾分司上都存留住冬诸事,悉掌之。”其职掌范围也不断变化,至元九年(公元1272年),“止理蒙古公事”;泰定元年(公元1324年),又兼理汉人刑名;致和元年(公元1328年),“以上都、大都所属蒙古人并怯薛军站色目与汉人相犯者,归宗正府处断,其余路府州县汉人、蒙古、色目词讼,悉归有司刑部掌管”。大宗正府独立于刑部,又不受御史台监察,其机构设置与性质表现出鲜明的民族特征。

(2)刑部

元代的刑部为中书省下设机构,刑部尚书、侍郎为刑部正副长官,“掌天下刑名法律之政令。凡大辟之按覆,系囚之详谳,孥收产没之籍,捕获功赏之式,冤讼疑罪之辨,狱具之制度,律令之拟议,悉以任之”[1]。由此可见,元初,刑部在职能、机构设置等方面与前代变化不大,主要职掌在押未决犯与疑难案件之详审、死刑案件与疑难案件之复核等。元中期,刑部在机构设置方面有所变化,《元史·百官志》载:

> 世祖中统元年,以兵、刑、工为右三部,置尚书二员,侍郎二员,郎中五员,员外郎五员。以郎中、员外郎各一员,专署刑部。至元元年,析置工部,而兵刑仍为一部。尚书四员,侍郎仍二员,郎中四员,员外郎置五员。三年,复为右三部。七年,始别置刑部。尚书一员,侍郎一员,郎中一员,员外郎二员。八年,改为兵刑部。十三年,又为刑部。

在司法职能方面,皇庆元年(公元1312年)汉人刑名等事一度归属刑部,但泰定元年(公元1324年)又由大宗正府兼理;致和元年(公元1328年),上都、大都之外的其余路府州县汉人、蒙古、色目词讼,皆归由司刑部掌管。

(3)御史台

元代御史台仍为中央监察机构,御史大夫、御史中丞分别为正副长官,机构与人员设置基本仿唐宋旧制,主要职责为“掌纠察百官善恶、政治得失”[2]。元代御史台在中央机构中的地位较之前代为重,首先,御史大夫品级比同为中央司法机构长官的刑部尚书高;其次,作为中央三大执事衙门之一,御史台对于最高军事机构枢密院、中央政务机构中书省有直接的监察权,“其总政务者曰中书省,秉兵柄者曰

[1] 《元史·百官志》。
[2] 同上注。

枢密院，司黜陟者曰御史台”[1]。

(4)宣政院

宣政院最初是中央管理佛教事务与吐蕃地方事务的机构，《元史·百官志》载："宣政院，秩从一品，掌释教僧徒及吐蕃之境而隶治之。”至元初年名称为“总制院”，至元二十五年(公元1288年)，“因唐制吐蕃来朝见于宣政殿之故，更名宣政院”。宣政院为元代中央宗教管理与宗教审判机构，有权直接参与涉及僧侣的诉讼，各地涉及僧侣的奸盗、诈伪、人命等重大案件虽由地方官吏审理后上报宣政院；其他有关僧侣的刑民案件由寺院主持僧人审问，地方官吏不得擅断；僧侣之间的纠纷，由地方长官与有关寺院主持僧会同审理。

2. 地方司法机构

元代地方司法仍由路、州、府、县各级行政机关及其长官兼理。各级行政机关皆设札鲁忽赤为监临官，同时兼理各级司法审判。地方各级管辖权限，《元典章·刑部》载："诸杖罪，五十七以下，司、县断决；八十七以下，散府、州、军断决；一百七以下，宣慰司、总管府断决。配流、死罪，依例勘审完备，申关刑部待报。申扎鲁火赤者亦同。”

(二)诉讼与审判

1. 诉讼

根据《元史·刑法志》以及《元典章·刑部》的记载，元代“诉讼”一事在法律体系中独立成篇。这在前代法制的基础之上应当是比较明显的进步与发展。从《元史·刑法志》来看，“诉讼”主要包括告诉、代诉、越诉、诬告、书状、听讼、告事、问事、原告、被告、刑狱等内容。具体而言，主要有两方面的发展：一是民间田土、钱债、户婚等事与刑狱之事逐渐有所界分；二是对于诉讼的主体、程序、文书格式等内容有了越来越细致的规定。

2. 代诉

代诉制度是元代诉讼中比较有特色的制度，“代诉”即代为诉讼，史料所见有两种情况：老废笃疾代诉与闲居官代诉。《元史·刑法志》载：

诸老废笃疾，事须争诉，止令同属亲属深知本末者代之。若谋反大逆，子孙不孝，为同居所侵侮，必须自陈者听。诸致仕得代官，不得已与齐民讼，许其亲属家人代诉，所司毋侵挠之。诸妇人辄代男子告辨争讼者，禁之。若果寡居，及虽有子男，

[1]《元史·百官志》。

为他故所妨,事须争讼者,不在禁例。

老废笃疾代诉即"七十以上,十五以下,废笃疾,法度不合加刑者",也就是我们今天所说的限制诉讼能力或者无诉讼能力之人,此类人不得自为诉讼,但可由少壮丁人等完全诉讼能力人代为诉讼。此制之设,出于两方面的考虑:一是保障老废笃疾之人的合法权益,二是限制老废笃疾之人倚仗特殊身份肆意诬告、枉告。[1] 闲居官代诉即"致仕,得代官",若遇有"争讼田土、婚姻、钱债等事",可由家人代诉。妇女不得代他人诉讼,因为妇女本身也不得自己参加诉讼;佃客不得代主人诉讼。

3. 回避

元代法律还规定了司法官员的回避制度,若案件涉及亲嫌或司法官员为被告,涉案官员必须回避。亲嫌回避,主要是指司法官员的有服亲属、有服亲属的婚姻之家以及曾授业师,或者与司法官员曾有仇嫌之人为案件利害关系人,涉案官员必须回避;所告官员回避,包括"凡言告官吏不公之人所犯,被告官吏理宜回避"[2],也包括曾经诉官吏有罪,被诉官吏应当回避。

第三节 辽金西夏法制简介

辽太祖耶律阿保机于后梁贞明二年(公元 916 年)建契丹国,王朝体制皆仿汉制,大同元年(公元 947 年),辽太宗耶律德光改国号为辽。天祚帝保大五年(公元 1125 年),金灭辽。关于辽的法制状况及其发展,《辽史·刑法志》载:

太祖初年,庶事草创,犯罪者量轻重决之……神册六年,克定诸夷,上谓侍臣曰:"凡国家庶务,巨细各殊,若宪度不明,则何以为治,群下亦何由知禁?"乃诏大臣定治契丹及诸夷之法,汉人则断以《律令》,仍置钏院以达民冤。至太宗时,治渤海人一依汉法,余无改焉。

作为少数民族政权,辽建国之初在法制方面仍保留着非常明显的民族色彩,专门制定"契丹及诸夷之法",对待汉人则依照《律令》,即唐宋旧法。从历史发展规律来看,少数民族政权在经历了建国之初的稳定与初步发展之后,借鉴乃至袭用汉法

[1] 法律对于诬告与告诉不实规定了处罚,但老废笃疾之人在刑罚适用方面具有优待,代诉制度正是从这个角度出发限制了老废笃疾之人倚仗特殊身份诬告、枉告。

[2] 《元典章·刑部》。

是其无法越过的发展阶段。太宗时,唐律旧法的适用范围开始扩大,“治渤海人一依汉法”。圣宗即位后,大量翻译唐宋律令,开始全面学习汉法,同时规定,契丹人犯重罪,仍以汉法处罚,“先是,契丹及汉人相殴致死,其法轻重不均,至是一等科之。统和十二年,诏契丹人犯十恶,亦断以《律》”[1]。契丹贵族的司法特权也被逐渐废除,太平六年(公元1026年)下诏曰:“若贵贱异法,则怨必生。夫小民犯罪,必不能动有司以达于,惟内族、外戚多恃恩行贿,以图苟免,如是则法废矣。自今贵戚以事被告,不以事之大小,并令所在官司按问,具申北、南院覆问得实以闻;其不按辄申,及受请托为奏言者,以本犯人罪罪之。”并进一步修正法律中“轻重失中”的内容,“七年,诏中外大臣曰:‘《制条》中有遗阙及轻重失中者,其条上之,议增改焉。’”[2]法制方面有了一定的积累之后,编纂新法就是新建政权的中心任务,兴宗重熙五年(公元1036年),《新定条制》(或称《重熙新定条制》)修成,“诏有司凡朝日执之,仍颁行诸道”。《新定条制》的内容“盖纂修太祖以来法令,参以古制。其刑有死、流、杖及三等之徒,而五凡、五百四十七条”[3]。其所参照的“古制”即唐律律令,从刑罚具体内容以及条文数来看,也能发现于唐律及《宋刑统》没有实质变化。道宗时期,对《新定条制》进行了修订,“(咸雍)六年,帝以契丹、汉人风俗不同,国法不可异施,于是命惕隐苏、枢密使乙辛等更定《条制》。凡合于《律令》者,具载之;其不合者,别存之”。修订的具体内容:“时校定官即重熙旧制,更窃盗赃二十五贯处死一条,增至五十贯处死;又删其重复者二条,为五百四十五条;取《律》一百七十三条,又创增七十一条,凡七百八十九条,增重编者至千余条。皆分类列。以大康间所定,复以《律》及《条例》参校,续增三十六条。其后因事续校,至大安三年止,又增六十七条。”[4]最终形成了《重修条制》(或称《咸雍重修条制》)七百八十九条。

宋徽宗政和五年(公元1115年),女真族首领完颜阿骨打建国,国号大金,是为金太祖。大金政权共存续120年,天兴三年(公元1234年),蒙古灭金。虽然大金与辽同为少数民族政权,但建国之初,法制方面保留本民族的色彩远重于辽,基本上仍沿用本民族习惯法,甚至在原辽属政权统治区域废除了已汉化的“辽法”。《金史·卷四十五志第二十六刑》载:“金初,法制简易,无轻重贵贱之别,刑、赎并行。”

---

〔1〕《辽史·刑法志》。
〔2〕同上注。
〔3〕同上注。
〔4〕同上注。

其所实行的习惯法:“金国旧俗,轻罪笞以柳篸,杀人及盗劫者,击其脑杀之,没其家赀,以十之四入官,其六偿主,并以家人为奴婢。”与辽政权一样,法制汉化是少数民族政权巩固统治的必经之路,我们自《金史·刑法志》的记载中非常清晰地看到长期立法过程中明确的宗旨是:“以本朝旧制,兼采隋、唐之制,参辽、宋之法。”“天会以来,渐从吏议,皇统颁制,兼用古律。厥后,正隆又有《续降制书》。大定有《权宜条理》,有《重修制条》。明昌之世,《律义》《敕条》并修,品式当浸备。既而《泰和律义》成书,宜无遗憾。”《泰和律义》是金代法制形式及内容方面完全汉化的成果,也在金代法制发展过程中产生了非常重要的影响,并对元初法制产生了直接影响。自金代法制的内容中,我们能看到金代法制汉化的程度:

十二月,所修律成,凡十有二篇:一曰《名例》,二曰《卫禁》,三曰《职制》,四曰《户婚》,五曰《厩库》,六曰《擅兴》,七曰《贼盗》,八曰《斗讼》,九曰《诈伪》,十曰《杂律》,十一曰《捕亡》,十二曰《断狱》。实《唐律》也,但加赎铜皆倍之,增徒至四年、五年为七,削不宜于时者四十七条,增时用之制百四十九条,因而略有所损益者二百八十有二条,余百二十六条皆从其旧。又加以分其一为二、分其一为四者六条,凡五百六十三条,为三十卷,附注以明其事,疏义以释其疑,名曰《泰和律义》。自《官品令》、《职员令》之下,曰《祠令》四十八条,《户令》六十六条,《学令》十一条,《选举令》八十三条,《封爵令》九条、《封赠令》十条,《宫卫令》十条,《军防令》二十五条,《仪制令》二十三条,《衣服令》十条,《公式令》五十八条,《禄令》十七条,《仓库令》七条,《厩牧令》十二条,《田令》十七条,《赋役令》二十三条,《关市令》十三条,《捕亡令》二十条,《赏令》二十五条,《医疾令》五条,《假宁令》十四条,《狱官令》百有六条,《杂令》四十九条,《释道令》十条,《营缮令》十三条,《河防令》十一条,《服制令》十一条,附以年月之制,曰《律令》二十卷。又定《制敕》九十五条,《榷货》八十五条,《蕃部》三十九条,曰《新定敕条》三卷,《六部格式》三十卷。司空襄以进,诏以明年五月颁行之。

泰和元年(公元1201年),最终修成《泰和律义》《泰和令》《六部格式》《新定敕条》,虽然内容不存,但从《金史·刑法志》的记载中,我们可以看到其完全袭用唐宋旧制,变化非常小。

北宋宝元元年(公元1038年),党项族李元昊建国,国号大夏,年号天授礼法延祚。夏与宋、辽、金政权在很长一段时期鼎足而立,夏位于宋政权以西,宋称之为西夏。西夏政权存续190年,公元1227年,被蒙古所灭。西夏建国前没有制定法的传统,《旧唐书·党项羌传》载:“俗尚武,无法令赋役……不事产业,好为盗窃,互相凌劫。尤重复仇,若仇人未得,必蓬头垢面跣足蔬食,要斩仇人而后复常。”世代沿袭的习惯在部族治理中长期发挥着主要作用。建国后,西夏就开始修订、编纂法典,与其他少数民族政权一样,这种立法活动是以全面学习汉法为基础的。20 世纪,黑水城发现天盛年间(1149～1169 年)颁行的《天盛改旧新定律令》(亦称《天盛律令》),根据名称判断,应当是在不断修订前法的基础上颁布的。就其内容来看,《天盛律令》是沿袭唐律与《宋刑统》的产物,但也融合了本民族的生活习惯。[1]

---

〔1〕关于《天盛律令》的基本内容及其与《唐律疏议》《宋刑统》的关系,参见邵方:《西夏法制研究》,人民出版社 2009 年版,“第二章　西夏法典的制定、主要内容及编纂体例”。

第九章　明代法律

教学目标

理解明代的法律思想与制度的主要内容，掌握《大明律》、条例与则例等立法以及明刑弼教、“重其所重，轻其所轻”之立法思想与刑罚原则，熟悉明代的罪名与刑罚以及刑部、大理寺、都察院、提刑按察使司、廷杖与厂卫等司法制度。

推荐参考资料

1. 杨一凡：《明代立法研究》，中国社会科学出版社 2013 年版；
2. 杨一凡：《明大诰研究》，江苏人民出版社 1988 年版；
3. 苏亦工：《明清律典与条例》，中国政法大学出版社 2000 年版。

元明易代之后建立的政权，被钱穆先生称为“传统政治复兴下之君主独裁”。这个概括较为显著地指出明代以降的政治特点：其一，为传统政治的复兴；其二，为在此基础之上的君主独裁。传统政治的复兴是相对于宋元鼎革而言，明太祖朱元璋对传统中国政治制度之再造；君主独裁是传统政治于此时之“恶化”，其主因便是洪武废相。[1] 明代虽有不闻政事如神宗者，但总有人借助这一独裁制度而滥权。了解明代以降法制诸问题，必须先对此两点有所认识。

〔1〕 钱穆：《国史大纲》（下册），商务印书馆 2010 年版，第 663 页。

第一节　立法概况

一、“重典治国”与“明刑弼教”

明初统治集团总结元亡之教训，认为其纲纪废弛、吏治腐败，尤其是法律过于宽缓且异常复杂，都是重要原因，因此提出了“法贵简严”以倡导“重典治国”。“简”与“严”是相对前代法制的“繁”与“宽”而言，唐宋时代的“用法务必在宽简”原则及元代繁杂多端的法律制度，在统治者看来无法应对元末以来盗贼多起的严峻形势，天下初定之时朱元璋审时度势，旋即提出“吾治乱世，刑不得不重”〔1〕的立法指导思想。

“重典治国”思想源自《周礼・秋官・大司寇》中的“刑罚世轻世重”理念，即“刑新国用轻典，刑平国用中典，刑乱国用重典”。在南征北伐及定鼎建国的过程中，连年的战争破坏使社会经济凋敝、人民生活穷困，各地农民的反抗活动此起彼伏，起义军内部也存在激烈斗争，洪武开国之后社会矛盾仍然尖锐，功臣宿将倚仗军功违法乱纪、贪污腐化，统治阶层内部各派势力争权夺利、互相倾轧，北元残余势力不断南下骚扰，倭寇在东南沿海侵占猖獗，将此时视为“乱世”并不为过。

“重典治国”包括两个方面的内容，首先是重典“治吏”。元末吏治腐败，激起大规模民变，朱元璋对此认识深刻。他曾说：“所畏者天，所惧者民。苟所为一有不当，上违天意，下失民心”，〔2〕并意识到：“不禁贪暴，则民无以遂其生”，〔3〕“此弊不革，欲成善治，终不可得”〔4〕。其即位后，便大力整肃吏治，严惩贪腐。他认为：“吏治之弊，莫甚于贪墨，而庸鄙者次之。”〔5〕因此，明初对贪污行为的处刑尤重。洪武九年（公元1376年）空印案，逮捕数百官吏，洪武十八年（公元1385年）郭桓案，户部仓粮亏空七百多万石，株连户部侍郎郭桓及以下官员数万人下狱，甚至以“剥皮揎草”等极端酷刑来对官员进行警示，无不体现当时重典治吏的决心，却也留下“奈何朝杀而暮犯”之悲叹。此外，为维护统治阶层内部秩序，明初政治大案屡发，大量

〔1〕《明史・刑法志》。
〔2〕《明太祖实录》卷三二，洪武元年七月辛巳。
〔3〕《明太祖实录》卷二九，洪武元年正月乙酉。
〔4〕《明太祖实录》卷六九，洪武四年十一月庚申。
〔5〕《明太祖实录》卷一四八，洪武十五年九月癸亥。

官员遭到屠戮。洪武十三年(公元1380年)左丞相胡惟庸谋反案,先后杀戮近三万人,洪武二十六年(公元1393年)大将蓝玉谋反案,被杀者约有一万五千人。“重典治国”还有一个方面内容当然是重典“治民”,即严厉镇压一切民间犯上作乱行为,维护以皇权为核心的一整套社会统治秩序。明初农民起义不断,是对明朝统治的严重威胁,用严刑峻法以镇压也是不得已而为之。

值得指出的是,当明初社会形势趋于稳定后,朱元璋及时调整了刑事政策。虽然洪武三十年制定的《大明律》比唐宋法律苛重,但相比明初各项律令措施还是要轻缓得多。

★在明初奉行“重典治国”的背后,实际上是思想学术领域对礼刑关系认识上的一种转变,即由“德主刑辅”到“**明刑弼教**”的演进。“明刑弼教”一词始见于《尚书·大禹谟》中“明于五刑,以弼五教”。“德主刑辅”中德为刑之纲,刑受德之束,刑始终处于次要地位,其辅助作用较为明显,从字面观之,“明刑弼教”本与“德主刑辅”意义相差不大。宋代以后,尤其是经过朱熹的新阐释,“明刑弼教”被赋予了与“德主刑辅”相异的意涵。

他提高了刑的地位,认为“礼字、法字,实理字”,[1]礼、法均为理的体现,二者同等重要,不可偏废。他强调刑与教的实施“或先或后”,“或缓或急”,刑不再是居于“德主刑辅”中从属、次要的地位。在这个意义上讲,“刑”与“教”是一体两面,刑应该是“德”的体现。“德主刑辅”的说法仍将德与刑对立区分,而“明刑弼教”则将二者合二为一,将礼刑关系阐发至此,对后世明清两代法律实施的方法、发展方向以及发挥的社会作用都产生了深刻影响。

因为“明刑弼教”理论可使统治者根据形势与本身利益的需要,在刑罚与教化两方面双管齐下,所以它被朱元璋视为“重典治国”之重要理据,他将理论与实践结合,把此原则推向了新的高度。“重典治国”在“明刑弼教”作为其理论基础的前提下,实质上完成了与“明刑弼教”相统一,成为明初立法与司法的指导思想。

二、明代基本立法活动与成就

(一)吴元年创制律令

元末法制“条格繁冗”“其害不胜”,因此,在吴元年(公元1367年)10月,朱元璋就命李善长等人创制律令,到12月“律令成,命颁行之”,承袭传统中国运行已久

---

〔1〕 (宋)朱熹:《朱文公文集》卷四八,“答吕子约”。

的“律令法体系”。[1] 吴元年律令的内容虽依唐代规范取舍编订,但其篇章结构却摆脱了前代法律之窠臼,沿周礼及唐六典至元典章的六部格局安排,名例律之下依次为吏律、户律、礼律、兵律、刑律、工律,令也分吏令、户令、礼令、兵令、刑令、工令,这是明代法律规范体系的先声。

吴元年律的篇章结构之调整,恰好符合前述宋儒对“明刑弼教”思想的新阐释,刑作为礼教的载体,其呈现的结构理应与周礼保持一致。随后制定的明律以及清代所作律例之六部分类,并非表面上与朝廷之六部相对应,本质上应为礼教圭臬之必然要求。这一律典篇章结构的改变,背后反映出的是人们对于礼刑关系的新认知与新应用,对传统中国后期立法产生了重要影响。

(二)《大明律》

★《大明律》是明初最重要的立法,从吴元年律草创,历经洪武七年(公元1374年)律、二十二年(公元1389年)律等多个版本,终至洪武三十年(公元1397年)律定型,共历时三十年。

吴元年的立法修律活动奠定了《大明律》的基本雏形。自洪武元年(公元1368年)始,朱元璋命儒臣四人与刑官日进唐律20条,并不厌其烦地与之讨论各条得失,精选可供明律使用的条文,修改轻重失宜的内容,以立定新律。洪武六年(公元1373年),诏刑部尚书刘惟谦详定大明律,七年二月书成,此律一准于唐,共分12篇,606条。

《明史·刑法志》载,洪武九年“厘正十有三条”,洪武十六年“命尚书开济定诈伪律条”,至洪武二十二年,朱元璋在大规模惩治贪赃和诛戮反逆的政治风暴后更定《大明律》时,其结构已经改为“名例律”冠于篇首,统摄吏、户、礼、兵、刑、工六律,共30卷,460条之格局。由明人何广所著《律解辩疑》书中记载洪武十八九年间行用的明律可知,明律在洪武二十二年更定之前,即已形成六部分目,30卷460条之结构,并非洪武二十二年修律的一日之功。

洪武三十年,在对洪武二十二年律进一步修订的基础上,一部“日久而虑精”的律典终于定型,同年五月颁行天下。洪武三十年律为30卷,460条。其中,《名例律》1卷,47条;《吏律》2卷,33条,包括职制类15条,公式类18条;《户律》7卷,95条,包括户役类15条,田宅类11条,婚姻类18条,仓库类24条,课程类19条,钱债类3条,市廛类5条;《礼律》2卷,26条,包括祭祀类6条,仪制类20条;《兵律》5

---

[1] 关于“律令法体系”,参见张建国:《中国律令法体系概论》,载张建国:《帝制时代的中国法》,法律出版社1999年版,第3~17页。

卷,75 条,包括宫卫类 19 条,军政类 20 条,关津类 7 条,厩牧类 11 条,邮驿类 18 条;《刑律》11 卷,171 条,包括贼盗类 28 条,人命类 20 条,斗殴类 22 条,骂詈类 8 条,诉讼类 12 条,受赃类 11 条,诈伪类 12 条,犯奸类 10 条,杂犯类 11 条,捕亡类 8 条,断狱类 29 条;《工律》2 卷,13 条,包括营造类 9 条,河防类 4 条。

朱元璋在《大明律》颁行之后下令子孙守之,群臣有稍议更改,即坐以变乱祖制之罪。《大明律》自颁行之日起到明末,除万历十三年合刻颁行《大明律附例》时改动 55 字外,这 460 条律文作为明朝基本法律的地位一直未曾动摇。《大明律》不仅在明代始终稳定有效,而且直接为清代所继承,其影响更是远及东亚诸国。如朝鲜直接援用《大明律》,日本《在中御条目》《御刑法草书》等都以《大明律》为准据,安南的法典中许多规定也取自《大明律》。《大明律》成为继《唐律疏议》之后中华法系的又一代表。

(三)《大明令》

自吴元年朱元璋下令制定律令始,令典就是明朝的一部重要法律规范,与律典并行。修令完成于明朝建立以后,因此称为《大明令》。《大明令》也按六部分目,有《吏令》20 条、《户令》24 条、《礼令》17 条、《兵令》11 条、《刑令》71 条、《工令》2 条,共 145 条。

《大明令》是中国历史上最后一部以“令”为名的法典,也是唯一一部完整保存至今的令典。它对明朝的基本制度、诸司职掌和司法原则等方面作了较为全面的规定。在洪武三十年修律时,《大明令》中数种条文被吸收并加以修改,没有被吸收的条文仍然独自保留其法律效力直至明代后期。

(四)大诰

大诰作为一种文体,源自《尚书·大诰》,原是周公东征殷顽民时对臣民的训诫。朱元璋以明初乱世“民不从教”为口实,决定以重典惩治奸顽。他仿周公发布训诫的方式,将自己发布的特别文告与亲自审理的案件整理汇编起来,制作为大诰四编,即《御制大诰》74 条,《御制大诰续编》87 条,《御制大诰三编》43 条,《大诰武臣》32 条,共 236 条,陆续颁布于洪武十八年(公元 1385 年)至二十年间。

大诰在内容上涉及极广,处罚原则比明律普遍加重。在言语表达上,由于明大诰是朱元璋直述其事,儒臣很少润色,因此口语化色彩浓烈。为抬高大诰的地位和达到普及化的目的,大诰中特别规定:“一切官民诸色人等,户户有此一本(大诰),

若犯笞杖徒流罪名,(有大诰者)每减一等;无者每加一等。”[1]并且,在科举考试中也列入大诰的内容。洪武三十年颁布明律时,将大诰条目36条附载于律。据研究,“明太祖朱元璋亲自编纂的《大诰》峻令,盛行于洪武,延续于永乐,至洪熙、宣德时已被搁置不用”[2]。

★(五)条例与则例

明代的条例,是指司法部门根据案例拟定的条文化的单行法规,经皇帝批准而颁布施行。它与律的区别在于“律者万世之常法,例者一时之权宜”。由于太祖颁行《大明律》时,认为其已尽善尽美,禁止子孙对其进行修改,而社会不断发展变化,法律无法满足治理需要,因此,在朱元璋统治后期就已经开始制订这些适应新的社会环境的条例,以弥补“永恒不变”之律的不足。从成祖至孝宗的近百年中,各朝为求法制统一,每一位皇帝即位后,便宣布将前朝的条例一概革去,重新编订,导致条例纷乱复杂,适用困难。至明孝宗弘治十三年(公元1500年),经九卿集议,将经久可行的条例297条编为《问刑条例》,与《大明律》并用。

弘治朝《问刑条例》在弘治、正德、嘉靖三朝使用达50年之久。嘉靖二十九年(公元1550年)将其修订为376条,使用35年。至万历十三年(公元1585年)再次修订为382条,附于《大明律》相关条文之后,正式确立了律例合编的法典编纂体系。《问刑条例》是明代中后期最重要的刑事立法,经过精心修订,整齐划一的《问刑条例》发挥了“以例补律”“以例辅律”的作用。当然,也不可避免地出现了诸如“舍律用例”的情形。万历朝将条例附于相关律文之后的编纂方式,为后来的清朝所继承,形成了法典编纂的新体例。

则例是经法定程序,删定编次先例并经统治者确定的准则,始于唐、五代时期,后被宋、元沿用,而为明代所广泛应用,主要涉及钱粮收支相关的法律准则,还应用于行政、司法系统,起到补充制定法的作用。而清代则例,以单行法规形式编纂和颁布,主要涉及中央国家机关活动和国家重大事务管理的规则。

(六)会典

明代的典章汇编称为“会典”,具有“会要”与“典章”之义,首部会典即称“本朝沿用周制”,可见其仿效《周礼》之意,而编纂具体篇章时则基本承袭《唐六典》与《元典章》的格局。其内容包括了明代的典章制度,当时是具有法律效力的从中央至地方的国家制度的总规范,也是今人了解明代国家治理体系及各项制度的必备之书。

---

〔1〕《御制大诰·颁行大诰第七十四》。

〔2〕杨一凡:《明大诰研究》,江苏人民出版社1988年版,第136~143页。

明会典编纂始于弘治十年(公元1497年),明孝宗以累朝典制散见于简册卷牍之间,百司难以查阅,民间无法知悉为由,命儒臣分馆编辑。至弘治十五年(公元1502年)完成,共180卷,但因孝宗去世未及颁行。武宗即位后,对此部会典重新校订,于正德六年(公元1511年)正式颁布,因此亦被称为《正德会典》。神宗即位后,因累朝制度有所损益,又命重修会典。万历十五年(公元1587年)修成刊行,称《万历重修会典》。

《万历重修会典》共228卷,在体例上以六部为核心的包括中央诸司为纲,分述明开国至万历十三年200余年间各行政机构的建制沿革及其职掌。内容包括宗人府1卷,吏部12卷,户部29卷,礼部75卷,兵部41卷,刑部22卷,工部28卷,都察院3卷,通政司和中书舍人、六科、大理寺、太常寺、詹事府等、光禄寺、太仆寺、鸿胪寺、国子监、翰林院、尚宝司、钦天监、太医院、上林苑监等、僧录司等各1卷,以及武职衙门2卷,列述五军都督府和锦衣卫等12卷。南京衙门事例附于各相关衙门之后。

由于明会典汇集了明代法令典章,如《诸司职掌》《皇朝祖训》《大诰》《大明令》《洪武礼制》等内容,故也有法规大全的性质。其核心内容吏、户、礼、兵、刑、工六部上承《周礼》天、地、春、夏、秋、冬六官,下接《唐六典》尚书六部体例,清代五部会典的体例基本囿于明会典未有变化,可见明会典是传统中国国家治理典范的集大成者。

第二节　刑事法制

一、刑罚

明代律典恢复隋唐宋以来的五刑制度。其中,笞杖刑各分五等,从笞一十至杖一百,共十等;徒刑分为五等,分别为一年、一年半、二年、二年半、三年,每一等均附杖刑,由轻至重分别附加杖六十至杖一百;流刑分为三等,分别为二千里、二千五百里、三千里,均附加杖一百;死刑分为绞、斩两等。与传统刑罚相比,除徒流附杖刑为沿袭元代之做法之外,明代还发展出了新的刑种或行刑方式,并将其制度化。

(一)充军

充军作为流刑之变种,始于明代。它是强制犯人到边远地区充作军户的刑罚,轻于死刑而重于流刑。充军虽非律典中常设之正刑，但却始终被广泛使用，形成制度。明律规定凡是军人犯徒、流之罪，先决杖，而后分等发往外地卫所充当军户，之后条例扩大对此条的适用，平民犯罪也被判充军，且充军罪名不断增加，至万历朝《问刑条例》中已有133项针对平民的充军罪名。明代充军按照里程远近可以分为极边、烟瘴、边远、边卫、沿海和附近等，最远可达四千里，最近亦有一千里；按照时间又可分为终身充军与永远充军，前者仅本人充作军户至死，后者则本人死后，其子孙仍继续充军，世代皆为军户。

（二）枷号

枷号是指罪犯颈戴木枷在指定地点示众受辱的刑罚，由唐宋时代“枷项示众”演化而来。枷号的执行时间有一至三月、半年，甚至有永远枷号。明代条例中广泛适用枷号刑，多用于处罚轻微犯罪，据《明史·刑法志》记载，木枷重量一般为十五至二十五斤。但是，明代皇帝或宦官滥施淫威，将重达百斤的大型木枷惩罚羞辱大臣，往往几天内便置犯人于死地。

（三）赎刑

明代赎刑内容较为复杂，依刑罚所在的法律形式而分，赎刑主要有两种：一为律赎，又称收赎；二为例赎，又称纳赎。在整个明代，律赎之制最为严格，而例赎因系权宜之计，故先后互异。由于明初以大明宝钞为官方法定货币，所以赎刑以纳钞为本，纳钱、纳银并行。

（四）以役代刑

除以钱物折抵刑罚之外，明代盛行以役代刑，对笞杖乃至死刑都允许用罚服劳役的方式来赎罪。明代不同时期，都有非常详细的对每一种劳役的折罚定额。以役代刑的实施在一定程度上反映了当时社会的劳动力短缺情形，也体现了传统中国慎刑、恤刑思想，但也确实冲击了正常的刑罚制度，相对于单纯的羁押监禁与死刑执行而言，既有积极意义，也有消极影响。

（五）廷杖

★明代法律中并无廷杖的规定，但从太祖朱元璋开始，即于朝堂之上对冒犯皇帝的大臣施以笞杖，轻者血肉模糊，重者立毙杖下。一般程序为皇帝发出“驾帖”，内有责打大臣名单及责打数目，刑部给事中签押登记，然后由锦衣卫行刑，司礼监监刑。廷杖作为皇帝处罚大臣的一种方式，隋唐已有，但仅偶尔施用，而至明代则成为常制，可见经历元代之后，君主独裁状况之恶化。

二、刑事政策与刑事立法特点

清人薛允升云:“大抵事关典礼及风俗教化等事,唐律均较明律为重;贼盗及有关帑项钱粮等事,明律又较唐律为重,亦可以观世变矣。古人先礼教而后刑法,后世则重刑法而轻礼教。唐律犹近古,明律则颇尚严刻矣。”[1]这段话指出,随着时代的变化,其法律也呈现与前代不同的特点。在刑事政策与刑事立法方面,明代的最大特点就是“**重其所重,轻其所轻**”。

所谓“重其所重”,主要表现在以下几个方面。

第一,大大加重对于谋反、大逆之类严重危害朝廷统治罪名的处罚。唐律只限定本人及父子年十六以上者处死,而明律则规定凡是参与谋反大逆者,无论是否实施,是否能够产生危害,不分首从全部凌迟处死,并缘坐其祖父、父、子、孙、兄弟、伯叔父、侄(以上不论是否同居),以及所有同居共财的十六岁以上男子,无论是否废疾、笃疾,一律处斩,株连的范围大大扩展。对于“谋叛”“劫囚”等罪也都规定无论是否实施,不分首从皆斩。其他如“妖书妖言”“盗及诈为制书”“盗及伪造官府印信”等罪,明律皆比唐律处罚要重。

第二,增设许多侵犯皇帝权力的罪名。如在朱元璋时期,明律特设“奸党罪”这一政治性罪名,目的是打击臣下“朋比结党”的行为,消除对皇权的威胁。《大明律·吏律·职制》中“奸党”条规定:“若犯罪律该处死,而大臣小官巧言谏免、暗邀人心者,亦斩。若在朝官员交结朋党、紊乱朝政者,皆斩。”由条文可知,如有想为获罪官员求情开脱的人都有可能被认为是奸党,判断的标准极为随意。又如“交结近侍官员”罪,禁止朝官与近侍官员交结,禁止地方官员与京官交结,禁止京官与京城家资富厚之人交结。为保证皇帝随时掌握重大信息,还特设“阻挡上书陈言”“朦胧奏事”等罪名,将唐律中仅处杖八十的“事应奏不奏”罪加重为死刑。

第三,加重对官吏贪污渎职罪的处罚。明初朱元璋就下诏:“惩元季贪冒,重绳赃吏,揭诸司犯法者于申明亭以示戒。又命刑部,凡官吏有犯,宥罪复职,书过榜其门,使自省。不悛,论如罪。”[2]明律沿袭唐律设“六赃”之罪,并于律首置“六赃图”,以示重惩贪墨之罪。明律规定的赃罪条文比唐律多,处罚也较前代为重。此外,《大诰》四篇以更加严厉的手段惩罚贪官污吏,这种严刑峻法惩治赃吏的手段对于整顿吏治而言短期内起到了一定的积极作用,但是长远来看,无法从根本上遏制

---

〔1〕(清)薛允升:《唐明律合编》,中国书店2010年版,第76页。
〔2〕《明史·刑法志》。

贪污之风。

第四,加重对侵害统治秩序犯罪的处罚。明律对于一般窃盗罪、坐赃罪处罚没有加重,但对于强盗、抢劫之类罪名却是以重罪处罚。如《大明律·刑律·贼盗》“强盗”条规定:“凡强盗已行而不得财者,皆杖一百徒流三千里;但得财者,不分首从,皆斩。”相比唐律对于强盗罪计赃论罪的规定,明律处罚更重。明律又专设“白昼抢夺”罪,未得财物杖一百徒三年,得财者计赃比照窃盗罪加重二等定罪处罚,伤人者斩。这一处罚要比唐律中的强盗罪(未得财徒二年,计赃至十匹以上绞,伤人斩)还要重。明律又设“盗贼窝主”罪,凡是造意指使盗贼行窃或抢夺、强盗者,或参与分赃者,都不分首从皆斩。即使窝赃而没有分赃的人也要处杖一百流三千里。

所谓“轻其所轻”,即事关典礼及风俗教化等方面减轻处罚,主要是对触犯礼教罪名的处罚较唐律为轻。如唐律规定:“闻父母丧匿不举哀”“祖父母父母在别籍异财”为“十恶”之“不孝”,前者处以流二千里,后者处以徒三年。明律仍将此列入“十恶”之“不孝”罪,但处罚已分别改为杖六十徒一年和杖一百,明显减轻处罚。唐律规定父母丧而后生育子女的,处以徒一年,而明律则免罚。另外,大量有关户婚、田土和钱债之类的轻微犯罪最高刑也不过杖一百。由此可见,明朝一方面对严重刑事犯罪采取“重典”,另一方面对一般性犯罪,尤其是事关礼教的犯罪,则减轻了处罚力度。

明代推行“重其所重,轻其所轻”刑事政策的原因较为复杂,既与当时社会矛盾激化相关,也与社会风俗的变迁相关。经历蒙元时代及明代社会经济的繁荣发展,礼教在人们的世俗生活中相较唐宋时代而言有所式微。明代统治者重新调整统治政策,不仅突出对侵犯皇权和社会秩序的重罪进行镇压,也适当减轻了对一般性犯罪的惩罚,有助于缓和社会矛盾,有利于稳定统治。

第三节　赋役制度的变革

明代以降是传统中国的最后一个时代,在很多方面都是传统制度的集大成者,在传承的基础上发展更新了传统的制度,以适应新的社会经济条件下国家治理的需要。其中,赋役制度的变革便是顺应时代需要的产物。

一、赋法、役法与鱼鳞册、黄册

赋役制度,大致可分为赋法与役法两部分。所谓“有田则有赋,有丁则有役”。赋法,即如何征收土地之产出,所以征收所得为田赋;役法,则是需要征集劳动力为官方及社会提供服务,所以是以丁役的形式出现。田赋征收的原则非常古老,概括而言是“任土作贡”“履亩而税”“则壤成赋”,也就是土地产出什么就征收什么,土地面积的大小与土地质量的优劣成为从一块土地上征收赋税的标准与依据;徭役实现的原则就是“身亲力役”,“丁”为一征收徭役的计量单位,各时期征收的年龄标准不同,明代以男子年十六以上为“成丁”,需要服役至六十岁。

明代与赋役制度相关的重要名词主要有鱼鳞册与黄册。鱼鳞册登记土地田亩,黄册登记户口人丁。《明史·食货志》谓:“鱼鳞册为经,土田之讼质焉。黄册为纬,赋役之法定焉。”

鱼鳞册(亦称鱼鳞图、鱼鳞图册)宋代即有,但直至明代,此项图册才普遍为官府所用。鱼鳞册以土地为主,每县以四境为界,每乡每都亦如之,田地以丘相邻,状如鱼鳞,因此得名。鱼鳞图中田地标注非常丰富,有官有、民有,有高田、圩田,或埂或瘠,或山或荡及业主姓名都详细注明。有田地买卖,在图上都一一注明,人户皆可流动,但田地则不会流动,因此时人称为“以田为母,以人为子”。

黄册以户为主,每十年更定一次,曰“大造黄册”。黄册中的户以里甲制的形式编排,以一百一十户为一里,推举其中丁粮多者十户为里长,余百户分为十甲,每甲十户,凡一户之内的丁口老幼及所有资产之数,皆详细记录。由于十年更定一次黄册,因此里甲制度每一年都有所谓“值年”里长、甲长董理一里一甲之事,其余九甲则“排年”轮值,待大造之年,周而复始。以户为主的意思是黄册之中以户为中心,采用旧管、新收、开除、实在“四柱法”对每一户所有土地的变化情况作出标注。我们可以看到,以大造黄册为形式规定的里甲制度,实际上有均贫富、限兼并的意味。明人常谓“均田均役”,都是在倡导修明恢复里甲与黄册制度。

二、“一条鞭”法

明代在“一条鞭”法施行之前的田赋制度沿袭唐宋以来的两税法,明代两税即夏税与秋粮,分夏秋两季征收。缴纳的物品,夏税以小麦为主,秋粮以水稻为主,稻麦皆通称为“本色”,如以丝、绢、钱、钞或银等物替代稻麦,谓之“折色”。关于役法,大致而言可分为三种:“里甲”“均徭”与“杂泛”。按里甲编户所征“正役”为“里甲”,故又称“里甲正役”,凡里甲人户,皆开载于赋役黄册内,承担里甲之内督催税粮、追摄公事;按丁承担的徭役为“均徭”,其为正役之外服务于官府的经常性以致固定性的杂役的统称;官府一切临时需要特殊签派、差遣不定者均为“杂泛”,也称“杂役”。

以上仅为对赋役制度最简要的介绍,实际情形远比上述复杂,再加上执行中各种册籍记录者上下其手、徇私舞弊,导致富豪大户逃匿赋税徭役,而贫苦大众却被敲骨吸髓。如此混乱的情形,至明代中叶正德年间变得越发严重,因此,社会上有关简化赋役制度的呼声此起彼伏。“一条鞭”法的改革就是在这种情况下发生的。

由于这种简单化的要求,在各地普遍产生了一些比较一致的现象与做法。其一,赋役内各项的合并;其二,赋役各项皆用银折纳。田赋内各项的合并,首先是田地的种类与科则上的区分被逐渐合并,“均粮”与“均则”运动四起;其次是田赋内各税项的合并,如一些地方夏税混入秋粮代征,其后连夏税之名目也被取消。在役法上的合并,如里甲、均徭虽然大体上以人户、丁口、资产为征收的依据,但性质与编签方式各有不同,但至嘉万年间好多地方里甲亦并入均徭内编派。又如杂役与均徭原有分别,但后来人们亦将其编入均徭。除了赋役的合并趋势,更需指出的是,赋役各项都用银缴纳的趋势,即折色征收常态化。所以,经过相当长的时间后,政府与纳税者都很清楚地依照法定的银数征收与缴纳,而将折纳的本意抛诸云外。

以上两种趋势,即各项赋役的合并与折银缴纳,都是以简单化为出发点,“一条鞭”法之前的各种赋役改革几乎都有这种趋势,只是程度不同而已。从字面意义来说,“一条鞭”就是将赋役内各项正杂条款合并编起来,使其化繁为简,以便于征收。所以鞭字在当时亦多写作“编”。“一条鞭”法便是将不同款项用同一方法编排之意。梁方仲先生认为“编”字才是正字,“鞭”为俗写。[1]“一条鞭”法,是一种历史上与地域上的发展,各时各地的办法都不完全一样,但其最主要的办法有三点:一是役与赋的合并;二是赋役的征收与解运事宜,由民间自理改为由官府办理;三是各项赋役普遍采用折银的方式征收缴纳。

对于“一条鞭”法这一赋役制度的变革,当时及后世一直存在争论,赞成者的理由如下:(1)款目简单;(2)税额确定;(3)征输便利;(4)负担公平。反对者的理由如下:(1)负担不公;(2)纳税者牺牲不一致;(3)南北方情形不同,便于南而不便于北;(4)改革后年年应役过于频繁;(5)一条鞭总一征收过于迫切;(6)混征混支易

---

〔1〕 参见梁方仲:《一条鞭法的名称》,载梁方仲:《明代赋役制度》,中华书局2008年版,第3页。

于被侵吞;(7)不论仓口、不开石数易于作弊等。[1] 总之,“一条鞭”法的优势在于征收便利,意义在于将原本属于人的负担转移到田地资产上,当然,其弊端也很明显,时人已经都有所指出。

第四节　司 法 制 度

一、中央与地方的司法机构

(一)中央司法机构

★与唐宋制度不同,明代中央司法机构的名称、职掌均发生了变化,改大理寺、刑部、御史台体系为由**刑部、大理寺、都察院组成的“三法司”**体系,虽然恢复了唐宋时期中央朝廷的审判、复核、监察分立体制,但作出了自己的调整。“刑部受天下刑名,都察院纠察,大理寺驳正。”[2]刑部增设十三清吏司,分掌各省案件,加强对地方的司法控制。大理寺掌复核驳正,发现有“情词不明或失出入者”,驳回刑部改判,再行复核。都察院设十三道监察御史,纠察百司,其参与司法活动限于会审及审理官员犯罪案件。

当遇到重大案件时,由三法司长官会同审理,称“**三司会审**”。明朝以六部尚书及左都御史、通政使、大理寺卿为九卿,当遇到特别重大案件及经反复审判而人犯仍翻异不服的案件,则由此九卿会审,也称“**圆审**”。无论是三司会审,抑或是九卿会审,最终都需奏请皇帝裁决。

(二)地方司法机构

★明代自中央以下,简言之,可分为省、府(州)、县三级,地方各级衙门的重要职责之一就是审理案件、解决纠纷。明代省一级衙门分为都、布、按三司,分别是都指挥使司(都司)、承宣布政使司(藩司)与提刑按察使司(臬司)。三司分管军政、民政与司法监察,**提刑按察使司是省级司法机构**。《明史·刑法志》云:“按察名提刑,盖在外之法司也。”府一级设知府、同知、通判、推官,其中推官一职因排名第四,又称“四府”,俗称司理(或司李),为府一级掌理刑名之官员。明代的州有散州(属

---

〔1〕 参见梁方仲:《明代一条鞭法的争论》《明代一条鞭法的论战》,载梁方仲:《明代赋役制度》,中华书局2008年版,第62~86页、第103~175页。

〔2〕《明史·刑法志》。

州)与直隶州之别,正印官皆称知州,“属州视县,直隶州视府,而品秩则同”〔1〕。基层的衙门是县,正印官为知县。知州、知县皆为在其辖境执掌司法审判之官。

明代法律禁止越级上告,因此如有纠纷与案件,百姓应自最基层衙门告起。此外,明初还于乡里设立了申明亭,一般户婚官司必先诉于里甲,不决再诉于县衙,不经里甲调停而直接诉于州县者要按越诉处理。就明律内容而言,极少涉及今日我们所谓民商事法律规范,户婚、田土、钱债、斗殴等细事法律规定不多,因此对于此类案件,基本以调解处理为主,调解的依据主要以儒家经典、历史典故、生活常识为核心,与老百姓日常生活息息相关的知识最能够被当事人接受。

(三)管辖

关于司法管辖的原则,总的来说就是以原告就被告,起诉原则上应向被告所在地官府提起,由被告所在地官府管辖。此外,还有以轻就重、以少就多、以后就先等原则。以轻就重,即轻囚就重囚,同一案件被告在几个不同地方时,由其中罪名最重的被告所在地官府管辖。以少就多,即少囚就多囚,同一罪名的被告分散在几处,由被告人数最多的地方官府管辖。以后就先,即后发就先发,若罪名相同、各地被告人数相当,则应由最先受理案件的官府管辖。此三种情况,以相隔三百里为限。若相隔三百里以外,则由各地官府审理结案,以减少押解犯人的风险。

二、厂卫特务机构侵夺司法权力

厂卫干预司法,甚至是取代司法机构的某些职能,是明代司法制度的一个特点。如果说前述中央与地方司法机构的制度设计是明朝试图恢复传统政治的话,那么厂卫侵夺司法权力则是君主独裁使然,这也呼应了本章开头所引钱穆先生之言。我们理解明代的制度,都可以放在这一框架中讨论。

★厂,是指东厂、西厂与内行厂。东厂是掌管侦伺缉捕的特务机构,以其内署在东上北门而得名,其外署在东安门外以北。永乐十八年(公元 1420 年)始设,有钦差总督东厂官校办事一员,简称总督东厂或提督东厂,厂内则称督主或厂公。提督东厂一般由秉笔太监中最受皇帝宠信的一人兼任,司礼监掌印太监提督东厂的情况也有。《明史·职官志》云:“东厂权如总宪。”总宪指都察院都御史,说明东厂地位之尊贵。东厂之外,还有西厂和内行厂。西厂先后见于宪宗、武宗两朝,内行厂仅见于武宗朝。成化十三年(公元 1477 年)正月,明宪宗始设西厂,命太监汪直提督,

---

〔1〕《明史·职官志》。

前后设置五年多。武宗正德元年(公元1506年)十月又恢复西厂,武宗既设西厂,正德三年(公元1508年)又开内行厂,凡两年,侦伺范围更广,连东西厂也在侦察之列。

卫,即锦衣卫,原来是皇帝亲军卫里"上十二卫"中最亲信的一支,主要职责是掌管皇帝出入仪仗及警卫事宜。锦衣卫相较于其他卫而言,地位尊而权力大。起初,锦衣卫与其他京卫相同,下设镇抚司掌管本卫刑名,兼管军匠。洪武十五年(公元1382年),分设南北镇抚司,南司专理本卫刑名,北司专治诏狱,即以兵兼刑,掌有缉捕、刑狱之权。洪武二十二年(公元1389年)罢锦衣卫狱(北镇抚司狱)废除锦衣卫之司法权,但成祖时又复设北镇抚司狱,恢复锦衣卫之侦缉权,专典诏狱,负责预审皇帝交办的案件。明宪宗时,北镇抚司承办的案件直接向皇帝报告,锦衣卫堂上官不得干预,三法司更不能与之抗衡,其权势日重。北镇抚司(简称北司)成为直属皇帝的预审机构,其预审案件再移送刑部,按其所拟判决宣判。

《明史·刑法志》说:"刑法有创之自明不衷古制者:廷杖、东西厂、锦衣卫、镇抚司狱是已。是数者,杀人至惨而不丽于法。踵而行之,至末造而极。举朝野命,一听武夫、宦竖之手,良可叹也。"在皇帝的纵容之下,厂卫由权倾一时的宦官刘瑾、魏忠贤操纵,用来迫害异己、制造白色恐怖。明代没有规定过厂卫的司法职责,但是厂卫特务从事侦缉、审判等涉及司法活动的各个环节,实际权力远在三法司和其他中央机构之上。

厂卫及镇抚司所使用的刑罚也大多是法外之刑,被审问者甚至要受到械、镣、棍、拶、夹棍多种刑具的拷打,谓之"全刑",结果是"五毒备具,呼謈声沸然,血肉溃烂,宛转求死不得"〔1〕。如此法外施刑,表明君主专制制度破坏传统制度状况尤甚,统治者滥用权力的结果是完全破坏了社会正常的法治状态,同时也加速了其走向覆灭。

第五节　明清之际的法律思想

明朝中晚期,伴随着商品经济的兴盛,市民阶层成为社会当中一股不可忽视的力量。市民阶层在思想层面多受到明中期产生的心学影响,趋向于反对专制,打破权威;与此同时,明朝末期的政治腐败与国力不振,使市民阶层的反专制思想进一

〔1〕《明史·刑法志》。

步加强。在市民阶层之中,不断爆发出要求冲破专制的声音,而市民阶层在思想层面的领袖则是一些思想进步的士大夫。这些士大夫率领市民阶层传播反专制思想,进一步影响到了更多的士大夫。至明清易代之际,国家灭亡的惨烈现实进一步推动了士大夫阶层反专制思想的发展。正是基于以上背景,明末清初涌现出了一批反对专制的启蒙思想家。

在这些启蒙思想家之中,又以黄宗羲、顾炎武、王夫之三人最具有代表性,这三人也被后世称为"明末清初三大思想家"。他们基于明朝末年社会种种凋敝造成国家灭亡的教训,反对君主专制,呼吁社会革新,一些观点在今日看来仍然振聋发聩。遗憾的是,因为三人明朝遗民的身份,他们的思想在清朝并未对官方产生影响,清朝时期的官方思想仍以理学为尊,而且通过思想管制,使理学独霸思想界,最终走向了极端。及至近代,黄宗羲、顾炎武、王夫之三人的启蒙思想才又重新流行,梁启超、谭嗣同等人均深受其影响,为近代的思想启蒙过程产生了重要的作用。

一、黄宗羲的法律思想

黄宗羲(1610~1695年),明末清初浙江绍兴府余姚县人,字太冲,一字德冰,号南雷。其父黄尊素为明末东林党人,被权阉魏忠贤陷害致死。黄宗羲曾加入复社,坚持反宦官斗争,险遭杀害。清兵南下,他召募义兵武装抗清。明亡后,他拒绝清廷征召,隐居著述。主要著作有《明儒学案》《宋元学案》《明夷待访录》等。

《明夷待访录》一书系统地阐述了黄宗羲的思想。《明夷待访录》共计21篇,"明夷"是《周易》中的一卦,其爻辞为"明夷于飞垂其翼,君子于行三日不食。有攸往,主人有言"〔1〕。所谓"明夷"指有智慧的人处在患难地位。"待访",等待后代明君来采访采纳。《明夷待访录》一书继承孟子"民本"思想,反对专制。该书一直受到清朝统治者的查禁,直至清末才重见天日,谭嗣同、梁启超等人均受其影响。其中所主张的核心,主要在于批判君主专制制度。法律思想是当中相当重要的一部分,其对于中国古代法律的性质、用途均有不同以往的认识。

(一)反对君主专制

反对君主专制是黄宗羲思想的核心,他主张"天下为主,君为客"〔2〕,并运用比喻等修辞,系统地阐述了君主专制的危害,如"屠毒天下之肝脑,离散天下之子女,

---

〔1〕《周易·明夷卦》。

〔2〕《明夷待访录·原君》。

以博我一人之产业,曾不惨然"[1],又如"敲剥天下之骨髓,离散天下之子女,以奉我一人之淫乐"[2]。并在孟子民本思想之上,提出了民主思想,"盖天下之治乱,不在一姓之兴亡,而在万民之忧乐"[3]。

值得注意的是,黄宗羲的启蒙思想并非主张废除君主制,只是对君主制中的专制不满,谋求对君主制进行改良。黄宗羲主张明"为君之职分""不以一己之利为利,而使天下受其利,不以一己之害为害,而使天下释其害""明乎为君之职分,则唐、虞之世,人人能让,许由、务光非绝尘也;不明乎为君之职分,则市井之间,人人可欲,许由、务光所以旷后世而不闻也"[4]。他所主张的思想,可以认为是要求君与臣共治天下,以安万民,而非君主专制。如其所言:"故我之出而仕也,为天下,非为君也;为万民,非为一姓也""夫治天下犹曳大木然,前者唱邪,后者唱许。君与臣,共曳木之人也""臣之与君,名异而实同"[5]。

(二)主张以"天下之法"代替"一家之法"

黄宗羲将法分为两种,即所谓"一家之法"与"天下之法",他批判"一家之法"而主张"天下之法"。"一家之法"指君主为专制之目的所设立的法律,立法目的在于维持一家一姓之统治,即"后之人主,既得天下,唯恐其祚命之不长也,子孙之不能保有也,思患于未然以为之法。然则其所谓法者,一家之法,而非天下之法也"。[6] 他认为"(一家之法)利不欲其遗于下,福必欲其敛于上""坏之者固足以害天下,其创之者亦未始非害天下者也"[7]。从法理上否定一家之法,对其猛烈抨击,如"此其法何曾有一毫为天下之心哉,而亦可谓之法乎?"[8],并直斥其为"非法之法":"法愈密而天下之乱即生于法之中,所谓非法之法也。"[9]

在否定"一家之法"的同时主张"天下之法",他认为立法目的在于保障民生,并将这种理想中的法律托之于儒家的理想社会,即三代,如其言"二帝、三王知天下之不可无养也,为之授田以耕之;知天下之不可无衣也,为之授地以桑麻之;知天下之不可无教也,为之学校以兴之,为之婚姻之礼以防其淫,为之卒乘之赋以防其乱。此

[1] 《明夷待访录·原君》。
[2] 同上注。
[3] 《明夷待访录·原臣》。
[4] 《明夷待访录·原君》。
[5] 《明夷待访录·原臣》。
[6] 《明夷待访录·原法》。
[7] 同上注。
[8] 同上注。
[9] 同上注。

三代以上之法也，固未尝为一己而立也”，“三代之法，藏天下于天下者也。山泽之利不必其尽取，刑赏之权不疑其旁落，贵不在朝廷也，贱不在草莽也”[1]；同时认为法网应该疏漏，不应太过严密，即“法愈疏而乱愈不作，所谓无法之法也”。[2]

（三）“法治”先于“人治”

关于“法治”与“人治”的争论早在先秦时期即已开始，历朝历代均有讨论，不过受儒家文化影响，“人治”之说一直占据主流地位。黄宗羲作为儒学大家，却一反传统，认可法治。他认为好的法律是一切的基础，“有治法而后有治人”“即论者谓有治人无治法，吾以谓有治法而后有治人”[3]。当然，他认为“治人”也是社会管理中非常重要的部分，只是与治人相比，治法更加重要一些而已。他认为治法为治人之前提，在治法的基础上，治人才能发挥作用：“自非法之法桎梏天下人之手足，即有能治之人，终不胜其牵挽嫌疑之顾盼。”[4]同时他认为有治法，纵然没有治人也无大碍：“使先王之法而在，莫不有法外之意存乎其间。其人是也，则可以无不行之意；其人非也，亦不至深刻罗网，反害天下。”[5]

总体而言，黄宗羲启蒙思想的进步意义毋庸置疑，自晚清其思想流行以来，在近代中国的思想变革方面产生了重要的作用，无数人均受其影响。但是，我们应该认识到，黄宗羲并不是传统政治体系的掘墓人，他的政治哲学仍然是儒家哲学。这在各个方面都可以得到很明显的体现，如在阐述理想的制度时托古于三代、承认君臣的存在、将君臣与万民视为不同群体等方面均体现了这一点。黄宗羲的启蒙思想，可以说是明朝中晚期以来心学思想的进一步发展，虽然进步性不容置疑，但并非如多数人所言如此开天辟地。

二、王夫之与顾炎武的法律思想

作为明末清初三大思想家，王夫之和顾炎武的思想与黄宗羲的思想有颇多共通之处。三人均亲眼所见了明朝末年社会的种种弊端，以及由此造成的明清易代的惨烈现实，受此影响，他们对于历代的君主制度多有反思。三人均非常反对君主专制，并就如何改良君主制度，以及如何改良其他种种社会制度提出了自己的观点。法律思想是三人思想体系中重要的构成部分，上已论及，黄宗羲基于反对君主

---

[1] 《明夷待访录·原法》。
[2] 同上注。
[3] 同上注。
[4] 同上注。
[5] 同上注。

专制,主张以“天下之法”取代“一家之法”,王夫之与顾炎武在反对君主专制的基础上,同样也有一些不同于以往的法律思想,二人的法律思想大体如下。

(一)王夫之的法律思想

王夫之(1619~1692年),字而农,湖南衡阳人,晚年隐居衡阳的石船山著书,故而世称“船山先生”。王夫之的经历与黄宗羲类似,青年时反对阉宦专权,明清易代后坚持抗清,晚年归隐著书立说。他对于理学与心学均有所批判,对于理学所讲的“存天理,灭人欲”批判尤深。他认为“是礼虽纯为天理之节文,而必寓于人欲以见”[1],即所谓的“天理寓于人欲”,“理”与“欲”是一体的,不可将其截然两分。

在法律方面,王夫之与黄宗羲相比,最明显的特点是主张法律应随着时代的变化而做出改变。法律的更新是无法避免的大势,因为“天下有定理而无定法”“无定法者,一兴一废一繁一简之闭,因乎时而不可执也”[2];基于此,他认为“若以古今之通势而言之,则三代以后,文与武固不可合矣,犹田之不可复井,刑之不可复肉矣”[3]“以古之制,治古之天下,而未可概之今日者,君子不以立事;以今之宜,治今之天下,而非可必之后日者,君子不以垂法。故封建、井田、朝会、征伐、建官、颁禄之制,尚书不言,孔子不言。岂德不如舜、禹、孔子者,而敢以记诵所得者断万世之大经乎?”[4],这一主张与黄宗羲托古三代,主张复井田并不相同。

(二)顾炎武的法律思想

顾炎武(1613~1682年),原名绛,后因慕文天祥为人而改名炎武。南直隶苏州府昆山人,字忠清、宁人,因其故居之旁有亭林湖,世称亭林先生。顾炎武与黄宗羲、王夫之经历也非常类似,年轻时加入复社,明清易代之后加入南明朝廷抗清,失败后游历天下,晚年定居陕西,并屡拒清廷征召。顾炎武不仅在思想上独树一帜,而且在经史之上也造诣颇深,有人认为其实际上开启了清朝朴学之风。在思想上,顾炎武与黄宗羲、王夫之一样,反对君主专制,批判理学,同时对心学也多有不同意见。他主张经世致用,“君子为学,以明道也,以救世也。徒以诗文而已,所谓雕虫篆刻,亦何益哉?”(顾炎武:《与人书》二十五),反对理学以降空谈义理的学术氛围。

顾炎武的法律思想也是以反君主专制为核心,但是其法律思想不如黄宗羲与王夫之那么系统与具体。顾炎武法律思想最主要的特点是他强调“众治之法”,反

---

[1] 《读四书大全说·梁惠王下篇》。

[2] 《读通鉴论·后汉光武帝》。

[3] 《读通鉴论·汉成帝》。

[4] 《读通鉴论·叙论四》。

对君主一人独握权柄。他认为"人君之于天下,不能以独治也,独治之而刑繁矣,众治之而刑措矣"[1],相比于君主独治,众治更加优越。"法者,公天下而为之者也。例者,因人而立以坏天下之公者也。"[2]法律应该是"公天下而为之者也",不应该为君主专制而设立,而历朝历代的法律大多并不符合这一标准,即"一兵之籍,一财之源,一地之守,皆人主自为之也。欲专大利而无受其大害,遂废人而用法"[3]"今内外上下,一事之小,一罪之微,皆先有法以待之。极一世之人志虑之所周浃,忽得一智,自以为甚奇,而法固已备之矣,是法之密也。然而人之才不获尽,人之志不获伸,昏然俯首,一听于法度,而事功日堕,风俗日坏,贫民愈无告,奸人愈得志,此上下之所同患"[4],这与黄宗羲所言的"一家之法"性质非常相似。

综上所述,明末清初的启蒙思想当中,有一些非常进步的法律思想,这些思想虽然在当时对社会并未产生直接的影响,但自晚清以降产生了巨大的反响,其价值不言而喻。与此同时,值得注意的是,这些启蒙思想并未超出儒家思想的范畴,仍然强调君主的存在,在一定程度上具有时代局限性。

---

〔1〕《日知录》卷六。

〔2〕《日知录》卷八。

〔3〕同上注。

〔4〕同上注。

第十章　清代法律(上)

教学目标

理解清朝中前期的法律思想与制度的主要内容,掌握《大清律例》、条例与则例等立法,熟悉清代的罪名与刑罚,以及刑部、大理寺、都察院、督抚、清代会审、死刑与复奏等司法制度。

推荐参考资料

1. 张晋藩、郭成康:《清入关前国家法律制度史》,辽宁人民出版社 1988 年版;
2. 郑秦:《清代法律制度研究》,中国政法大学出版社 2000 年版;
3. 朱勇:《清代宗族法研究》,湖南教育出版社 1987 年版;
4. 王志强:《清代国家法:多元差异与集权统一》,社会科学文献出版社 2017 年版。

17 世纪初期,努尔哈赤在东北崛起,建立了金国,传至其子皇太极改国号为清,改族名为满洲。当时,关内爆发了李自成、张献忠等领导的烽火近乎遍及全国之民变。这两股强大的政治势力,在客观上形成了相互配合对付明廷的局面。1644 年(明崇祯十七年、清顺治元年),在农民军攻陷紫禁城的那一刻,建国近三百年的明朝土崩瓦解。随后,在吴三桂开关延请清军,以满洲贵族为核心的满洲、蒙古、汉军八旗联盟,以空前积极的态势与风卷残云之气势,打着替明朝复仇的旗号,迅速向南推进,逐步统一全国。

清作为传统中国的最后一个朝代,自然承继了传统中国经久集萃的核心政治制度,尤其是在明代前期运转良好而中后期却因各种原因崩坏的各项制度。这些制度在清初有所恢复发扬,所谓"清承明制",实际是勃兴于东北边陲文化相对落后的部族,对于中原文明的学习模仿借鉴并为我所用的过程。然而,清朝毕竟是依靠少数人(以满洲、蒙古、汉军八旗为代表的军事政治同盟)建立起来的疆域广阔的多民族国家,满洲统治集团是支持与拥护皇权的核心力量,因此,清朝的制度既要承认与利用传统政治制度与理论,又要维护满洲人的特殊利益,这是一种部族专制凌驾于依靠读书人的传统政治伦理之上的制度,明白这一点是理解清朝各项制度的关键。[1]

第一节 立 法 概 况

一、清入关以前法制概况

在努尔哈赤建立政权的相当长一段时间内,其社会内部主要依靠世代相传的习惯法来调整各种社会关系。清世祖福临在顺治三年(公元 1646 年)御制《大清律集解附例》序中说的“朕惟太祖、太宗创业东方,民淳法简,大辟之外,惟有鞭笞”,便是这一时期的生动写照。在努尔哈赤统治时期,大汗的“谕令”是具有最高效力的法律形式。在皇太极统治时期,虽然谕令仍然是重要的法律渊源,但以成文的形式公布的法令开始占有越来越大的比重。在太宗朝后期,成文法逐渐取代了不成文的习惯法。

在太祖、太宗两朝,其法律制度的发展,在不断借鉴明朝法律文化的基础上,呈越来越快的发展趋势。“参汉酌金”是这一时期的立法思想。“参汉”就是参考明朝法制为代表的汉人法律传统,“酌金”是指斟酌吸收金人(满洲)固有习惯法。特别是在入关前的最后十年,随着政治、军事实力的急剧膨胀,立法建制的工作更加频繁。到入关前,清的法律体系已经达到了相当的规模。在行政体制和行政管理方面,形成了一整套涉及国家行政机关设置、职权范围,国家官员的选拔、任免、考核和奖惩,以及各级贵族、官员的等级、衣冠发式等制度。皇太极即帝位后,一些满洲部族比较落后的习俗被逐渐革除。例如,皇太极受儒家伦理影响,认为:“明与朝鲜皆礼义之邦,故同族从不婚娶。彼亦谓既为人类,若同族嫁娶,与禽兽何异?是以禁止耳。”[2]由此可见,在这一时期,无论是政治法律制度,还是普通百姓的生活习俗,皆受明朝及儒家文化影响,奠定了入关后清朝立法指导思想的基调与趋势。

---

〔1〕 参见钱穆:《中国历代政治得失》,生活·读书·新知三联书店 2012 年版,第 144～148 页。

〔2〕 《清三朝实录采要·太宗》卷二,天聪五年七月庚辰。

二、“详译明律,参以国制”

清代的立法指导思想可以用“详译明律,参以国制”来概括,语出清世祖为《大清律集解附例》所作序文。入关前的立法思想“参汉酌金”主要解决的问题是如何治理汉化程度颇深的满洲人,而当清军入主中国,面对的是如何治理一个主体民族百倍千倍于自身的庞大国家的问题时,“参汉酌金”就显得不合时宜了。于是,以为明朝复仇的继承者自居的清朝,不断对明朝的各项制度加紧学习,首先便是将明朝的典章制度翻译成满文供统治集团学习借鉴。世祖即十分推崇大明制度,认为“明太祖立法可垂永久,历代之君皆不及也”[1]。顺治三年三月,翻译明《洪武宝训》成,世祖制序颁行天下,直言自认继明统治,与天下共遵明之祖训,这是自古以来朝代更迭所未有之局面。此种做法,不以因袭前代为嫌,反有收拢人心之用。

满人刚入关之时,对汉文化及明朝法律制度理解不深,这一时期立法表现为简单仿效明律,直接照搬照抄。康熙、雍正时期,开始注重对具体法律制度的研究、总结,并在实践中逐步掌握儒家文化的精髓,为后来的立法积累经验。乾隆朝的统治已经完全纳入汉文化正统轨道,融合满汉文化并体现本朝特点的基本法典《大清律例》才制定出来。由此可见,“详译明律,参以国制”是在清代开国百年间的立法活动与法律实践过程中,不断被统治者加深理解的,是一个动态的过程。清代对于明朝法律制度的继承和发展,保持了法律制度的连续性与稳定性,在一定程度上减轻了朝代更替带来的社会动荡,有利于笼络汉族大臣官僚与知识分子,使其参与到新朝的治理与建设中来,汉人官僚也借明朝制度上疏劝谏满洲君主如何成为并做好一名称职的中国皇帝,使生灵免遭涂炭,具有积极意义。

三、清代基本立法活动与成就

(一)《大清律例》颁布前的主要立法活动

根据“详译明律,参以国制”的立法指导思想,入关后不久,清朝就开始了修律活动。顺治三年,《大清律集解附例》初步完成,顺治四年以汉文颁行,若干年后才颁布满文,可见其基本为明律的翻版,也沿袭了集解附例的形式,律例并行。这部《大清律集解附例》共有律459条,分为7篇30门。律条之中以小字夹注的方式附加对律文的解释,称为集解。律条之后又附相关条例,共321条。这部法律因匆忙

---

[1] 《清史稿·世祖本纪二》。

颁布,存在很多缺陷,但其基本沿袭明律,起到了稳定当时社会秩序的作用。

为弥补《大清律集解附例》诸多不足,顺治十二年(公元1655年)又编订了《简行则例》,康熙即位后,继续修律工作。康熙九年(公元1670年),将《大清律集解附例》的满汉文义重新校正,将律文分别纂注,附以《比附条例》《六赃图》《真犯死罪决不待时例》和《真犯死罪充军为民例》等,康熙十九年完成《刑部现行则例》,之后又继续进行厘正、修订,这部法律配合《大清律集解附例》,是清代立法从简单因袭明律到结合本朝实际的开始,这一系列立法活动为后代法律制定奠定了基础。

雍正六年(公元1728年),清朝颁布了《大清律集解》,这部律典分为6类30门,律文436条。律首列《六赃图》等8种图表,并编附了《大清律总类》。体例上较《大清律集解附例》略有变化,在每条律文后增加了解释性的"总注",其修改的重点主要在律文后附的条例,即在历朝旧例"原例"和康熙朝则例"增例"的基础上又补充了雍正朝新加的"钦定例"。

(二)《大清律例》

★清代基本法典《大清律例》的制定工作,始于乾隆元年(公元1736年)。经过顺治、康熙、雍正三朝的治理与建设,清朝此时已经进入发展的鼎盛时期,各项制度也基本稳定,满人的统治根基已经十分牢固,国家的经济经过近一个世纪的恢复发展,此时也进入繁荣发达的时期。近百年的融合,满洲贵族对汉文化的精髓有了更为深入的理解与认同,因此,制定一部反映清代社会实际的综合性基本法典的条件相对成熟。高宗即位之初就任命三泰为总裁官,重修律例。修订者对原有律例逐条考订,重新编辑。特别是对律文后所附定例进行详细校订,折中损益。删除了原本在律例后的总注,在律例间添加小注,以补充、阐释律义。乾隆五年(公元1740年)《大清律例》修订工作基本完成,经过高宗御览鉴定后,正式"刊布中外,永远遵行"。

乾隆初年修订完成的《大清律例》,其篇目结构与《大明律》相同,分名例律、吏律、户律、礼律、兵律、刑律、工律7篇。律文436条,分47卷,30门,附例1049条。《大清律例》是以《大明律》为蓝本制定的中国历史上最后一部综合性传统法典。作为有清一代的传世法典,从顺治年间的《大清律集解附例》起步至乾隆五年最后完成《大清律例》,经历了将近一个世纪的探索过程。可以说,《大清律例》无论是从形式上还是从基本精神、主要内容上,都全面继承了中国传统律典的精华,反映了中国传统文化的价值。同时,这部法典的制定,充分考虑了清朝自身统一多民族国家的特点,是一部反映现实问题、适应现实需要的法典。

自乾隆五年完成后,《大清律例》一直被作为"祖宗成宪"而代代遵行。其律文自颁布以后,终清之世没有改动。以后各代君臣,多将注意力集中于律文后所附条例的修订。乾隆时定制:“定限三年一次编辑”条例,并设修订律例馆于刑部,到期开馆编修。后改为“五年编辑一次”。所以,《大清律例》中的条例呈越来越多的趋势,至同治年间已经发展到1892条。

(三)会典

清代君臣全面继承明制,致力于会典的编纂和修订工作。康熙二十三年(公元1684年),为将国家机构活动纳入“有典有则”的规范化轨道,圣祖下诏仿照《明会典》的形式起草会典。此次起草工作历时六年,史称《康熙会典》。此部会典共162卷,本着“以官统事,以事隶官”为原则,按宗人府、内阁、六部、理藩院、都察院、通政司、内务府、大理寺以及其他寺、院、府、监的次序,逐一说明各司衙门的职掌和事例。康熙朝之后,《雍正会典》编于雍正二年(1724年),至雍正十年完成,共250卷。《雍正会典》是《康熙会典》的续编,内容体例没有太多变化。《乾隆会典》编于乾隆十二年(公元1747年),至乾隆二十九年完成,在体例及内容上做了调整,将原来附在会典之后的例同会典分开,另行编纂。《乾隆会典》计有会典100卷,会典则例180卷。《嘉庆会典》编成于嘉庆二十三年(1818年),将则例改为事例,计会典80卷,会典事例920卷,会典图132卷。事例的编排,按照各部、院衙门之事例,分门分目。附图1430幅,每图皆有说明。《光绪会典》于光绪二十五年(公元1899年)完成,共有会典100卷,会典事例1220卷,会典图277卷。

清代会典经过历朝纂修,体例和内容非常完备。从体例而言,它以六部为纲,典例分编;从内容而言,清会典汇集了历年颁布的有关国家机构组织活动的各种律例规章,是国家机构活动的准则和依据,是研究清代国家机构源流变迁的最重要资料,也是世界文明史上独一无二的典章制度全书。

(四)各部、院法规

清代除了会典作为国家机构的总规范之外,中央各部、院等衙门,还有规制各部门事务的则例,也用来规范本部门的行为。中央六部皆有自己的则例,理藩院有《理藩院则例》,都察院有《钦定台规》。在有些衙门还定有专门性的法规,如《吏部处分则例》《兵部处分则例》《吏部铨选则例》《赋役全书》《学政全书》等,这些部门法规是清代法规的重要组成部分。

(五)地方与民族法规

清朝是国土广袤的统一多民族国家,各地社会经济发展极不平衡,风俗习惯多样性差别极大。而且,作为少数民族入主中原的政权,如何处理与汉人及其他少数民族的关系,如何治理差异巨大的中原腹地与边疆部族,对其而言是一个巨大挑战,也是极为重要的政治问题。清朝近三百年的统治,一方面是其有足够长的时间保证处理地方与民族事务方面的法规发展的比较全面,另一方面也正是由于其发达且得体的处理地方、民族事务的法规,才维持了长久的统治。

清代颁行的地方法规汇编在百种以上,有代表性的法规汇编有《治浙成规》《西江政要》《广东省例》《福建省例》《粤东省例新纂》《江苏省例》《湖南省例成案》等。从中央与地方关系角度来看,现存以省例为代表的清代地方法规可以分为四大类:第一类是对朝廷法律的重申或强调,没有对实质性规范作出修改;第二类是对朝廷颁布的法规进行的解释性规定以及制定的实施细则;第三类是在国家立法的空白地带,甚至无可资援引、比附对象的时候,地方衙门作出的自行规定;第四类是地方衙门对某些地方常见的民风、习惯或者集中出现的问题作出的特殊规范,这也是地方性特色最强的法规类型。

清朝入关之前已与蒙古结成军事联盟,不仅为其奠定了南下占领全国的军事基础,也为入关之后处理民族关系与治理边疆部族提供了经验。在清代中国,中央政府制定、认可了大量专门适用于少数民族地区的民族法规,如蒙古地区的《蒙古律例》、青海地区的《西宁青海番夷成例》、新疆地区的《回疆则例》、西藏地区的《钦定西藏章程》等。在此基础上,《理藩院则例》是体系最为庞大、条款最多、适用范围最广泛的处理民族地方事务与治理边疆部族的法规,这部法规对于维护和巩固统一多民族国家的安定团结发挥了积极的作用,也为后来中国的疆域版图奠定了基础。

第二节　刑事法制

一、刑罚

在基本刑罚方面,清代沿用唐宋明以来的五刑制度,在此之外,也有一些新时期的创制。

(一)笞杖刑折板

清代的笞杖刑改用竹板行刑,数量也进行了折减。笞刑用小竹板,杖刑用大竹板。按照"折四除零"的原则,笞十折为四板,笞二十折为五板,笞三十折为十板,笞四十折为十五板,笞五十折为二十板,杖刑依次类推。

(二)充军与发遣

清代沿袭明代充军之刑,比流刑更重。充军可分为:附近充军(二千里)、近边充军(二千五百里)、边远充军(三千里)、极边充军(四千里)、烟瘴充军(四千里),共五等,合称"五军"。清代为各府编制了《三流道里表》《五军道里表》,详细规定了每一府罪犯处以流刑、充军刑的相应地点。因清代已经废除军户制度,罪犯充军到某地后并不被编为军户,所以也就不再有"终身充军"与"永远充军"的区别了。所以充军与流刑的区别,仅仅体现在距离的远近上。

发遣是将罪犯发配至边疆地区给驻防八旗官兵当差为奴的刑罚,是仅次于死刑的重刑,比充军更重,常适用于政治犯,如文字狱案中之罪犯,为清代所独创。乾隆年间的《大清律例》已有140余条罪名涉及处以发遣之刑。

(三)死刑行刑种类增多

清代之死刑,除基本的绞、斩两种之外,还有凌迟、枭首等见于律内的死刑种类。对于普通犯罪之死刑,多处以绞、斩。绞、斩刑又分为"立决"与"监候"。总体而言,"立决"针对那些性质严重、案情属实、适用法律得当、无疑义的案件,而"监候"则针对那些尚有疑问或者是有矜免情节的案件。判"立决"的罪犯在当年秋天即被执行死刑,判处"监候"的罪犯暂时收监羁押,留待秋审或朝审再作判决。

★作为宋元以后的极刑,凌迟刑在清代也被当作最终的刑罚,用以处死朝廷认为触犯最严重犯罪(如谋反、大逆等)之人。在清律中,除继承明律规定的13种凌迟罪名以外,还陆续增加了劫囚、发冢、谋杀人、杀一家三人、威逼人致死、殴伤业师、殴祖父母父母、狱囚脱监、谋杀本夫等罪名,凌迟适用范围进一步扩大,直至清末才被废除。**至清代,传统社会谋杀的概念已定型,谋杀即有预谋的故意杀人,而故杀是没有预谋、突然起意的故意杀人。**枭首也是清代使用较为广泛的死刑方法。清初,枭首刑(斩首高悬以示众)仅限于在凌迟重案中照例枭首,但随着时间的推移,枭首刑适用的范围越来越广。定例,大凡强盗、窃盗及所谓"江洋大盗"、京城及城郊的劫盗等,都规定应"枭首",但清朝制度中,女犯例不枭首。

(四)附加刑

清代的附加刑主要有刺字与枷号。刺字是一种常用的附加刑,清初之刺字是用于强盗、窃盗等案,后来的定例中将其范围逐渐扩大,大凡凶犯、逃军、逃流、外遣、改发等,皆须刺字。清代刺字有刺面与刺臂之别,初犯刺右臂,再犯刺左臂,三犯、四犯分别刺右、左脸颊,刺字之内容为特定的图记或所犯事由或所配地方。刺字之疼痛是惩罚,刺字之标记是耻辱,同时也便于缉捕。定例规定,若被刺之人犯数年内无过,或缉获强盗二名以上,例准起除刺字,复为良民。

除刺字外,适用范围较广的附加刑还有枷号。枷号一般是在主刑执行完毕之后,将人犯戴枷立于衙门之外、城门口或者集市,时间短则三五日,长则半年、一年,甚至数年。枷号在清初主要是作为优待旗人犯罪的替代刑,以代徒、流、发遣等,后来不再限于旗人,并扩大至犯奸、赌博、逃军、逃流等罪,枷号也适用于伦理、风化案件的附加刑,对那些子孙不肖、违犯教令,或是触犯奸非、"光棍"等罪名的人犯,经常枷号示众。乾隆时确定枷的重量,轻者二十五斤,重者三十五斤。

二、刑事法制的特点

(一)严惩危害统治的犯罪

清律直接源自明律,因此也承袭了隋唐以来的"十恶"制度,并将谋反、谋大逆、谋叛和大不敬等危害皇帝安全和尊严的行为列为最严重犯罪,用最为严厉的刑罚加以惩处。由于清代为少数民族入主中原建立的全国性政权,以"反清复明"为代表的各种政治暗流涌动始终,其统治面临前所未有的压力,所以清代在巩固皇权和强化统治方面的力度大于前代。

清律《贼盗》规定,凡谋反、谋大逆者,本人不分首从皆凌迟处死,父子、祖孙、兄弟及同居之男子年十六以上者,不分同姓异姓,亦不限籍之异同,不分是否残疾,一律处斩。十五岁以下男性亲属及母女、妻妾、姊妹,甚至子之妻妾都一并没收,给付功臣为奴,财产入官。关于谋叛,清律规定本人不分首从皆斩,妻妾、子女给付功臣为奴,财产入官。

为严厉打击汉族民众的反抗,清政府将汉族传统的结社、拜盟等行为列为犯罪,并按照谋叛律例处罚。乾隆时定例:凡异姓人,但有歃血订盟结拜兄弟者,照谋叛未行律,为首者拟绞监候,为从减一等。若聚众至二十人以上,为首者绞,为从发云贵极边烟瘴充军。即便未歃血盟誓,只结拜兄弟,聚众四十人以上,为首者绞监候;四十人以下,二十人以上,为首者杖一百,枷号两个月,为从,各减一等。

(二)加强思想文化领域的控制

明清之际是中国知识分子思想较为活跃的时期,尤其是经济发展水平较高、文人阶层比较集中的江南地区更为活跃。明末以来,怀疑、批判君主专制的思潮在知识分子中渐渐兴起,加之或明或暗的反清复明思想,使清政府深感不安。为巩固统治,清初统治者一方面尊崇孔孟之道,提倡程朱理学,以八股取士让读书人进入官僚统治集团,通过编修《四库全书》来推行文化专制;另一方面则严厉打击具有启蒙思想以及反满思想的知识分子,大兴文字狱,收缴、禁燬各类反清排满或者“异端悖逆”的书籍,通过暴力手段来维护文化专制。

清代顺治、康熙、雍正、乾隆四朝一百多年时间里,有案可查的文字狱百余起,其中著名的有:康熙二年(公元1663年)“庄氏《明史》案”、康熙五十年(公元1711年)“《南山集》案”、雍正六年(公元1728年)“曾静案”、乾隆四十二年(公元1777年)“字贯案”等。以康熙朝“明史案”为例,浙江富商庄廷鑨为求文名,招揽江浙一带高才名士,将明万历年间朱国桢所著《札史》改为《明史》刻版印行,不少江浙名士名列编者之中。由于该书是明代人原著,故记载了当时满洲兴起的情况,以及满洲与明廷的关系,如努尔哈赤曾为明建州卫左都督等事。这部《明史》中不称努尔哈赤为太祖,而径称建州都督,不按清帝年号却按南明年号纪年。后来此书被人告发,当时庄廷鑨已死,清朝统治者仍令开棺戮尸,受牵连的包括其兄弟、子侄及书稿的刊刻者、读者、保存者,甚至知道而不察举的地方官员,共七十余人被处死,其中被凌迟者十八人,其他受株连者有七百人,皆被处以发遣、充军、流行等。

文字狱案都是根据文字随意罗织罪名,经过锻炼而成大案,一般都是牵连极广,危害也极大。由于在《大清律例》中并没有文字狱相关条款,所以对于此类案件,往往是按照或者比照谋反、大逆罪处罚,处刑皆较为残酷。

第三节　以契约为代表的传统私法特征

通过订立契约的方式作为交易手段在中国古已有之,明代之前即已十分发达。至明清时代之中国,以契约为代表的私法体系已经形成一套非常成熟与完整的习惯制度。此时,我们从个人、社会与国家三个层面对以契约为代表的私法习惯进行观察,认识这种交易方式蕴含的传统文化之现代性价值,是理解传统中国私法及其在今日中国仍或显或隐地发挥作用的基础。

首先,就个人层面而言,形形色色的契约是当时人们日常生活的真实反映。对契约文本与多元史料所反映的契约关系进行考察,我们可以看到中国传统契约并非建立了一套以概念为中心的抽象的契约法。契约文书中的表达反映了当事人身份及其在契约中具体关系,契约文书维系了这种关系。人们可以通过具体关系的变更不断地修正、发展、影响契约关系,从而使契约达到一种反映生活并为人们自身生活服务的运行状态。

通过对土地契约的分析,我们会发现传统中国契约的多样性,实际上是根源于当事人在契约中具体关系的复杂性。在土地所有权分化为“田底”与“田面”两种并行不悖的权利之后,关于“田底”“田面”的买卖也平行流转下去,互不影响。在交易时,人们会根据自己的不同需要与实际能力而选择“绝卖”“活卖”“典”。租佃契约中业主与佃户在缔结租佃契约时,详尽地规定了承租人的各项义务,租佃契约有效期内双方因具体处境的不同而展开一场试图改变已经缔结的契约内容的博弈,这些都有可能体现在产生契约并由契约联结的具体关系中。这些契约的缔结都是缔约方在生活中的具体关系的体现,在经历漫长社会变迁之后才被类型化。[1]

我们可以看到,契约本身是传统时代中国人的一种生活方式,人们通过契约文书来进行意思表达,满足了日常生活所需要的确信与保障,使稳定的社会秩序可以实现。虽然契约交易行为中不可避免地出现一些乘人之危、受胁迫或利诱等情形,但这不会成为人们通过契约文书进行自己真实意思表示的障碍。海量契约文书表明,个人意愿在交易中得到了尊重与认可。这种“自由意志”在所谓“前现代”社会的表达,本没有什么稀奇,不过被冠以现代性的价值再现,也未尝不可。

其次,从社会层面而言,传统中国乡里社会(主要是熟人关系或者拟制的熟人关系)对于一纸文书所承载的私法关系给予了强有力的文化保障,这既是对于个人意思表示的一种支持,也是对于违约行为的限制。我们可以通过普遍存在的“中人”现象来理解这一问题。“中人”作为契约相对方之外的一类人,几乎存在于每一份传统契约文书之中,他们并不是契约关系所涉权利的出让者或承受者,也就是说,我们在文书中看不出其与正在进行交易的标的有何联系,但他们确是每次交易、缔约行为的参与者,且备受各方重视。无论是将其理解为一种制度还是一种习惯,都会引发人们对其普遍存在的意义产生好奇。

现代视角研究“中人”,其多被描述为中间人、担保人或者调解人等功能形象,而针对形成此功能之内在机制与文化因素的讨论不多。如果将中人问题还原到中国传统社会,通过中人以及缔约相对方构成的人际关系网络,就可以看到抽象的契约关系实际上是具体的人际关系。中人对于契约关系或者说中国传统文化观念对中国传统“私法”秩序的保障作用,便可以得到理解。在交易中借助中人将交易双方联系起来制造的“熟人”关系,使中国传统社会根植人心的道德观念可以用来维护契约关系,使相对方抽象的契约关系在人际关系网络中变得具体化,使交易各方

---

〔1〕 详见王帅一:《明清社会生活中的具体关系:土地契约的多样性表达》,载《社会科学辑刊》2015 年第 6 期。

在契约关系中获得安全可靠的确信。[1]

中人普遍存在于契约中的现象,实际上是中国文化在具体制度上的体现,是我们理解传统中国的私法秩序的逻辑起点。中国人强调的这种“人本主义”之中的其乐融融之和谐关系,根本目的是维护各种社会关系的稳定发展,可谓与现代法治理念殊途同归。因此,中人的出现,并不仅仅是一种功能主义视角下对于契约制度的保障,只有从中国文化角度来认识中人,才能理解其在契约关系中所发挥作用的机制,才会认识中国传统社会私法运作的特点,发现其意义与价值所在。

最后,我们来谈谈从国家层面认识的中国传统私法的问题。史尚宽先生在其《民法总论》中提及,“然亦有以私法关系为法书规定之内容者,如所谓户律、婚律、户婚、户役、田宅、婚姻、钱债等篇目是也。此种法条之规定,且有随时代而增详之趋势,可谓皆民法也”。仅从法典涉及内容就一言以谓之曰“民法”,这种看法恐怕没有如实还原传统立法之本意,也与今日民法之旨趣大相径庭。例如,在明清律《户律·田宅》有关契约买卖田宅的内容中,首先谈到的是“税契”问题(“凡典卖田宅不税契者,笞五十,仍追田宅价钱一半入官”)。纵观律典全文,我们也难以看到民法问题。

那么,在国家立法几乎“缺位”的情形下,探讨究竟何种因素维护了一个私法体系顺畅运作时,国家的力量不可忽视,但也确实不是直接因素。不仅国家在这一问题上采取了尽量不介入的态度,人们的日常生活也并不依赖国家,或者说不主要依靠国家来解决此类“鼠牙雀角”之事。明清时代国家典章制度中并未如今天的民法规范一样明确规定民间应如何运用法律来进行私法方面的活动,但也并未彻底游离于这些民间自发的私法习惯之外。

以前例“税契”及相关规定来说,国家介入田房交易之中,从而对民间契约习惯形成干预,并非要肆意扩张权力,而是借助民间契约交易这一私法习惯,来掌握另一项对国家而言更为重要的赋役制度的基础——土地所有权流转信息。官方对于私法行为进行干预的最终指向,是要确保其可以征得税赋。事实上,国家是在一定程度上借助了私法行为,来维护公权力的运行,并由此赋予了私法行为以正式制度的认可。值得注意的是,在此过程中,国家十分重视民间的反应,注意到权力与私法的范围应有所分界。[2]

综上所述,个人、社会以及国家三个层面共同构成了中国传统私法文化具体而

---

〔1〕 王帅一:《明清时代的“中人”与契约秩序》,载《政法论坛》2016年第2期。

〔2〕 详见王帅一:《明清时代官方对于契约的干预:通过“税契”方式的介入》,载《中外法学》2012年第6期。

真实的存在。核心要旨皆在崇尚理性与尊重意思自治,对民间自发形成的私法文化给予认可。就私法而言,中国文化浸润下的传统社会解决纠纷之道无须依靠国家制定法。此种"鼠牙雀角"之争即使上升到州县层面,父母官也是引经据典而非援引律例,依靠儒学、历史、常识及契约发生的社会关系网络来解决纠纷,实际上是依靠人的内心,而非像法律依靠外在的权力。苏亦工教授在其《仁、爱与权利》一文中强调"法治是道德堕落的产物,是人类退而求其次的不得已之计"[1],中国传统私法文化正是这种尊重人性、推崇个人道德品行的积极作用,努力于社会自发形成的私法关系之中,构建和谐局面,实现长治久安。

第四节　司 法 制 度

清代司法制度沿袭明代基本制度,也有一些自身特色,总体而言,其是中国传统司法制度之集大成者。

一、中央与地方的司法机构

(一)中央司法机构

清代司法机构的组织架构基本上是承袭明朝制度。在中央,刑部、大理寺、都察院三个主要司法机构构成中央"三法司",成为皇帝之下最主要的中央司法机构,而皇帝是全国司法机构金字塔的塔尖。三法司的职权范围,大体上也与明朝制度相同,刑部主审,大理寺复核,都察院监督。但清代素有"部权特重"的说法,掌"天下刑罚之政令"的刑部地位更重于明代,是最受朝廷重视的一个司法机构。

此外,作为少数民族统治的国土广袤的统一多民族国家,清代的中央司法制度也有其自身特点。为维护统治阶层的特权,清廷将宗人府与内务府慎刑司作为审理满人案件的司法机构。满洲贵族的诉讼案件由宗人府会同刑部、户部共同审理,一般司法机构无权过问。内务府掌宫廷事务,设慎刑司负责审理在宫廷当差的满人案件。作为负责管理蒙古、西藏、新疆等边疆少数民族地区事务的最高机构,理藩院实际上也承担了处理相关少数民族案件的司法机构的角色。其下设理刑司负责受理少数民族地区的上诉案件和发遣、死刑案件的复核。其中,发遣案件的复核须

[1] 苏亦工:《天下归仁:儒家文化与法》,人民出版社2015年版,第5页。

会同刑部进行,死刑则经三法司会审,呈报皇帝批准后,才能定案。

(二)地方司法机构

清代地方各级衙门基本沿袭明代建制,但也有显著不同,不过,调处纠纷、审判案件皆为各级衙门最主要的职责之一。清代地方衙门建制与明代最大的不同在于,"钦差"的地方化。至乾隆朝,总督、巡抚这一原本是"因事而设"的中央官员巡驻地方的制度基本定型化与地方化。在州县、府、布按二司之上,又嵌套了巡抚与总督两级衙门(有些省份只有总督或巡抚一级)。

★一般而言,**州县负责辖区内全部案件的初审,其中"户婚、田土、钱债、斗殴"等笞杖轻罪案件称为州县自理案件,经州县长官判决生效;督抚有权决定徒刑案件的判决;军、流、发遣由刑部审结,死罪案件由刑部与大理寺、都察院会审,奏请皇帝裁决**。不过,即使州县、督抚、刑部已经审结定谳的案件,仍有人不服时也存在逐级上控或者越诉的情况,甚至直至京城以达天听,因此可以说,**一切案件审判与纠纷处理的最终权力皆在皇帝手中**。

(三)胥吏、幕友与司法

清代司法体制上一个突出问题,是胥吏与幕友对于实际司法过程的控制与操纵。

胥吏,又称书吏、书差或书役,是各级衙门中从事文书工作的官府雇员。书吏由官府自行招募,有一定条件限制:首先是身家清白,即出身不能为"贱民";其次是要有亲邻对其本人品行所做的保证;最后是具有一定的文字能力。此外,法律禁止生员和监生从事书吏的工作。胥吏的法定任期为五年,期满后可以参加相关考试,由吏部严加阅核,一等授予九品官职,二等授予流外官职。与中央主要衙门对应,地方官府衙门一般也会设立吏、户、礼、兵、刑、工六房,即使政务没有那么繁忙的小县,也至少会设立户房、刑房这两个基本机构。书吏以房划分,各司其职。此外,地方衙门还会根据具体事务不同,设置其他书吏。

幕友,又称幕宾、西席,俗称师爷,是官员私人聘请的政务顾问。幕友以私人身份应聘,属于官员的私人顾问,薪酬由官员的个人财产中支付。幕友一般是受过一定教育但未能从科举正途中脱颖而出的读书人,是未出仕读书人的出路之一。幕友经过专门训练,熟悉政务,其行为对幕主负责,有时也代主官查核胥吏,起着"代官而治"的作用。幕友一般有以下几类:懂司法审判的刑名幕友,懂财政税收的钱谷幕友,懂起草书信的书启幕友,懂给上级禀帖的书禀幕友,懂账目管理的账房幕友,懂文件分类的挂号幕友,最重要的是刑名与钱谷两类。

清代负责刑名案件的书吏与幕友,多是常年接触案件的老吏员,或是经过专门学习、培训的专才,有些幕友甚至是幕友世家,一般都精通律例,并有丰富的刑事案件经验与官场经验,对于科场出身的官员来说,是办理案件的重要帮手。清代地方衙门实行的是长官负责制,僚属与佐贰人员却普遍缺额,新任地方官员一般是科举出身,对于地方政务不甚熟悉,许多事务只能委与书吏,或请教幕友。书吏一般从本地招募,不仅熟悉衙门的故事陋规,相比外地来的官员,更熟悉当地风俗。因此,地方衙门的实际操作多是掌握在书吏手中。幕友作为职能需要而产生的一个职业群体,对于地方收税、治安、司法、教育、仓储、福利、礼仪等一切事务均有专门研习或者训练。由于地方官对上述事项的负责制度考核极其严厉,倘有疏忽,轻者罚俸、降职、革职,重者处死,这让科举出身的读书人疲于应付,很难胜任。幕友可以在上述事项提供专业的经验参考,或者直接处理这些问题,成为实质上的决策者。

二、会审制度的发展

★清代的**会审制度**是在明代会审制度基础上的进一步发展,体现出了中国传统文化影响下司法领域的"慎刑"思想,它**既是清代司法活动中的一项大典,也是皇权在司法系统中处于最高地位的体现**。清代比较重要的会审制度包括**热审**、**秋审**与**朝审**,清代的会审制度与明代相比,更为系统与成熟。

(一)热审

热审是指在小满后十日到立秋之前,由大理寺官员会同各道御史及刑部承办官员,审理发生在京畿的笞杖案件,并予以减轻发落的制度。其目的在于加快笞杖案件的审决速度,避免因天气炎热,致笞杖刑犯人庾毙狱中。

(二)经朝审发展而成秋审

清代继承了明代的朝审制度,并发展成秋审与朝审两种制度。秋审是复审各省死刑案件的一种制度,因其在每年秋季举行而得名。顺治十五年(公元1658年)定制,每年霜降前由地方详审"秋决重犯",奏请定夺。康熙年间,朝审与秋审渐趋一致。至乾隆朝,秋审进一步规范化,使之成为死刑缓刑的复核制度。

按清律规定,凡危害国家统治的犯罪,应立即处决的为"斩立决"与"绞立决"。如危害性不如危害国家统治犯罪,或者可矜可疑者,可暂判"斩监候"与"绞监候",暂缓处决,延至秋天由三法司或九卿会审。秋审于每年八月中下旬各省督抚对本辖区内所有绞、斩监候案件会同布政使、按察使进行复审,提出情实、缓决、矜、疑等处理意见,然后将卷宗具册上报刑部。在秋审之日,天安门金水桥西由军机大臣、内阁大学士、九卿、詹事、科道等中央官员共同复审,然后由刑部领衔具题奏报皇帝,由皇帝最后作出裁决。朝审则是中央各部院长官会同复审刑部在押斩、绞监候罪犯的审判制度,时间一般为霜降之后,秋审前一天进行。

★经过秋审与朝审的案件,据其情节对罪犯分"情实""缓决""可矜"及"留养承祀"四种不同情况进行处理。如定为"情实",即罪情属实,量刑适当,一般在冬至以前执行死刑。如定为"缓决",即案情属实,但危害性较小,则暂时关押,等待下一年会审,如经三次复审,仍定为缓决,罪犯可免去死罪,减等发落。如定为"可矜",即罪行虽然属实,但情有可原,直接予以减等发落。"留养承祀"则是雍正年间加入的,即罪行属实,但祖父母、父母年老无人奉养或为家中独子,经皇帝批准后,可以免死改为杖责、枷号示众,然后释放。

清代朝审与秋审的最后一个程序是皇帝亲自"勾到",届时刑部将案件进呈皇帝,由皇帝勾决。情实犯已勾者,即要执行死刑;如未勾者,则要与缓决者一同监禁至来年秋审。即使皇帝斟酌再三,做出的结果,刑部仍然不能立即发出执行死刑的通知,必经复奏题准乃可。

在死刑执行前规定如此复杂的复审、勾到、复奏等制度,目的只有一个,那就是"恤刑",限制各地擅杀与滥杀,体现出中国传统文化对于人的生命的重视。

第十一章 清代法律(下)

教学目标

理解清末的法律思想与制度内容,熟悉《钦定宪法大纲》、“十九信条”、谘议局与资政院等清末“预备立宪”内容,掌握《大清现行刑律》《大清新刑律》《大清商律草案》《大清民律草案》以及诉讼法律与法院编制法等清末修律主要内容,熟悉大理院、法部、四级三审制、领事裁判权、会审公廨等内容所反映的清末司法体制的变化。

推荐参考资料

1. 李贵连:《沈家本传》,法律出版社 2000 年版;
2. 李启成:《晚清各级审判厅研究》,北京大学出版社 2004 年版。

第一节 清末法制近代化概况

1840 年鸦片战争爆发,中国历史进入了一个新的阶段,由传统迈向近代,由闭关锁国逐渐门户开放,所谓“……概与立约通商……此三千余年一大变局也”[1]。鸦片战争之后各通商口岸、租界的开辟,及总理各国事务衙门的设立,体现出传统政治制度已经开始遭到挑战;从中外协定关税到海关总税务司的设立,意味着经济主权遭到破坏;从列强攫取领事裁判权到租界中“会审公廨”的设立,则意味着中国的司法主权开始丧失。与此变局相一致,在法律观念上,也出现了一系列变化,最为明显的表现就是由此前的盲目排外到主张“中体西用”;由维护“三纲”到开始批判

---

〔1〕 李鸿章:《筹议制造轮船未可裁撤折》,载吴汝纶:《李文忠公全书·奏稿 卷十九》,金陵书局 1908 年版,第 44 页。

"三纲";由信奉君权神授到主张君主立宪继而宣扬民主共和;由此前的法政不分到主张"司法独立";在立法思想上则由此前的诸法合体到各部门法分立。[1]

然而,虽然出现了种种变化,但是在立法方面或成文法修订上,直到清末变法之前,清朝还是延续此前的修律模式,以《大清律例》条例的纂修、光绪朝《大清会典》的编纂以及各部院则例的增订为主。《大清律例》自1840年之后,分别于1841年、1845年、1852年、1870年进行了四次纂修,此后在长达近30年的时间之内,没有续修,而以皇帝临时诏谕及发布"通行""章程"等立法方式来适应时代需求。光绪朝《大清会典》则在1883年开始大规模续纂,上起嘉庆十八年(公元1813年),下迄光绪二十二年(公元1896年)止,凡"事之有关典礼者一律纂入,用昭明备"。[2] 各部院则例,如《吏部处分则例》《礼部则例》《内务府则例》等,在这一时期,都有所增订。不过这些立法,都属于传统框架下的法律修订,并不具有近代化色彩,而本章所述的清朝法制,区别于此前传统律例,而特指具有近代性的法律制度。确切地说,直到清末,随着"新政"(1901~1911年)的展开,作为其一个重要环节,法律制度才开始真正转型。

一、清末法制近代化的正式启动及其原因

1901年1月29日,清政府于西安发布上谕:"世有万古不易之常经,无一成不变之治法……盖不变者三纲五常……可变者令甲令乙,不妨如琴瑟之改弦。"[3]这份变法诏书拉开了清末新政的序幕,也意味着清末法制近代化的正式启动。

无论是清末新政还是随之而来的法制变革,都是清政府对国内外危机的回应。国内危机表现为自然灾害频繁发生,教案不断,国内反清革命斗争浪潮的高涨,官场倾轧,政治腐败,经济衰退,等等。来自列强的压力,则使法制变革与历史上法制变化相比,显得更具时代特色。中国法制之所以要模仿列强,走近代化的道路,一个直接的因素来自于帝国主义的压力。这就是希望借改革法制,来废除帝国主义强加于我国的"领事裁判权",这也成为后来法律改革派对抗保守派的一个堂而皇之的理由。

★所谓领事裁判权,指的是居住在中国的外国人,如果在中国违法犯罪,不受中国法律的管辖,而由其本国驻中国的领事依照该国法律进行审判。这是对中国

---

[1] 参见张晋藩:《中国近代社会与法制文明》,中国政法大学出版社2003年版,第17~39页。

[2] 《光绪会典》卷首,《凡例》。

[3] 《清德宗实录》卷四七五,中华书局1987年版,第273~275页。(下引该书仅注书名和页码)

司法主权的一种严重侵害。它是在鸦片战争之后,外国列强通过一系列不平等条约攫取的,在中英《江南善后章程》《五口通商章程》,中美《望厦条约》、中英美法《上海洋泾浜设官会审章程》中都列明了。中国民众云涌的反帝反封建斗争,使帝国主义认识到赤裸裸的侵略是无法奏效的,必须用培养代理人的办法来控制中国攫取利益。庚子事变之后,各国列强与清政府合作。清政府也借此机会,要求修改原来的条约,以便获得地位的改善。于是从 1902 年起,清政府陆续与各国列强开展"改订商约运动",在中英、中美、中葡、中瑞等改订的商约中,帝国主义允诺如果中国改革法律,完善司法,使法律状况与西方一样人道文明,那么将放弃领事裁判权。比如,《中英续议通商行船条约》第 12 款内,就有"中国深欲整顿本国律例,以期与各西国律例改同一律,英国允愿尽力协助以成此举,一俟查悉中国律例情形及其审断办法及一切相关时宜皆臻妥善,英国即允弃其治外法权。"[1]这个治外法权,指的主要就是领事裁判权。

除了以上国内国际的压力以外,传统法律本身的困境也是促进法律近代化的一个重要因素,主要表现为以下三个方面:

一是法律体系方面。固有的以刑事为核心的法律体系,无法回应近代社会与法律的发展与挑战。近代,社会形态开始由传统的自然经济形态向农工商多元化形态转型,民商事活动的发展和活跃,需要一大批有效的民商事规则,但是传统法律中缺乏这方面的内容。同时,随着人类文明的进步与发展,传统法律中固有的一些酷刑,譬如凌迟、枭首、戮尸等,因为严重违背历史潮流,而受到日益强烈的批判。这些都意味着传统法律本身已经滞后,不能适应这个时代的要求。

二是司法程序方面。原来的民事刑事混合、家长制司法的作风,越来越不符合近代司法潮流。近代司法潮流要求法官是一名中立的裁判者,一定要明辨是非,确定责任,而不是追求片面和谐,导致忽视各方的权利。

三是法律人才方面。原来的科举人才,与近代法律专门化的趋势逐渐格格不入。原来的法律人才,都是通过四书五经的教育体系培养出来的,所以常常用伦理的眼光对待法律。这和近代要求法律人才专门化的潮流相违背,所以势必要加以改革。因此,在上述种种因素的共同作用下,法制近代化得以发生和发展。

---

〔1〕(清)朱寿朋编:《光绪朝东华录》(第 5 册),中华书局 1958 年版,第 4919 页。(下引该书仅注书名和页码)

二、清末法制近代化的阶段

清末法制近代化,大体可以分为三个阶段,当中也存在交叉。

(一)头痛医头、脚痛医脚的片面立法阶段(1902～1905年)

清末法制改革之初,清政府并没有一整套完整的修订法律方案。只是因为国内外此前多有对《大清律例》中的残酷法条的批判,所以以删改、废除《大清律例》相关残酷条款为主要的立法工作。又因为列强与清政府改订商约之后,要求清政府制定相关商业规则,所以清廷又忙于制定专门的商法。这些法律改革措施,都是配合当时最急切的政治运动而做出,所以带有强烈的“急就章”色彩,可谓是头痛医头脚痛医脚。

改造旧法,基本遵循了轻刑化、人道化的色彩,主要由1904年成立的修订法律馆主持完成。其近代性主要表现在:

1. 删除酷刑重法。1905年,沈家本、伍廷芳两位修订法律大臣向朝廷奏上《删除律例内重法折》,得到批准,删除了凌迟、枭首、戮尸等死刑刑种,并且删除了一些死罪条款。

2. 限制刑讯。1905年,还是两位修订法律大臣,相继向朝廷奏《奏停止刑讯请加详慎》《奏流徒禁刑讯、笞杖改罚金》的奏折,要求限制乃至停止刑讯逼供。后来朝廷回复,同意除了死刑案件证据确凿,允许使用刑讯来使罪犯服罪之外,其他不得刑讯。

3. 变死刑公开执行为秘密执行。原来死刑在各地闹市公开执行,民众可以围观,但修订法律大臣们认为这样有失人道,于是建议朝廷建立专门刑场,秘密执行死刑。

就制定新法而言,最大的成就是制定出了《钦定大清商律》。1903年,为了通商需要,清政府设立了商部,紧接着宣布制定商律。到1904年时,就制定出了商律。这是中国近代历史上第一部商法。因为仓促出台,所以并不完善,只包括《商人通例》和《公司律》两部分,没有涵盖海商、票据、保险等基本的商事法律,条文很简略。但是体现了权利本位和私法自治的近代私法精神,秉持着民商分立的立法理念,这一理念也为清政府后来制定民商事法律所遵循。

除了制定商法之外,在这一阶段,针对社会出现的新生事物,清政府还专门用一些条例、章程等形式,制定了治罪专条。如针对电线杆、铁轨等新事物的盗窃或破坏,专门立了一些条款。但总体而言,这一阶段的法制改革,并不系统,基本上停留在修修补补,小敲小打阶段,属于头痛医头脚痛医脚的片面立法阶段。

(二)在"预备立宪"指导下的系统立法的阶段(1906~1911年)

尽管1901年朝廷就下发了变法的谕旨,但是直到1904年,并没有确定的变法方向。1904年日俄战争之后,立宪逐渐成为政治潮流,在多重压力之下,清政府于1906年下诏"预备仿行宪政"。

因为清政府认为当时中国还不具备立宪的能力,所以必须要准备一段时间,故称为"预备",又因为此前从无立宪的经验,只能仿照西方列强的宪政实践,所以叫"仿行"。为了立宪的需要,首先要进行官制改革,于是1906年下半年,清政府开始进行机构改革,史称"丙午改制",改制的结果形成了十一部两院的中央文官体制,其中刑部变成法部,专门负责全国行政司法事务;大理寺改成大理院,专门负责全国最高司法审判事务,实现行政和审判的分离,带有近代"司法独立"的色彩。

除了机构改革之外,在中央,为预备立宪,筹设了带有中央议会色彩的资政院,即"庶政公诸舆论",但它仅是一个议论的机构,议而不能决;而在地方,与资政院相类似的机构,则是谘议局,作为地方议会的雏形,同样仅限于议政和备咨询。1908年9月,清政府颁布了近代第一个宪法性文件《钦定宪法大纲》,与此同时,又允准了具体领导立宪的机构——宪政编查馆制定的"九年预备立宪清单"。这份清单将立宪的预备期定为九年,并且分年列出每年需要办理的事项。正是这份清单,给清末的系统立法定了一个时间表如下:

1908年:修改新刑律,编订民律、商律、刑事民事诉讼律等法典。

1909年:颁布法院编制法,核订新刑律。

1910年:编订户籍法,颁布新刑律。

1911年:编订会计法,核定民律、商律、刑事民事诉讼律等法典。

1912年:颁布户籍法。

1913年:实行户籍法,实行新刑律,颁布新定民律、商律、刑事民事诉讼律等法典。

1914年:颁布会计法。

1915年:实行会计法,实行民律、商律、刑事诉讼律等法典。

1916年:宣布宪法,颁布议院法,颁布上下议院议员选举法。[1]

从此后清政府的立法实践来看,基本上是按照这个时间表进行的。但是因为

---

〔1〕 故宫博物院明清史档案部编:《清末筹备立宪档案史料》(上册),中华书局1979年版,第60~67页。

1908年慈禧太后、光绪皇帝相继驾崩,1911年辛亥革命爆发,清朝灭亡,所以除了新刑律、法院编制法等少数法律按时颁布之外,其他法律大都停留在起草阶段。

在这个阶段中,最有成就的法制贡献即为《钦定宪法大纲》和《大清刑律》的颁布。《钦定宪法大纲》以根本法形式确立了君主立宪制,规定了国体和政体,标志着宪法合法地位的确立和法律高于皇权原则的确立。《大清刑律》,也称为《大清新刑律》,则从根本上告别了传统的《大清律例》诸法合体的本质,宣告专门且独立的近代刑事法典的诞生。当然,这部新刑法在表决时,遇到了很大的阻力,引发了礼教派和法理派的争论。礼教派以张之洞、劳乃宣为代表,而法理派以沈家本、董康为代表,前者主张保留带有礼教色彩的无夫奸、子孙违反教令等条款,而后者主张这些纯属道德规范,不必以刑法来规范,斗争的结果是将反映旧社会礼教的条款作为“暂行章程”,列在法典的附录中。

(三)注重法律配套改革的阶段(1908~1911年)

法制近代化,绝对不仅是制定富有近代色彩的法律即可达成,还需要各项配套的改革。所以清末法制近代化过程中,有识之士早已发现,要想推动法律近代化,不仅仅要制定近代化的法,更需要司法的近代化和法律教育的近代化。早在1905年的夏天,伍廷芳、沈家本这两位修订法律大臣,就奏请设立专门的法律学堂,培养新型的司法人才。后来因为基础条件不具备,他们又请于各省课吏馆内专设仕学速成科,作为设立法律学堂的过渡。

到1907年,修订法律馆从原来的刑部、改制后的法部独立出来,成为单设的机构后,大臣们就奏请设立了专门的法律学堂——京师法律学堂。修订法律大臣又专门聘请日本法律专家冈田朝太郎、松冈义正、志田甲太郎、小河滋次郎等,作为法律学堂的教习,同时兼任修订法律馆的顾问,这些外籍顾问,在中国法律近代化的过程中,发挥了重要的作用,有的还是相关法律草案的直接起草者。

与兴办法律教育相关的,还有创新立法方法。在这一方面,清政府为了制定民商事法律,吸收别国的先进立法经验,在国内进行过两次大规模的民事习惯调查和商事习惯调查。尽管存在流于形式之嫌疑,而且还是限于时间的仓促,调查结论没有能充分反映到民商事立法草案中,但是这样的实践,无疑为后世民商事立法的改进,提供了重要的借鉴。

此外,为了更好地进行审判活动,晚清政府筹设近代司法体制,中央于1906年设法部和大理院,分掌行政和审判,而地方则逐渐筹设专门的审判厅,1910年,《法院编制法》出台,依照该法,全国审判衙门分为大理院、高等审判厅、地方审判厅和初级审判厅四级,各级审判厅内附设检察厅,之后,各地陆续建立起审判厅,中央还于1910年举行了第一次全国法官考试。从此,法律专业化成为历史的潮流。

总之,在清末法制近代化过程中,以宪法为中心的各部门法或者部门法草案纷纷告成,标志着近代部门法体系的基本确立,从此在形式上告别了传统的中华法系。当然,限于时间的仓促,这些成就还大多停留在立法的阶段,在实践中能否深入贯彻,仍有待后来历史的检验。

第二节　清末的预备立宪活动与宪法性文件

一、"预备立宪"的提出

在清末"预备立宪"的诏令发布以前,立宪思潮已经在朝野上下传播开来。除了早期改良派和以康有为为首的维新派呼吁"设议院""定宪法"之外,更有许多朝廷官员和地方士绅不断宣传立宪之利,并且还组织立宪团体,为中国立宪事业呐喊。日俄战争日本战胜,又给中国朝野以巨大刺激,认定"日俄之胜负,立宪专制之胜负也"[1]。1905年7月16日,朝廷迫于立宪的舆论以及其他内外压力,接受了廷臣奏请简派亲贵分赴东西洋各国考察政治的建议,并成立考察政治馆,负责指导"新政"的开展。

1905年12月7日,朝廷派出由五大臣领队的宪政考察团开始出洋考察,一路由载泽、李盛铎、尚其亨带队赴英、法、比利时、日本等国家;另一路则由戴鸿慈、端方带队前往美、德、意大利、奥地利等国。次年7月23日和8月10日,载泽、戴鸿慈两路考察团先后归来,都痛陈中国不立宪之害和立宪之利。大致观点是中国需要立宪,且列强支持中国立宪,立宪需要法德日模式进行,立宪的具体好处有"皇位永固""外患渐轻""内乱可弭"。[2]

这三大利最终打动了清廷最高决策者,于是1906年9月4日,朝廷发布预备立宪诏书,该诏书强调:

国势不振,实由于上下相睽,内外隔阂,官不知所以保民,民不知所以卫国。而各国之所以富强者,实由于实行宪法,取决公论,君民一体,呼吸相通,博采众长,明

---

〔1〕 吴经雄、黄公觉:《中国制宪史》(上册),上海书店1992年版,第10页。

〔2〕 《辛亥革命》(第4册),上海人民出版社1957年版,第28~29页。

定国体,以及筹备财政,经画政务,无不公之于黎庶。又在各国相师,变通尽利,政通民和,有由来矣。时处今日,惟有及时详析斟核,仿行宪政,大权统于朝廷,庶政公诸舆论[1]。

该诏书承认立宪国"君民一体"有利于发挥人民的积极性,集思广益,治理国家,而不立宪则会"上下相暌",无疑突出了立宪的意义,但将仿行宪政,仅仅局限于"大权统于朝廷,庶政公诸舆论",则只是在言论自由方面稍有变革,本质上与"立宪"真正内涵差距甚大,但这是中国首次进行的立宪尝试,在中国法制史上,具有里程碑式的意义。

二、立宪"预备"事项

清政府认为中国民智未开,尚不具备立行宪政的能力,需要进行一段时间的准备工作,即"预备",根据清政府的立宪规划,其主要"预备"事项有:

(一)官制改革

官制改革是最早也是最明确提出的预备事项。清政府认为要立宪,"必从官制入手",将之改成符合立宪政体的形式。于是在1906年,清政府进行中央机构的官制改革,其结果即形成了十一部两院的中央文官体制,即改巡警部[2]为民政部;户部改称度支部(新政初期成立的财政处和税务部亦并入该部);礼部照设(太常寺、光禄寺、鸿胪寺并入);兵部改为陆军部(新政初期成立的练兵处和原太仆寺并入);刑部改为法部;新设邮传部(负责轮船、邮政、电线、铁路事务);工部并入商部[3],改称农工商部;理藩院改称理藩部;外务部(1901年由原总理各国事务衙门改称)、吏部、学部(1905年设)均照设;大理寺改大理院,都察院不变。其余衙门,如军机处、宗人府、内阁、翰林院、钦天监、銮仪卫、内务府、太医院、各旗营、侍卫处、步军统领衙门、顺天府、仓场衙门等,均保留不动。经过改革后的官制,呈现出"新旧杂陈"的特点。其中最大的成就是"司法"和"审判"实现了分离(法部、大理院分司),且各机构按照要求都要制定新的官制草案,亦即新的行政组织法,带来了清末行政立法的一个高潮。因此,预备立宪中官制改革,虽有"换汤不换药"之嫌,仍不乏其积极意义。

---

[1] 故宫博物院明清档案部编:《清末筹备立宪档案史料》(上册),中华书局1979年版,第43~44页。

[2] 1902年,清政府在京师陆续裁撤五城司坊各署,创立工巡局,仿外国警察制度,用警官巡警,分段站岗,先在内城试办,1905年工巡局正式改名为巡警部。

[3] 清光绪二十九年七月十六日(1903年9月7日)置商部,掌商务及铁路矿务等事。

(二)中央"资政院"的设立("筹设中央议院")

★1907年9月20日,清政府下谕:"立宪政体取决于公论,上下议院实为行政之本。中国上下议院一时未能成立,亟宜设资政院以立议院基础。"〔1〕开始筹设带有议会性质的资政院,作为"议院的基础"。

1908年,资政院向朝廷奏上《资政院院章》,一共10章,加上附条2条,共67条。第一章为"总纲",规定了资政院的宗旨、组成以及活动的主要原则。第二章为"议员",规定了议员的任职资格、人数编制、推选方式、任期等。第三章为"职掌",规定了其应行议决的事项:诸如预算、决算、税法、公债、新定法典及修改(不包括宪法)、奉旨特交事件。第四章"资政院和各部衙门之关系",规定了资政院和各部衙门是一种平行的、不相统属的关系,最后的决定权还得取自上裁。第五章"资政院与各省谘议局之关系",则是一个复议的关系。第六章"资政院与人民之关系",则规定资政院对人民的陈情,只有咨送各衙门处理之权,而无行政或裁判之权。第七章"会议"则规定了资政院开会的规则。此外,第八章"纪律"、第九章"秘书厅官制"、第十章"经费"则规定了资政院的一些常规管理规范。

根据这个院章,在国会未能开设之时,资政院实质上代行某些国会的职责。虽然带有某种临时国会性质,但是和真正意义上的国会仍有本质的差别,表现在它既无制定和修改宪法的权力,也没有制约政府的职责。且院章明确规定预算和决算案由军机大臣或各部行政大臣先期拟定具奏,请旨于开会时交议。且议决后,还得由资政院总裁、副总裁分别会同军机大臣或各部行政大臣具奏,请旨定夺。再看其议员的产生情形,非常复杂,有八种之多,分成民选议员和钦选议员,而钦选议员,以有特别身份之人,先行互选,而后钦选,民选议员则由各省谘议局议员互选,再由督抚核定。所以,资政院"实际不过是由皇亲贵族、官僚地主、资产阶级上层所组成的,并受皇帝直接控制的机构而已"〔2〕。

尽管如此,因为有不少支持真正立宪的议员的努力,所以资政院在1910年开院之后,还是为推动立宪作了不少的贡献,诸如通过了《大清新刑律》以及其他法律草案,通过了弹劾军机大臣案和迅速设立责任内阁案,支持国会请愿运动,自身也要求速开国会,等等。有些活动尽管因为遭到保守势力乃至皇帝的阻挠而未能成功,且更多停留在"议而不决"阶段,但其是中国筹设国会的初创之举。

---

〔1〕《设立资政院派溥伦、孙家鼐为总裁并会同军机大臣拟订院章谕》,载故宫博物院明清档案部编:《清末筹备立宪档案史料》(下册),中华书局1979年版,第606页。

〔2〕张晋藩:《中国宪法史》,吉林人民出版社2004年版,第123页。

★(三)谘议局的设立(筹设地方议院)

与中央“资政院”相对应,地方上“庶政公诸舆论”的机构为谘议局。1907 年 10 月 19 日,朝廷发布《着各省速设谘议局谕》,要求地方速设谘议局,作为地方议院的基础,且从谘议局议员中,再推选资政院的“民选议员”。1908 年,清政府出台了《各省谘议局章程》[1],分 12 章,共 62 条。第一章为“总纲”,规定谘议局的性质和宗旨,为“各省采取舆论之地,以指陈通省利病,筹计地方治安”。第二章为“议员”,规定各省议员的数目,用复选举法选任,规定议员的选举办法,分本省籍贯之男子和非本省籍贯之男子,用不同的标准参选,又规定剥夺及停止某些人议员选举权和被选举权的情形。第三章为“议长、副议长及常驻议员”,规定了其选举方式以及各自的权利和义务。第四章为“任期及补缺”,任期一般以三年为限,而常驻议员则是以一年为限,而补缺,则都是以补足前任未满之期为限。第五章为“改选及辞职”,规定了议员任满后需要改选,同时规定了不能辞职的相关事项,当然,如果任满后再被选,则可以辞职。第六章为“职任权限”,规定谘议局有权议决本省应兴应革事件,出入预算、决算事件,税法及公债事件,本省担任义务制增加事件,本省单行章程之修改增删事件,本省权利之存废事件,选举资政院议员事件等。当然,还规定了和督抚的关系,虽然也提到督抚为谘议局决议的执行机构,但是如果督抚对谘议局决议不以为然,可以呈请谘议局复议乃至交资政院核议。第七章为“会议”,规定了谘议局的会议分常年会和临时会两种,常年会如何召集,临时会如何召集,开会的人数,会议纪律,诸如回避,议员履职以及言论得司法豁免,等等。第八章为“监督”,明确规定各省督抚有监督谘议局选举及会议之权,并于谘议局之议案有裁夺施行之权。第九章“办事处”,第十章“经费”,第十一章“罚则”,第十二章“附条”,皆是对谘议局的其他补充性规定或形式性规定。

总之,经过种种财产、出身、学历、职务的限制,选出的谘议局议员,非富即贵,且选举操纵在地方督抚手中,所以谘议局议员不能真正代表广大民众的利益。但因各省谘议局代表普遍倾向于立宪,故虽然受到朝廷和地方督抚的种种限制,但是其仍在权限范围内,行使职权,促进宪政的展开。

(四)地方自治的推行

清政府认为立宪需要明确中央和地方各自的权限,早在 1905 年,考察政治大臣载泽就建议朝廷:“宜取各国地方自治制度,择其尤便者,酌订专书,著为令典,克日

---

〔1〕 故宫博物院明清档案部编:《清末筹备立宪档案史料》,中华书局 1979 年版,第 670 ~ 682 页。

颁发,各省督抚分别照行。"[1]预备仿行立宪谕下发之后,地方自治成为预备立宪的重要环节。为了指导地方自治的开展,更为了将地方自治控制在自己所许可的范围内,清政府还专门制定了地方自治章程,由民政部负责起草制定,这就是1907年《城镇乡地方自治章程》[2],共九章112条,第一章为"总纲",界定了"自治""城镇乡区域"等概念,明确了自治范围,划定了自治权以及居民和选民等权限,明确宣布"按照定章,由地方公选合格选民,受地方官监督办理"。这意味着地方自治并非放任自流,而是在地方官监督之下的自治。第二章为"城镇乡议事会",规定了议事会议员的员额及任期、职任权限、会议召集及相关议事规则,相当于地方的权力机关,其组织方法和议事规则颇有点基层民主的色彩。第三章为"城镇董事会",规定了董事会的员额及任期、职任权限、会议召集及相关议事规则。董事会相当于城镇议事会的执行机关,准备议事会的选举及执行议事会的决议。当然,对议事会也有一定的监督之权。第四章为"乡董",规定了乡董的员额和任期、职任权限等规则。乡董负责乡一级的议事会的组织选举,执行乡议事会的决议。第五章为"自治经费",规定了经费的类别、管理及征收、预算决算及检查。此外,尚有第六章"自治监督",第七章"罚则",第八章"文书程式",第九章"附则",都是针对地方自治的一系列补充规定或形式上的规定。

地方自治的构想以及《城镇乡地方自治章程》,均是模仿日本的实践而为之,由朝廷自上而下进行推动,经过朝廷的三令五申,很多形式上的要件陆续在地方上具备,如各省纷纷开设自治研究所,来培训自治指导人才。就实际执行而言,并没有达到预期的效果,最终流于形式,但是它对于促进民智、宣传宪政仍起到了一定的作用。

此外,立宪的预备还包括其他方面的制度改革,这些改革都在1908年8月27日宪政编查馆奏进的"九年预备清单"中有所体现,[3]是立宪预备的路线图和时间表,主要集中于法律和司法改革、融合满汉关系、教育改革、财政改革诸领域,大部分均因为时间的仓促而未竟其大功,但均代表着进步的方向。

三、清末的宪法性文件

(一)《钦定宪法大纲》

★1908年9月8日,清政府正式下发谕旨,颁布了中国历史上第一部宪法性文

[1] 故宫博物院明清档案部编:《清末筹备立宪档案史料》,中华书局1979年版,第112页。

[2] 条款见故宫博物院明清档案部编:《清末筹备立宪档案史料》,中华书局1979年版,第727~741页。

[3] 故宫博物院明清档案部编:《清末筹备立宪档案史料》,中华书局1979年版,第60~67页。

件——《钦定宪法大纲》。

该法案分为两大部分,一共23条。第一部分为正文,为“君上大权”,共14条;第二部分为附则,为“臣民权利义务”,共9条。

这部宪法大纲模仿1889年的日本明治宪法,开篇第1条就宣告“大清皇帝统治大清帝国万世一系,永永尊戴”,第2条则规定“君上神圣尊严,不可侵犯”,这两条总则性的条文,强调了该宪法大纲的宗旨,乃在扩张君权。第3条至第11条,规定了皇帝的各项权力:第3条规定皇帝有钦定颁行法律及发交议案之权,第4条规定皇帝有召集、开闭、停展及解散议院之权,第5条规定皇上有设官制禄集黜陟百司之权,第6条规定有统帅军队之权,第7条规定有宣战、媾和、订立条约以及其他外交权,第8条规定有宣告戒严之权,第9条则规定君主总揽司法权,第10条规定有发布命令权,第11条规定紧急命令权。剩下的两条,一条规定皇室经费,由君上制定常额,议院不得置议;另一条则规定,皇帝大典,亦由皇帝决定,议会同样不能干预。

“君上大权”部分极为简略,而“臣民权利义务”则更只有寥寥数语,干脆收在“附录”之中,当然,在这一部分,有小字提示“其细目当于宪法起草时酌定”,由此可见,这也是一个最简单的纲要,只是泛泛而谈臣民有政治自由、财产自由、人身自由等权利,有纳税当兵、遵守法律等义务。

这部宪法性文件的特色在于:(1)它以根本法的形式确认了君主立宪制;(2)具有浓厚的封建性;(3)权利、自由的规定非常狭窄,范围极其有限;(4)议院的立法权和监督权非常有限,即使在形式上,议院也不是最高立法机关,且内政外交、军备财政,也多是由君上独专,明确规定“议院不得干预”或“不付议院议决”。

不过,《钦定宪法大纲》虽然具有浓厚的封建性,也并未真正贯彻近代宪政精神,更无从谈宪法一般蕴含的议会主权、主权在民、天赋人权等现代政治理念,但是其在近代公法史上的里程碑意义是不容忽视的,原因在于:(1)标志着宪法合法地位的确立,开中国宪政史之先河,从而拉开了法律制度现代化的序幕;(2)标志着法律高于皇权原则的确立;(3)标志着法定权利和义务概念的产生;(4)其基本宗旨“大权统于朝廷,庶政公诸舆论”,奠定了近代中国宪政史的基本格调。这一方面说明时代的进步,另一方面也说明从数千年的皇权专制转向民主共和,显然需要经历一番艰辛的历程。

(二)《宪法重大信条十九条》

★1908年《钦定宪法大纲》以及立宪筹备清单颁布之后,清政府按照九年预备清单进行立宪筹备,但受激进的革命风潮和日益高涨的立宪呼声影响,至1910年11

月9日,清政府遂下谕于宣统五年(公元1913年)开设议院。1910年11月10日,又派宗室溥伦和载泽为纂拟宪法大臣主持制定宪法,此后多人参与宪法起草,如李家驹、汪荣宝等,但草案一直未出台,这加深了立宪党人的不满,同时也使人民怀疑清政府"不立宪""假立宪"。

1911年10月10日,武昌起义爆发。11月,驻守京畿滦州的新军第二十镇统制张绍曾联络一批将领联名奏陈请愿意见政纲十二条,在承认皇帝万世一系的前提下,要求朝廷立开国会,改定宪法,且宪法要由国会起草议决,宪法改正提案权也得专属国会,并且要求限制皇帝权力,开放党禁,组织责任内阁,以及要求军人于国家重要问题有参议之权。对于张绍曾等人的建议,朝廷筹议未决,于是张绍曾等又向朝廷请求进兵南苑,以兵临城下迫使朝廷屈服。此事件被称为"滦州兵谏"。

清政府为应付兵谏,仓促之间颁布了《宪法重大信条十九条》,其中不少条款来自于滦州兵谏所提奏折中的"政纲十二条"。除了保留"大清帝国皇统万世不易"和"皇帝神圣不可侵犯"之外,其明确地提出"皇帝之权,以宪法所规定者为限","皇位继承顺序,于宪法规定之",强调皇帝必须在宪法的范围内活动,这就加强了对皇帝的限制。

同时,该法案还规定"宪法由资政院起草议决,由皇帝颁布之","宪法改正提案权属于国会",排除了皇帝操纵宪法的可能。

此外,该法案对于"议员""总理大臣"的选举,对于皇帝职权的行使,以及对于预算决算及其他国事方面的处理,皆作出了简要的规定,很显然,这个法案的宗旨是将原《钦定宪法大纲》中的以君主为主的"君主立宪"变成了"虚君共和"的"君主立宪"。至于臣民权利和义务,"十九条"只字未提,这就表明了当时清统治者考虑的是如何在统治阶级内部重新分配权力问题,对于他们而言,这是兵谏的由来,为首要解决之事。在这个意义上,《宪法重大信条十九条》只是一个为了应付眼前危机而仓促制定的文件,离真正意义上的宪法还相去甚远。

总之,虽然终清朝之世,宪政运动始终处于"预备"阶段,也没有出台过一部完备的宪法。但是以宪法作为国家根本大法的观念,却由此奠定,此后中国逐渐以宪法为核心,形成近代意义上的部门法体系,这也成为中国法律近代化以及近代法律体系区别于传统法的最本质的特征。

第三节 刑事法制

清末刑事法制的变革大致可以分成三个阶段,按时间顺序,分别为**删除《大清律例》内的重法,制定作为过渡性刑法典的《大清现行刑律》,起草并颁布近代意义上的刑法典——《大清刑律》**(以下简称新刑律),这当中存在一定的交叉,在纂修《大清现行刑律》的前后,新刑律的制定一直在进行,只是按正式颁布的时间,则《大清现行刑律》在先,而新刑律则到1910年才正式颁布。这三者中,删除律例重法和制定《大清现行刑律》,虽然带有一定的近代化色彩,但整个立法依旧可视为传统律例纂修的延续。只有新刑律的制定和颁布,才真正具有近代性,摆脱了传统律例框架而成为专门的刑法典。

一、删除律例内重法

自1904年修订法律馆开馆之后,就开始进行改造旧律的工作。1905年4月,修订法律馆奏请删除律例内凌迟、枭首、戮尸、缘坐、刺字等酷刑。〔1〕同月,还奏请变通笞杖办法,改为罚金并明定章程。该年5月,修订法律馆又奏拟变通窃盗条款,规定自此之后凡窃盗应拟笞杖罚者,改拟监禁劳动折抵。该年10月,又重申罪在徒流以下的,禁止刑讯,而旧例应笞杖的,改为罚金的新章。〔2〕1906年5月,修订法律馆又奏上《虚拟死罪改为徒流折》,将原先应拟死罪但秋审例得减等的犯罪改处轻刑。〔3〕

在1906年,修订法律馆还呈上《禁革买卖人口变通旧例议》,之后又上《删除奴婢律例》修律建议,次年,还奏上《遵议满汉通行刑律》折并清单,该满汉通行刑律对《大清律例》内旗人专条分别进行移改、删除、修改、修并四款,共计50条,同样都包括删除律例内重法的内容。

以上刑法的改革措施,无一例外地获得了清政府的批准,过程也比较顺利,但是,这些措施都是零零碎碎的,未触及体例形式,也未增入新时代涌现的罪名,只是为了应付现实生活中的需要,并回应列强对中国"刑罚太酷"的指责,而在新刑律未颁布之前所做的权宜性变革,但在一定程度上,同样可以反映出近代刑事立法轻刑

---

〔1〕《光绪朝东华录》(五),第5324页。

〔2〕同上注,第5412页。

〔3〕同上注,第5524页。

化的整体趋势。

二、制定并颁布《大清现行刑律》

在制定《大清现行刑律》之前,新刑律的起草已经几易其稿,围绕着新刑律的争论一直没有停止。在新刑律相关内容未达成共识之前,1908 年年初,修订法律大臣沈家本向朝廷上奏,提出先行制定适应时势之需的临时性的法典,作为新刑律实行前的过渡。其中一个理由是人民的习惯不容易骤然更改,且配套设施不具备,必须有一定的缓冲时间,以逐渐适应新刑法:

"诚以惯习本自传遗,损益宜分次第,初非旦夕所能责望也……惟是刑罚与教育互为盈朒,如教育未能普及,骤行轻典,似难收弼教之功,且审判之人才、警察之规程、监狱之制度,在在与刑法相维系,虽经渐次培养设立,究未悉臻完善,论嬗递之理,新律固为日后所必行,而实施之期殊非急迫可以从事。"[1]

此外,这也是吸收了日本近代化立法的经验。日本是先行改定传统律令,经过十年之后,再行新律的。

修订法律大臣的意见得到政府支持,于是修订法律馆以"删除总目""厘正刑名""节取新章""简易例文"四项原则,对《大清律例》进行了历史上最后一次,也是最大的一次改造。1909 年 9 月,修订法律大臣沈家本、俞廉三等上奏朝廷,宣布编订现行刑律告竣,同时奏请朝廷饬下法律馆与法部会同编辑同《现行刑律》配套的《秋审条款》,朝廷下旨将刑律草案交宪政编查馆核订,同时饬令编辑《秋审条款》。[2] 4 个月后,宪政编查馆拿出了核订意见,对修订法律馆纂修存在的保守之处进行纠正,并要求再增加新的罪条,如窃毁铁路要件治罪专条等。[3] 至 1910 年 5 月,《大清现行刑律》最终获准颁行,此律正律后还附入《禁烟条例》12 条,《秋审条款》165 条,内容赅备完善。

★**《大清现行刑律》**不同于新刑律,与原律例也有较大区别,其特点主要为:

第一,为适应新官制需求,删除了总目,即取消吏、户、礼、兵、刑、工六目,但依然和旧律一样,分为名例、职制、公式、户役、田宅、婚姻、仓库、课程、钱债、市廛、祭祀、仪制、宫卫、军政、关津、厩牧、邮驿、盗贼、人命、斗殴、骂詈、诉讼、受赃、诈伪、犯奸、

[1] 沈家本:《奏为拟请编定现行刑律以立推行新律基础折》,载故宫博物院编:《钦定大清现行刑律》,海南出版社 2000 年版,卷首所附奏折,下引该书仅注篇名、书名和页码。

[2] 《奏为编订现行刑律告竣缮具黄册恭候钦定折》,载《钦定大清现行刑律》卷首所附奏折。

[3] 奕劻等:《奏为遵旨核议具奏修订法律大臣奏编定现行刑律告竣缮具黄册恭候钦定折》,载《钦定大清现行刑律》卷首所附奏折。

杂犯、捕亡、断狱、营造、河防共30门,398条。与《大清律例》门数相同,但条文少了38条(《大清律例》原文436条)。

第二,在混合律条中区别民刑性质,对纯属民事性质的,不再科刑;但非纯属民事性质的,照旧处罚。此为采纳了宪政编查馆的意见而设:“现行律内户役内继承、分产、婚姻、田宅、钱债各条,应属民事者毋再科刑……若婚姻内之抢夺、奸占及背于礼教、违律嫁娶,田宅内之盗卖、强占,钱债内之费用受寄,虽隶属于户役,揆诸新律俱属刑律,科罪不得诿民事案件。”[1]

第三,将此前删除、修改的刑罚条文体现在律条中,改变传统五刑体系,将笞、杖、徒、流、死改为罚金、徒刑、遣刑、流刑、死刑,同时删除一些罪名条文,如“犯奸”“天文生有犯”等。

第四,在一定程度上注重人格的平等,删除如“良贱相殴”“良贱相奸”在身份上不平等的条文,并将“奴婢”改为“雇工人”,同时将满汉一体的思路贯彻在律文中,取消满人特权。

第五,将新出现的罪,如毁坏铁路或电讯、私铸银元、妨害国交等作为新例,纂入律中,同时删除部分旧例。

第六,保留大量体现帝制秩序的条文,在卷首列入律目、服制图、服制、保留律文中的“十恶”“八议”等条。

刑律整体风格与《大清律例》一致,增入了不少适应时代的内容,但无论是体例上还是原则上,都与近代刑法典有一定的差距。

三、制定并颁布《钦定大清刑律》

清末法制改革所修订的种种法典及法律草案中,这部刑律所引起的是非是最多的。据参与起草新刑律的日本法学家冈田朝太郎称,从此刑律的预备案起算,至1910年年底颁布时止,期间共历七案,[2]历时4年。

---

[1] 奕劻等:《奏为呈进现行刑律黄册定本请旨颁行以资遵守折》,载《钦定大清现行刑律》卷首所附奏折。

[2] 预备案:由修订法律馆起草,光绪三十二年春脱稿,是年秋,因冈田朝太郎入馆,遂废此案,另纂新案。第一案:冈田主纂,三十三年八月脱稿,由修订法律馆奏进。第二案:宣统元年十二月,法部、修订法律馆根据地方督抚的签注,修订而成,名《修正刑律草案》。第三案:宣统二年,宪政编查馆核订第二案时,以第一案为基础修正而成。第四案:宣统二年冬,宪政编查馆将第三案提交资政院,资政院法典股对第三案加以修改而成。第五案:资政院三读会通过第四案总则,分则未及议毕而资政院闭会,分则暂从第四案。第六案:宣统二年十二月,朝廷以上谕裁定第五案之分歧而予以颁布,这一案就为最后钦定大清刑律的定本,予以颁行。参见李贵连:《沈家本传》,法律出版社2000年版,第284页。

这部法案最终于1910年在资政院交付表决时,引发了资政院两派议员尖锐的争论。其中一派以劳乃宣为首,成员有内阁学士陈宝琛、京师大学堂总监刘廷琛、德国人赫善心等,他们因强调法律必须贯彻道德礼教,而被称为“礼教派”;另一派以修订法律大臣沈家本为首,成员包括修订法律馆绝大多数馆员和宪政编查馆的杨度、吴廷燮,日本人冈田朝太郎等人,因其主张法律归法律,道德礼教归道德礼教,故被称为“法理派”,两派之争,亦即“礼法之争”。

从整个礼法争议过程看来,争论的焦点集中在以下三个方面:第一,新刑律立法宗旨应以西方法律原则为主,还是以纲常伦理为主?第二,新刑律的精神究竟应该采国家主义,还是采固有家族主义?第三,《大清律例》中的“干名犯义”“犯罪存留养亲”“亲属相奸”“亲属相盗”“亲属相殴”“故杀子孙”“杀有服卑幼”“妻殴夫、夫殴妻”“犯奸”“子孙违反教令”等维护礼教传统的法条,是否要全部列入新刑律,如何列入?

其中前两个问题属于原理上的争论,不关乎资政院的投票表决;第三个问题则关乎这些礼教条款是否入律的问题,故所争至为激烈。礼教派主张,这些条款尤其是“子孙违反教令”和“无夫奸”两条,因其严重悖逆礼教,一旦不入律,当造成社会道德沦丧,无异自毁樊篱,故坚决主张入律。法理派则认为,这些条款欧美近代化国家多不属法律范畴,且更多关乎教育,不必规定于刑律之中。两派相持不下,最后投票表决,因赞成此两者定罪入律的投白票,而反对者投蓝票,故又被称为蓝白党争。最终的结果,两者入律,但置于附录性质的“暂行章程”当中,从中可见法律近代化趋势和国情民意的冲突与妥协。

★最后颁行的《钦定大清刑律》共53章411条,另附暂行章程5条。它一反传统的体例和原则,而采用现代性体例和原则,虽仍保留部分封建性内容,但根本上已迈入近代法典之列。它与旧律最大的不同点在于变通责任年龄,采共犯主义,除对元首及直系尊亲属犯罪外,废除阶级,一律平等,扩张刑之上下限,犹豫执行,假释,时效等方面。

诚如沈家本在奏上新刑律草案折中所称,该草案坚持五大原则:更定刑名、酌减死刑,死刑唯一,删除比附,惩治教育。[1] 本此五原则,最后的法典呈现以下色彩。

第一,在体例上,根据当时世界通行标准,它分为总则和分则两编。总则共17

---

〔1〕《修订法律大臣沈家本等奏进刑律草案折并清单》,载《大清法规大全·法律部·法典草案一》,台湾考正出版社1972年影印版。

章规定了犯罪的构成要素和刑罚适用的一般原则,分则 36 章规定了具体的罪名和刑罚。

第二,在原则上,它吸收了一些近代性刑法原则,如正当防卫、罪刑法定、人格平等原则。

第三,在刑罚体系上,改变过去五刑体制,而采用近代刑法体系,分为主刑与从刑两大类。主刑包括死刑、无期徒刑、有期徒刑、拘役、罚金五种,从刑为褫夺公权和没收财产两种。同时改变死刑执行方式,不再保留斩刑,而用绞刑和枪决。

第四,大量的条文减轻刑事处罚,将原来 840 多条死罪减少到约 40 条,并确立感化主义价值观,体现轻刑、人道的色彩。

第五,增加妨害选举、妨害饮料水、妨害交通、妨害安全信用名誉及秘密、妨害卫生、堕胎等新罪名。

第六,删除十恶、八议等体现浓厚封建色彩的罪条。

第七,保留了一些维护君主专制统治和传统礼教精神的刑法内容,如在律后附有服制与《暂行章程》。

该法典因其给朝野带来的巨大冲击力,而成为清末修律的代表作。

第四节　民商法制

一、清末商法的制定

清末私法的创制,首先是从商法开始的。清末商法的起草和制定,经历了两个阶段。第一个阶段就是应庚子事变后"通商交涉"之需,而订立商法,因为需求孔亟,故自商部成立之后,很快就制定出了《商人通例》和《公司律》,并合并在一起,作为《钦定大清商律》通行。第二个阶段则是应"预备立宪"之需,制定专门的商法典。前一个阶段是由商部作为主导,而后一个阶段则主要是修订法律馆在起草,但是修订法律馆起草的商法典未及颁行清祚已覆。在清末生效者,唯独商部(后来合并成农工商部)起草的诸种商事法律。

(一)制定并颁布《钦定大清商律》

★庚子事变后,帝国主义列强强迫中国签订一系列不平等条约,其中一项重要的内容就是要和中国签订或者修改通商条约。在自身感受到的强大经济压力以及列强的逼迫下,1903 年 4 月 22 日清政府发布上谕以设立商部,12 月朝廷又颁旨催促商部赶紧定商律章程,在此情形之下,商部很快完成了商律《商人通例》和《公司律》的起草工作,于年底合为《钦定大清商律》颁布施行,**这是中国近代历史上颁布的第一部商法**。

《钦定大清商律》第一部分为“商人通例”,共有 9 条。第 1 条确定商人的概念,就是“凡经营商务贸易买卖,贩运货物者均为商人”,第 2 条至第 4 条确定商行为主体资格,原则上只有十六岁成丁后的男子才可以为商,但如有特殊原因女子或商人配偶亦得为商,不过需受限制。第 5 条至第 9 条为商行为的一般规定,如关于营业登记字号、会计账册等方面的规定。整个“通例”极为简短,但是却涵盖了“商法总则”的基本要素,诸如“商人”“商主体”“商行为”等,可谓麻雀虽小,五脏俱全。

第二部分则是商律的主体——公司律,共分 11 节 131 条。第一节“公司分类及创办呈报法”,将公司分为合资公司、合资有限公司、股份公司、股份有限公司四种,并规定每一种公司的创办和呈报方法。第二节“股份”,规定了附股人的认定、附股的方式以及相关的权利和义务。第三节“股东权利各事宜”,规定了股东大会由全体股东构成,是公司最高权力机关,股东大会分寻常会议与特别会议,重点规定了包括表决权在内的股东各项权利。第四节“董事”,规定公司权力机关的执行机关为董事会,其最初董事由股东大会公举产生,之后可由股东推荐,亦自荐产生。同时,规定了董事的任期及董事的权利等各事项。第五节“查账人”,规定了查账人的选举、任期及职责。不同于当代公司法上的“监事”,《钦定大清商律》中查账人的权力仅仅局限在对账目的监督方面。且规范寥寥,总共才 6 条。第六节“董事会议”,规定董事会议的召开、会期以及相关的程序问题。第七节“众股东会议”,规定股东大会的召集和决议事项,以及相关程序问题。第八节“账目”,规定账目的结算、造册、清查等相关内容。第九节“更改公司章程”,规定公司章程更改需要的条件及更改的程序等。第十节“停闭”,规定了公司解散的条件及程序。第十一节“罚则”,规定了公司中各色人等,如果违反相关规定需要承担的法律责任。

作为中国近代史上第一部商律,它既有着商法的一般特色,又有着自身独特的时代印记,所以特征非常鲜明。

第一,体现了权利本位和私法自治的近代私法精神。

从《钦定大清商律》尤其是其中《公司律》的相关内容来看,该商律体现了权利本位色彩,立法者传达了商事主体权利平等的思想,如股东所享有的权利大小,不在乎其官职和社会地位的高低,而只是看其持有多少股权,持股越多权利越大。同时,它含有“私法自治”的意味,如《公司律》第 113 条规定:“公司有权可以订立详细规条章程,以补律之不足,惟不得与明定之条例有所违背。”这一点根本区别于洋务运动“官督商办”的体制。

第二,秉持“民商分立”的立法理念,但存在诸多理论缺陷。

所谓民商分立,是指民法典与商法典自成体系,分别立法,各自调整社会经济关系中的民事关系与商事关系。《钦定大清商律》尽管只有两大组成部分,是未完成的商律,但从其体例上看,以“商律”作为法典名,且之前有“商人通例”,很明显其秉承的是民商分立的立法理念。但其在法理上还是存在诸多缺陷的。首先,商主体与商行为之间的关系没有很好地体现在法典中,且《商人通例》一共也只有寥寥12条,不足以叙述清楚商法基本原则。其次,《公司律》尽管也提到有限责任,但是没有明确公司的法人地位,所以就各类公司具体的责任分配,显然缺乏法理基础。最后,这部商律借鉴了西方立法,但却存在杂糅大陆法和英美法的问题。

第三,条文规定简略,基本属于“急就章”性质。

这部法律虽然对商人通例和公司律的主要方面都有涉及,但是基本上属于“点到为止”,很多事项语焉不详。这和立法时间短暂,没有深厚的立法基础,照搬照抄西方法条大有关系,更主要的是,它是在朝廷的急切促使下,用了不到半年的工夫就制定而成的法律,自然难以期望它有多完善。

(二)修订法律馆《大清商律草案》的起草

1907年修订法律馆离部独立之后,专掌法典的草拟与编纂,于是商律的起草逐渐从农工商部(此前的商部)转归修订法律馆负责。但修订法律馆是在“宪政”思路下纂修商律,所以他们抛开了商部(农工商部)的原先商法,另起炉灶。其独自起草的商法典是1908年日本法学家志田甲太郎主持起草的《大清商律草案》,也称“志田案”。该立法延续了此前“民商分立”的思路,于1908年年底开始起草,直到1911年方才完成,内容包括总则、商行为、公司法、票据法、海船法5编,共计1008条。其中总则包括法例、商业、商业登记、商号、营业所、商业账簿、商业所用人、商业学徒、代办商9章103条;商行为包括通则、买卖、行铺营业、承揽运送业、运送营业、仓库营业、损害保险营业、生命保险营业8章236条;公司法大体根据此前的《公司律》编纂而成,共分6编16章312条;票据法根据海牙统一票据规则,并参酌德、日的票据法编纂而成,共3编15章94条;海船法分为总则、海船关系人、海员契约、海损、海难之救助、海船债权之担保6编11章263条。

虽然志田案未及颁布,但它是中国第一部内容全面的商法典草案,为后来民国时期修订商事法律提供了重要参考。

二、清末民法典的起草

(一)清末民事立法的启动与起草途径

按照“预备立宪清单”的要求,制定专门的民事法律,为立宪重要预备事项。在官制改革中由原巡警部改设的民政部早在1907年,即行文修订法律馆,提出了“编纂民法之理由”,主张中国应该采用法典化的方式编纂民法,同时力主民商分立体例,还提到了编纂民法典次序,一是总则,二是亲属,三是继承,四是物权,五是债权。[1] 这是按照中国固有习惯,人法在物法之前,所以体例上是仿照德、日五编制,但是精神气质上却更近于法、意。修订法律馆很大程度上接受了民政部这个意见,只是在具体编排上另有考虑。修订法律馆于1907年12月拟定了该机构的“办事章程”,规定设第一科和第二科负责新法律的起草,其中第一科“掌民律商律之调查起草”,使民法典起草有了专门的机构。待第二年预备清单颁布后,民法的制定遂正式启动。

清末民法的起草,遵循了翻译各国法律文献、进行习惯调查、经过比较后起草这样的途径。修订法律馆为起草民律,广泛翻译西方各国的民法典作为参考,诚如修订法律大臣所说:“臣等自开馆以来,督同提调各员昕夕考求,悉心体察,凡关于东西各国法制,先以翻译最新书籍为取证之资。”[2]所译各国民法条款,许多也成为清末民律草案的条款来源。在翻译基础上,为针对国内实际民事问题进行立法,修订法律馆强调:“中国现定民商各律,应以调查为修律之根柢,此事极有关系。”[3]这就是国内民商事习惯调查,修订法律馆为此制定了相关的章程,从人员配备、问题设计、时间安排上都作了比较详细的部署。最初从商事习惯开始,其后重心转向民事,专门制定《调查民事习惯问题》的小册子,供调查员访谈。自1910年开始,修订法律馆在全国进行了大规模的调查活动,主要以民情风俗民商习惯为主,这些调查成果,对日后起草新律发挥了重要作用,但限于时间仓促,清末的民商律起草与调查成果结合得并不紧密,这一矛盾最终延续到民国,在清末调查的基础上再次进行大规模全国调查之后,重新起草民商各律时,才部分得以解决。在调查的基础上,民法起草机构按照计划应将调查结果与已经翻译出来的民法典进行比较。但是,

---

[1] 中国第一历史档案馆藏档案:《修订法律馆全宗》,全宗号10,第7包。

[2] 《大清法规大全·吏政部·内官制二》,台湾考正出版社1972年影印版。

[3] 《修订法律大臣奏馆事繁重恳照原请经费数目拨给折》,载《政治官报》,光绪三十三年十一月二十一日,第六十号。

中国地方广博,各地民众生活习惯差异巨大,调查活动又存在滞后的情形,所以在清末起草者无法从容地经过调查、比较之后起草新律。即便是已经完成的法典前三编,也多半是基于"拿来主义"的态度,按照日本法学家松冈义正提供的起草思路起草完成。模仿的是日本民法,自然与中国国情存在龃龉。故当修订法律大臣俞廉三呈上民律草案前三编时,武昌起义已经爆发,资政院未等到闭会之日即匆匆散场,所以民法典最终未能出台。

(二)《大清民律草案》的主要内容

★《大清民律草案》参考的是1900年《德国民法典》,并结合中国传统法律的部分内容,包括总则、债权、物权、亲属、继承,共5编36章1569条。其中前三编由松冈义正起草,后两编由修订法律馆会同礼学馆起草。该草案的前三编由俞廉三、刘若曾(此时沈家本已经去位)于1911年10月上奏时,提及修订的四项原则:注重世界最普通之法则,原本后出最精之法理,求最适宜中国民情之法则,期于改进最有利益之法则。[1]

虽然如此,但是限于种种原因,这部民法典草案更多具有理想化的色彩。即使后两编是法律馆和礼学馆合纂的,其中也的确纂入不少关乎国情民彝的条文,但其条文名目也多具有近代西方亲属继承法的色彩。该草案的主要内容为:

第一编总则共8章,分别是法例、人、法人、物、法律行为、期间及期日、时效、权利之行使和担保。它采取了西方资产阶级的一些民法原则,如私有财产所有权不可侵犯、契约自由、过失致人损害应予赔偿等;对根本概念和法律关系作了规定,如自然人的权利能力、行为能力、责任能力、住所、人格保护;法人的意义、成立要件、民事权利;意思表示、契约行为、代理、时效等。

第二编债权共8章,分别是通则、契约、广告、发行指示券、发行无记名证券、管理事务、不当得利和侵权行为。它规定了当事人的权利义务、债权的标的、效力、让与、承认、消灭、债的形式等。

第三编物权共7章,分别是通则、所有权、地上权、永佃权、地役权、担保物权和占有。它规定了各种财产权特别是私有财产权的法律保护,如规定:承租土地的佃农,"虽因不可抗力",致"使用土地受妨碍",或者"受益受损失",也不得请求免除或减少租额。

第四编亲属共7章,分别是通则、家制、婚姻、亲子、监护、亲属会和扶养之义务。

---

〔1〕　故宫博物院明清档案部编:《清末筹备立宪档案史料》(下册),中华书局1979年版,第911～913页。

它规定了亲属关系的分类、家庭制度、婚姻制度、未成年人和成年人的监护、亲属间的扶养等内容,主要是维护封建婚姻家庭制度。

第五编继承共6章,分别是通则、继承、遗嘱、特留财产、无人承认之继承、债权人或受遗人之权利。它主要规定了自然继承的范围和顺序、遗嘱继承的办法和效力、没有确定继承人的遗产的处理办法、对债权人或受遗人的保护等内容。

尽管这部草案各篇之间存在许多风格上的差异,许多条款既不现代,亦不够传统,甚至有的不伦不类,且这部草案没有真正制定完,上奏之时还处在巨大争议当中,但毕竟作为中国历史上第一部民法典草案,其开创之功同样不可抹杀。

总之,清末的民商立法尽管存在抄袭、模仿外国立法,简单套用外国的立法模式以及杂糅传统封建习俗等缺陷,但是它毕竟构筑起近代民商法的基本框架体系,而且用法典化的形式体现出来,符合法律近代化潮流,并为中华民国时期民商立法提供重要模板。

第五节　清末司法改革

★诚如本章第一节所述,鸦片战争之后,列强借口中国司法不善,为保护本国侨民免遭中国司法的不公对待,而攫取了领事裁判权。后又在上海、汉口、厦门等口岸城市内设立"租界",租界内司法实行**"会审公廨"制**,表面上仍由中国司法官员主审,外国领事只是参与会审,但实际上权力把持在后者手中。不仅华洋混合案件,外国领事有权参与,甚至无约国侨民以及为外人所雇用的华人诉讼,领事都有权利会审。所以**"会审公廨",实质上是领事裁判权的延伸**。领事裁判权和会审公廨,是对中国司法主权赤裸裸的破坏,同时也构成了清末修律和司法改革的一个直接的动因,如修订法律大臣沈家本、伍廷芳在向朝廷上奏的折中所云:"法权向随领地以为范围……独对于我国藉口司法制度未能完善,予领事以裁判之权。英规于前,德踵于后,日本更大开法庭于祖宗发祥之地,主权日削,后患方长,此惩于时局不能不改也。"[1]预备立宪的出台,又为清末司法改革划定了方向,总的趋势是司法与行政分离,由独立的司法机关依法、文明、人道地进行相关司法活动。

---

〔1〕《光绪朝东华录》(五),第5324页。

一、独立司法机构的设置

★前述1906年的官制改革,首先明确划分了法部和大理院的职权范围,上谕:“刑部着改为法部,专任司法;大理寺着改为大理院,专掌审判。”[1]至此,**法部成为司法行政机关,大理院则正式成为全国最高审判机关,近代意义上的全国最高法院由此成立**。随后,大理院起草编订《大理院审判编制法》,共分五节:总纲、大理院、京师高等审判厅、城内外地方审判厅、城谳局,一共45条,首次通过立法对全国司法体系进行规划。按《大理院审判编制法》,全国实行四级三审制:大理院“为全国最高之裁判所,凡宗室官犯,及抗拒官府,并特交案件,应归其专管……其地方审判厅初审之案,又不服高等审判厅判断者,亦准上控至院为终审”。[2]凡轻罪案犯,不服乡谳局,并不服地方审判厅判断者,得控至高等审判厅为终审。凡重罪案犯,不服地方审判厅之判断者,得控至该厅为第二审。

1907年,清政府推行地方官制改革,将各省刑名总汇的提刑按察使改为**提法司,管理一省的司法行政事务,监督各审判厅,并调度检察事务**。至于司法审判,则除京师大理院外,于地方分设高等审判厅、地方审判厅和初级审判厅等。1907年3月,时任直隶总督的袁世凯率先在天津成立全国第一个**高等审判厅与地方审判厅**,后又于城乡设立四处**乡谳局**。因为施行效果良好,清政府遂将这一体制向全国推广。

★随着司法改革的深入,**清政府于1910年2月,颁布统一的《法院编制法》及相关附件,更为系统地规范了全国司法体制**。该法包括16章,包括:“审判衙门通则”“初级审判厅”“地方审判厅”“高等审判厅”“大理院”“司法年度及分配事务”“法庭之开闭及秩序”“审判衙门之用语”“判决之评议及决议”“庭丁”“检察厅”“推事及检察官之任用”“书记官及翻译官”“承发吏”“法律上之辅助”“司法行政之职务及监督权”,连附则在内,一共164条。根据该法,全国法院系统由初级、地方、高等、大理院四级审判组织组成,各级法院独立行使审判权,如该法第2条规定:“审判衙门掌审判民事、刑事诉讼案件。”第4条则规定:“初级审判厅为独任制,其审判权以推事一行之……高等审判厅为合议制,其审判权以推事三员合议庭行之。”[3]这些都凸显出司法独立的色彩。

---

[1] 故宫博物院明清档案部编:《清末筹备立宪档案史料》,中华书局1979年版,第471页。

[2] 《光绪朝东华录》(五),第5599页。

[3] 《大清法规大全·法律部·司法权限》。

二、专门诉讼法典的起草

(一)《大清刑事民事诉讼法》

清末司法改革,还表现在对诉讼程序的重视之上。修订法律馆起草的第一部完整的法典草案,就是1906年的**《大清刑事民事诉讼法(草案)》**,修订法律大臣在上奏该草案并要求试办的折中提到了进行专门诉讼立法的重要性:

中国华洋讼案日益繁多,外人以我审判与彼不同,时存歧视,商民又不谙外国法制,往往疑为偏袒,积不能平,每因寻常争讼细故,酿成交涉问题。比年以来,更仆难数。若不变通诉讼之法,纵令事事规仿,极力追步,真体虽充,大用未妙,于法政仍无济也。[1]

该草案分总纲、刑事规则、民事规则、刑事民事通用规则、中外交涉案件处理规则,共5章260条,另附颁行例3条。总纲主要规定了刑民诉讼共同适用的制度及其区别,另外规定了诉讼时限、诉讼场所、处罚措施等。刑事规则主要规定了逮捕、拘传、搜查、传唤、关提、拘留、取保、审讯、执行各刑及开释等程序。民事规则主要规定了传票、起诉、审讯、拘提、查报、监禁、查封、和解、诉讼费用等方面的程序。通用规则主要规定了律师、陪审员、证人、上诉环节。中外交涉案件处理规则则规定涉外案件依当时对外条约审理。

该草案最具特色之处,在于强调陪审制度与律师制度的适用,同时,采用刑民诉讼合编体例。本是作为一个简明诉讼章程而定,直接目的是给当时"禁止刑讯"的做法提供法律上的依据。[2] 由此可见,此法案一开始就是作为"急就章"性质的草案,整体上照搬了英美诉讼法相关规则,与我国国情扞格甚大,尤其是陪审制和律师制的引入,与我国传统纠问式审判方式更是形同对立。故而该草案在交付王公大臣和各省督抚签注时,几乎遭到一致的反对,最终搁置而不了了之。

(二)《大清刑事诉讼律草案》

预备立宪诏书发布之后,作为立宪的预备环节之一,诉讼法的制定被列入预备清单当中,重新回到立法日程上。修行法律馆借鉴大陆法系模式,开始制定独立的

---

〔1〕《光绪朝东华录》(五),第5504页。

〔2〕1905年夏,伍廷芳、沈家本议复《御史刘彭年奏禁止刑讯有无窒碍请再加详慎》一折时,提到"至该御史请于刑法及刑事诉讼法告成后,即将民法及民事诉讼法纂订,以成完备法律,洵属有条不紊。臣等俟刑律告竣后,即行分别编辑,陆续奏闻,再现在改章伊始,一切未能详备,必得诉讼法相辅而行,方能推行无阻,拟编辑简明诉讼章程,先行奏明办理"。参见丁贤俊、喻作凤编:《伍廷芳集》(上册),中华书局1993年版,第271页。

刑事和民事诉讼法,但直到1911年年初,刑事诉讼律草案才得以完成,该草案由日本法学家冈田朝太郎起草,共6编15章515条。第一编"总则",包括审判衙门、当事人、诉讼行为3章;第二编"第一审",包括公诉、公判2章;第三编"上诉",包括通则、控告、上告、抗告4章;第四编"再理",分再诉、再审、非常上告3章;第五编"特别诉讼程序",分大理院特别权限之诉讼程序和感化教育及监禁处分程序2章;第六编"裁判之执行"。这是我国第一部专门的刑事诉讼法草案,但未及审议,而清祚已亡。

(三)《大清民事诉讼律草案》

该案由日本法学家松冈义正起草,亦完成于1911年年初,共4编,22章,800条。第一编审判衙门,包括事物管辖、土地管辖、指定管辖、合意管辖、审判衙门职员之回避拒却及引避5章;第二编当事人,包括能力、多数当事人、诉讼代理人、诉讼辅佐人、诉讼费用、诉讼担保、诉讼救助7章;第三编通常诉讼程序,包括总则、地方审判厅之第一审诉讼程序、初级审判厅之诉讼程序、上诉程序、再审程序5章;第四编特别诉讼程序,包括督促程序、证书诉讼、保全诉讼、公示催告程序、人事诉讼5章。它是我国第一部专门的民事诉讼法草案,但也未及审议颁行。

★以上三部法典草案,是清末制定独立程序法制的尝试,但或者因为不合国情,或者因为国祚覆灭,都停留于草案阶段,而未及颁行,但是其中许多制度,开中国近代诉讼法制之先河,而为中华民国诉讼立法所借鉴和参考。

三、其他司法改革

除独立司法机构的设置和专门诉讼法典的起草之外,清末尚进行了许多其他方面的司法改革,这些改革措施大多也因不合国情或者时间仓促等原因,未及实行而停留于设想阶段,但无疑符合历史潮流,其中最典型的有两项。

(一)狱政制度改革

中国传统狱政制度,历来为列强所非议指摘。清末司法改革,狱政改革即为其中重要一环,为此,清政府还专门派修订法律馆的提调董康等人赴日本等地考察狱政,希望借鉴外国先进经验,改良中国狱政。同时,有的地方政府还在监狱中设置习艺所等机构,以期通过培训犯人相关生存技能,促使其改过自新。清政府并筹设新型监狱,制定监狱法规。修订法律馆为此还聘请日本监狱学家小河滋次郎来华帮助中国进行监狱改革并起草监狱律,1908年《大清监狱律草案》完成。这是我国第一部仿效西方监狱制度制定的监狱法草案。该草案分总则、分则两编,共14章,分别为总则,收监,拘禁,戒护,作业,教诲与教育,给养,卫生及医疗,出生及死亡,接见及书信,赏罚,领置,特赦减刑及暂释,释放,共241条。该草案的理论基础是教育刑论,实行教育改造原则,但是该草案法理与清政府当时的环境不相符合,故上奏后并未能通过,但却成为民国制定监狱规则的蓝本,对中国近代监狱制度的改良具有重要意义。

(二)行政裁判院的筹设

清末,除了设置独立的刑事、民事诉讼程序之外,还设想过筹设专门的行政诉讼机构——行政裁判院,来限制官吏的行政权力,保障人民权益,表现在1906年官制改革中出台的《行政裁判院官制草案》中。该草案共计21条,不分章节。第1条概括规定了行政裁判院的审判权力,即"掌裁判行政各官员办理违法致被控诉事件"。第2条至第7条规定了行政裁判院的组成,第8条规定了行政裁判院与地方行政机关的关系,第9条和第11条规定了行政裁判院的受案范围。第10条规定的是提起行政诉讼的程序。第12条和第13条规定了审判组织和审判方式。第14条规定了审判员的回避制度,第15条规定了一审终审的原则,第16条至第18条规定了审判官独立原则。第19条和第20条规定了除审判官以外的书记官和录事的职务,第21条规定的是以后制定《行政裁判院章程》和《行政裁判院官制草案》的制定和实施程序。

当然,这一法规基本上是照搬日本的行政裁判院法,对于中国而言,缺乏用司法审判行政违法的传统,而只有御史弹奏由皇帝或者皇帝简派钦差来处理的故事。所以这一草案出台之后,迟迟未有下文,但却成为中国历史上成立独立行政法院的先驱。

第十二章　中华民国法律

教学目标

理解孙中山的“三民主义”“五权宪法”理论等中华民国时期的法律思想，熟悉《修正中华民国临时政府组织大纲》《中华民国临时约法》等南京临时政府的法律制度，“天坛宪草”“袁记约法”“贿选宪法”等北京政府的法律制度，掌握“六法全书”与判例解释例、《中华民国训政时期约法》、“五五宪草”、《中华民国宪法(1947)》、立法院、《中华民国民法典》《中华民国刑法》、“三级三审制”等南京国民政府的法律制度。

推荐参考资料

1. 黄宗智:《法典、习俗与司法实践:清代与民国的比较》,上海书店出版社 2007 年版;
2. 张生:《中国近代民法法典化研究》,中国政法大学出版社 2004 年版。

第一节　中华民国时期的法律思想

一、孙中山的“三民主义”

★1905 年 11 月,孙中山先生在《民报》发刊词中将同盟会的纲领总结为“民族”“民权”“民生”三大主义,即三民主义。民族主义包括“驱除鞑虏”“恢复中华”两项核心内容,即推翻以满族贵族为首的清统治者,建立以汉族为主体的统一的民族国家。民权主义,指“创立民国”,即建立资产阶级共和国,这是孙中山三民主义思想的精神内核。民生主义,即“平均地权”,其本质是解决困扰中国已久的土地问题,由国家核定地价,征收地税,并向地主收购土地。

在不断吸收中国革命实践经验的基础上,“三民主义”理论得到不断的发展和完善。民族主义方面,摒弃了原来单纯的“大汉族”主义,强调“五族共和”,孙中山在1924年中国国民党第一次全国代表大会上赋予了民族主义新的意义,“一则中国民族自求解放;二则中国境内各民族一律平等”[1];民权主义方面,几经重大修改,从原来的重视人权到更多重视民权,确定国民选举权、罢免权、创制权、复决权诸权;民生主义方面,在旧三民主义“平均地权”的基础上发展出“耕者有其田”的设想,用温和的“节制资本”思想替代了遏制资本主义的空想,提供了现实可行的指导思想。经过不断的发展,三民主义成为中华民国的宪制基石,《中华民国训政时期约法》《中华民国宪法》都能看到它的身影,影响深远。

二、“五权宪法”理论

★1906年11月15日,孙中山在与俄国社会革命党领袖该鲁学尼交谈时,第一次提出“五权宪法”畅想,并在12月《民报》创刊周年,再次公开提出“五权分立”,[2]“希望在中国实施的共和政治,是除立法、司法、行政三权外还有考选权和纠察权的五权分立共和政治”。[3] “五权宪法”,是在西方“三权宪法”的基础上,增加“考试”“监察”两权,以“五权”为核心实行“五权制度”的宪法原则。

“五权宪法”理论是孙中山在当时内忧外患的历史条件下,吸收西方民主政治理论,提出的带有中国特色的资产阶级政治制度的宪政理论。“五权宪法”明确了中华民国实施五权分立制,其基础即为人民主权,确定了国民选举权、罢免权、创制权、复决权四项权利,以制衡公权力。五权宪法理论的重要特征是“五权分立”,“所谓五权者,除立法、司法、行政外,一为考试权,一为弹劾权。查我国对此两权流传极久,虽皇帝亦不能干涉者。往年罢废科举,未免因噎废食。其实考试之法极良,不过当日考试之材料不良也”[4]。孙中山认为西方三权分立理论虽通过权利的制衡,限制了公权力,但仍然存在议会专权,人民无法实施直接权利的弊端。其将考试权独立,旨在解决三权分立背景下由执政党决定政府官员录用而造成执政党更替而引起行政资源浪费的问题;独立监察权,旨在改变议会多数党派专权,因谋朋党之私利而损国本的局面。

---

[1] 中国社科院近代史研究所编:《孙中山全集》(卷五),中华书局2011年版,第187页。
[2] 中国社科院近代史研究所编:《孙中山全集》(卷一),中华书局2011年版,第330页。
[3] 中国社科院近代史研究所编:《孙中山全集》(卷一),中华书局2011年版,第330页。
[4] 中国社科院近代史研究所编:《孙中山全集》(卷四),中华书局2011年版,第332页。

第二节　中华民国法制概况

★1911 年 10 月 10 日,武昌起义爆发,革命军随之成立军政府,作为革命政权。很快,革命不断得到全国各省的响应,1911 年 12 月,通电反清的南方各省都督府代表联合会议议决宣布了《中华民国临时政府组织大纲》,政府组织采用总统制,**次年 1 月 2 日颁布《修正中华民国临时政府组织大纲》,共 4 章 21 条**。1912 年 1 月 1 日,孙中山就任南京临时政府的临时大总统,1 月 4 日,临时政府成立,定国号为中华民国,这是中国第一个民主共和国,开创了历史新纪元。中国的法制,也从此前的专制帝制法制,逐渐向民主共和法制过渡。

不过,虽然国体变更为共和,名义上的君主被推翻,然而,整个中华民国时期,却始终处在兵连祸结、战乱不断当中。南京临时政府存在不过短短 3 个月,旋即被迫将政权移交给北洋军阀,继起的由北洋军阀控制的北京政府,或者以共和之名行专制之实,甚至妄图复辟帝制,或者倚仗武力,使权力凌驾于法律之上,而后取代北京政府的南京国民政府虽奉孙中山先生"三民主义"为指导思想,但仍假民主共和之名,行一党专政之实。除此之外,以上政权始终没能真正统一全国,所以民国时期,虽然制定有统一的法典,但是在各地施行的过程中却大打折扣,法治之路举步维艰。然而,就法律本身而言,它吸收了自清末法制变革以来取得的成果,又加以消化吸收,同时,在一定程度上注意和国情民意相结合,最终构筑起以大陆法系为模板的"六法全书"法律体系,大大深化了中国法律近代化的程度。本节所述中华民国法制,主要集中于中央政权所确立的法制。

一、中华民国法制近代化的阶段

中华民国法制近代化,按照政权建立的时间顺序及政权性质,可以分为三大阶段,其中同样存在一定程度的交叉。

(一)革命党执政的南京临时政府时期(1912.1～1912.3)

南京临时政府成立后,为加速推翻帝制,与时任清内阁总理大臣袁世凯控制的清政府展开南北和谈,南方允诺如果袁世凯能够使清帝退位,并赞成共和,则当推选其为总统。袁遂加紧了逼宫计划,2 月 12 日,清帝下诏退位,次日,孙中山向参议院提出辞职书,并推荐袁世凯继任临时总统。在孙任临时大总统的 3 个月中,孙用大总统令的方式，颁布了一系列法令，如《保护人民财产令》《大总统令内务部禁止买卖人口文》《禁止贩卖华工及保护华侨令》等。因为临时政府只存在了短短的3个月，所以这一阶段的立法，大多是通过这种大总统令的方式加以完成的，而许多法令来不及实施，临时政府就已颠覆，不过这些法令许多为此后南京国民政府继受，成为其立法的一大来源。

在此期间，最重要的立法成果，则是制定了《中华民国临时约法》，这是为了保障辛亥革命果实，限制袁世凯的权力，实现共和的目的而制定的。于3月11日在代行议会之责的临时参议院通过，共7章，56条，该约法在民初，为民主共和法统的基石。此后的革命党人发动的"护法运动"，主要就是维护该法及该法体现出的共和原则。因此，虽然南京临时政府时期为时至短，但仍是中国法制近代化过程中的一个重要阶段。

（二）北洋军阀执政的北京政府时期（1912.3～1928.6）

北洋军阀执政的北京政府时期，武夫当国，"城头变幻大王旗"，政局动荡不已，按照掌权的派系势力划分，又可分为四个小的阶段，分别为袁世凯统治时期（1912.3～1916.6），皖系军阀统治时期（1916.6～1920.7），直系军阀统治时期（1920.7～1924.10），奉系军阀统治时期（1924.10～1928.6）。袁世凯统治时期，国内斗争主要表现为北洋军阀与革命党、南方军阀之间的斗争，而袁世凯去世之后，北洋军阀内部分裂，则除了上述外部斗争之外，北洋军阀之间也内斗不已。这段时期的法制状况，也和政治状况相似，呈现出不稳定且缺乏连续性的特点。中央政府所制定的法律法规，同样未能在全国范围内通行。

这一阶段法制近代化最突出的表现，就是频繁制宪。北洋军阀以宪法为工具，作为其统治合法性的来源。袁世凯担任临时大总统后，不满于《中华民国临时约法》加在其身上诸多限制，于是开始"改造法统"的进程，组织约法会议重订约法，终于1914年5月1日颁布旨在加强其独裁大权的《中华民国约法》（"袁记约法"），并宣布废除《中华民国临时约法》。之后的皖系军阀执政，以袁世凯继承人自居，亦继承了袁记约法，引发了与反对派的新旧约法之争。1920年7月，赢得了直皖战争之后，以曹锟为首的直系军阀控制了北京政权，为表明取代皖系而进行统治的合法性，也开始修宪，于1923年制定并通过了《中华民国宪法》（"曹锟宪法"），虽然在内容上照搬了西方民主共和的理念，但是因其制定的仓促和此前的总统选举存在贿选，所以此宪法并没有得到实际重视和遵守，并且担了一个污名——"贿选宪法"。1924年10月，直系将领冯玉祥在第二次直皖战争中，发动北京政变，推翻了曹锟政权,奉系入关,控制政权,废除曹锟宪法,并邀请皖系段祺瑞进行组阁,同样开始起草宪法,并于1925年推出一部《中华民国宪法草案》(“段记宪草”),是北洋军阀统治时期最后一部宪法性文件,是既加强中央集权又与地方妥协的结果,但未及颁行北京政府即告覆灭。

除了制宪之外,这一阶段各部门法也都有所发展。在刑事立法方面,1912年4月30日,北京政府对大清新刑律进行再删修,颁布了《暂行新刑律》,这是一部过渡性质的刑法典。1914年法律编查馆成立后,北京政府着手对该法进行修订,于1915年,起草完成了修正案,这就是《刑法第一次修正案》,恢复了某些旧礼教内容,后因袁世凯宣布恢复帝制而被搁置。袁世凯死后,段祺瑞政府对刑法继续进行修正,于1918年又推出一部修正案,这就是《刑法第二次修正案》,采用了外国刑法的先进经验和新立法例,在一定程度上弥补了既有刑法的不足,但这两次修正案都未正式通过并公布。除此之外,北京政府还制定了不少刑事单行法和特别刑事法规,诸如“戒严法”“惩治盗匪法”“治安警察法”“陆军刑事条例”“海军刑事条例”等。当然,这一时期国民党广州、武汉国民政府亦颁布有“陆军刑律”“国民政府反革命罪条例”等刑事法规,唯独只适用于革命政权控制区域。故整个北京政府时期,《暂行新刑律》是唯一通行的刑律。

至于民事立法,在北洋军阀统治初期,曾经援用《大清现行刑律》中的民事有效部分,还援引清末《户部则例》中部分规范作为民事审判法源。此后,又开始进行民法典的编纂工作,并于1925年在《大清民律草案》的基础上,完成了民法典的起草工作,这就是《民法修正案》,又称《第二次民律草案》。这部民法草案曾经北洋政府司法部通令各级法院在司法中作为法理加以引用,但终因没有完成立法程序而未成为正式民法典。商事方面,以1914年颁布并在此后得以修正的《商人通例》《公司条例》为最重要的立法成果。此外,北洋政府还于1915年、1924年、1926年、1927年分别推出破产、票据、海船、保险等商法草案,虽然最终没有颁行实施,但对近代商法法系的形成,起到重要推动作用。

此外,在北洋军阀统治时期,同样颁布了很多行政法律法规,诸如各种部门的组织法、《文官惩戒条例》等,另外还出台了许多救济性质的行政法,诸如《诉愿法》等。

总之,这一阶段的各项法制,虽然由于当时军阀林立,政权分裂,局势动荡,而常常停留于草案阶段或者未得到很好施行,然而,它为此后的立法积累了经验,提供了方法,同样大大加深了中国法制的近代化。

（三）国民党执政的南京政府时期(1927.4～1949.10)

★1927年4月18日，以国民党新军阀蒋介石为首的统治集团在南京建立起新的政权，这就是南京国民政府，之后继续北伐，至1928年北洋军阀奉系张学良“改旗易帜”，宣布服从中央政府，全国由此实现了形式上的统一。这一时期的法律制度也和政局相一致，全面实现了法典化，形式上在全国通行，尤其是1928～1932年这段时期，南京政府相继完成了训政时期约法、刑法、民法典、刑事诉讼法、民事诉讼法、法院组织法等法律的制定。此外，还制定颁布了银行法、交易所法、票据法、公司法、海商法、保险法等商事法规，构筑起了大陆法系模式的“**六法体系**”，以“**六法全书**”为代表，在形式上初步完成了中国法律的近代化。这一时期法制发展至为迅速。

但是好景不长，外患益迫，1931年“九·一八事变”后，东三省已不复为南京政府控制。1932年，在日本军国主义的扶持之下，傀儡政权“伪满洲国”(1932.3～1945.8)成立，自行制定适用于该区域的伪法，而不受南京政府“六法全书”的制约。接着日寇加紧侵华步骤，1935年，更是策动“华北五省自治”，企图使该五省脱离中央政府，受此影响，南京政府的法制在该区域运行不畅。1937年，日本更是发动全面侵华战争，南京国民政府西迁重庆，大批国土沦丧，沦陷区内自然也谈不上适用南京政府的法制。至1940年3月，以汪精卫为首的汉奸集团在日本的支持之下，成立“伪国民政府”，同样自行立法，在其统治区域内施行。故在外患逼迫之下，南京政府虽然制定了相对完备的法制，但适用上却受到很大限制。虽然1945年日本投降后，国民政府还都南京，开始“行宪”，并于1947年颁布了《中华民国宪法》(蒋记宪法)，力图使国家重新回到“六法”轨道。但是此时南京政府已经陷入人民战争的汪洋大海之中，随着国民党军队在解放战争中的节节败退，南京政府也日益风雨飘摇，最终于1949年10月崩溃，南京国民政府的法制也随之在大陆宣告终结。

此外，南京政府还面临国内其他政治势力的干扰，国民党地方实力派军阀如阎锡山、龙云等人，表面上服从中央政府，然而对于南京政府的法制，常常阳奉阴违。至于共产党在工农武装割据、抗日战争、解放战争时期创立的各根据地政权，更是不适用南京政府的法制，自行创制了人民民主的法律制度，并在根据地范围适用。为强化统治，镇压人民民主政权，南京政府在六法外还专门制定了特别的法制，如“戡乱时期危害国家紧急治罪条例”“惩治盗匪条例”“反省院条例”“暂行反革命治罪法”等，这些特别法制，与其标榜之“六法全书”法律精神是背道而驰的。

总之，南京政府时期的法制，在法典化方面做得相对成功，法律条款既广泛借鉴了大陆法系立法成果,又在一定程度上照顾到现实国情。就形式上的法制而言,其已经达到了中华民国时期的最高峰,然而,同样受限于内外动荡,而未能在全国充分贯彻。

二、中华民国时期法制的主要特点

整个中华民国时期的法制,与此前的帝制时代和清末改革时期的法制相比,呈现出以下几个明显的特点:

第一,**宪法与法律在国家政治生活中地位提高**。尽管民国的成立,是在一种仓促革命的乱局中实现的,但是民国成立之后,"法治"就成为新政权或者新时代的一个标志。民国和此前的专制时代的一个明显区别,就在于至少在政治层面上,权力的合法性成为所有政权都需要考虑的问题。各阶段的各政权,都注意制定或者援引法律作为自己权力合法化的证据,都着意建立自己的法统,突出表现在宪法的制定上。虽然北京政府和南京政府,实质都是以军事实力作为政权的基础,也常常会逾越法律的限制,用军规、党纪取代法律,但在表面上,仍旧需要打出宪法和法律的旗号,孙中山领导的革命党人在进行反对段祺瑞等北洋军阀的斗争中,所持的依据就是"护法",表面上所护的似乎是民国元年的《临时约法》,而实际上所护的是广义的"民主法制",由此可见,宪法和法律在国家生活中的重要性。"在传统社会里,人们崇尚封建的伦理道德,评价人物的优劣主要是看其品德好坏,进入近代社会以后,由于西方政治法律文化的影响,人们逐渐有了民主法制的观念。"〔1〕受此观念影响,民国各政权均进行了大量的立法工作。

第二,中华民国的法制,逐渐从清末法制近代化开始之初的照搬西方法律条款,发展为**既模仿大陆法系立法模式,又在一定程度上照顾社会实际生活的立法模式,体现出法制建设的日渐成熟,是法制近代化的深化**。如民国初年的《暂行新刑律》,主要吸收了清末的大清新刑律的内容,而民事部分,则援用《大清现行刑律》的民事有效部分,而不是盲目地照搬《大清民律草案》内容。且北洋政府和此后的南京国民政府在制定民法和商法前,注重在全国进行民商事习惯调查,而不是纯粹借用大陆法系的民法典条款。在司法审判领域,如果遇到成文法缺失的情形,民国政府也不排除司法机关的司法解释例和判决例的指导作用,故而北京政府大理院和南京政府司法院也陆续颁布了一系列解释例和判决例,作为审判的依据,而不拘泥

〔1〕 余子明:《护国战争的法律问题》,载《四川大学学报》(哲学社会科学版)2002 年第 1 期。

于大陆法系的成文法模式。这都是民国在法制近代化道路上所作的探索。

第三,中华民国时期,**个人权利日益受到重视**,至少在法律上,较之帝制时代,得到更多的保障。最明显的表现,就是宪法性文件中关于公民自由和权利的条款,不仅数量增加,而且在表述上对公民各项自由的保护更为明确。另一个突出的表现就是调整人身关系和财产关系的民商事法制得到长足发展,而不再像传统法制那样,被作为“细故”加以对待。而且“私权神圣”“私法自治”等近代权利观念被贯彻到法律条文中,充分体现了由义务本位向权利本位演进的法律近代化过程。此外,对于行政权力,中华民国将清末行政裁判院的设想变成了现实,北京政府时期设置了平政院,南京政府时期设置行政法院,并且还制定了诉愿法和行政诉讼法,公民在合法权益受到行政机关不当或违法行政侵害时,可以通过提起诉愿和行政诉讼的方式,来保障自己的权利。这些都体现了法制的进步。

第四,中华民国时期,**法制存在“规范”与“事实”分裂的现实情形**。就规范而言,中华民国取得了很大成就,各项部门法渐次确定,且向着法典化方向发展,至南京政府时期,终于制定出了六法全书,自清末开始筹建的部门法体系,于此在形式上最终确立,堪称完备。但就事实而言,如上文所述,民国法制发展的三大阶段,没有一个阶段是全国真正统一、社会和政治局面处于稳定状态的。良法美意往往受分裂的地域和动荡的局势所阻挠,加上新旧军阀从中干扰,而未能发挥立法所期待的效果。

总之,整个中华民国时期的法制,在形式上达到了很完备的状态,而在实质上则存在种种缺陷,但在总体上,是符合法律近代化的潮流,而呈现出日益文明进步的色彩。

第三节 民国宪法性文件的制定

一、南京临时政府时期的《中华民国临时约法》

(一)辛亥革命与《中华民国临时政府组织大纲》

1911 年 10 月 10 日,革命党人发动武昌起义,之后在武昌成立中华民国军政府,推举黎元洪为军政府鄂军都督,并制定颁布了《中华民国军政府条例》及《中华民国鄂州约法》,该约法规定人民一律平等,规定人们得以享有各种自由并有选举和被选举的权利。对于政府组织、都督与议会的权限和职责也都作了明确的规定。

这是中国第一部具有民主宪法性质的法令,是一部省宪。[1] 之后各省都督府代表联合会,通过了《中华民国临时政府组织大纲》,它是辛亥革命胜利后关于筹建中华民国临时政府的纲领性文件。虽然是一部政府组织法,但起着临时宪法的作用。其中规定了"临时大总统""参议院""行政各部""附则"四章。条文很简单,一共不过21条,但它第一次以法律的形式确认了共和政体。

(二)《中华民国临时约法》

★为将辛亥革命的成果确立下来,同时防止袁世凯专制独裁,南京临时政府制定了**《中华民国临时约法》**,于1912年3月8日由南京临时参议院通过,并于3月11日公布实施,取代《中华民国临时政府组织大纲》。该约法对总统诸行为作了诸多限制,大大压缩了总统的权力,而增加了"国务总理"及其他国务员的权力,实际上是一种变相的责任内阁制。

《中华民国临时约法》分7章56条。大致内容如下:

第一章为"总纲",共4条。第1条开宗明义,指出中华民国的"人民性",即"由中华人民组织之"。第2条则提出"主权在民"的原则。第3条界定了民国的领土,包括二十二行省和蒙藏青海。第4条则规定统治权由参议院、临时大总统、国务员、法院来行使。

第二章为"人民",共11条,规定了平等原则,以及泛泛地规定了身体、住宅、财产、言论、通信、居住、宗教信仰等各项自由,还规定了人民所享有的各项政治权利,以及获得救济之权。

第三章为"参议院",共13条,规定了参议院的立法机关的性质和组织办法。还列举了参议院的各项职权。参议院可以监督、弹劾大总统。参议院议员享有很大的政治权力。

第四章为"临时大总统副总统",共14条,规定了大总统和副总统的选举办法、各自的职权,虽然仍然很大,但是得受参议院的种种制约。

第五章为"国务员",共5条,规定了国务员的组成和职权,这是该临时约法中最有特色的一章(详后)。

第六章为"法院",共5条,规定了法院的组成和职权,并规定"公开审判""独立审判"等工作原则,并强调了法官的保障措施。

第七章为"附则",共4条,规定了约法施之后的后续措施。比如,规定"本约法施

---

[1] 此处的"鄂州"效仿的是美国各州体制中的"州",指湖北全省,而非今日湖北"鄂州市"意义上的鄂州。

行后,限十个月由临时大总统召集国会,其国会之组织及选举法,由参议院定之”。“中华民国之宪法,由国会制定;宪法未施行之前,本约法之效力与宪法等”,附则就可以表明《临时约法》是一个临时的宪法性文件,所以条款规定得相对较为粗疏。

《中华民国临时约法》以临时宪法的性质,正式宣告封建君主专制制度的灭亡,资产阶级民主共和国的诞生。从此,民主共和的观念深入人心。其局限性也很明显,表现在它没有具体规定人民的权利,以及实现权利的保障;没有采取地方分权制,不利于民国的巩固;也没有真正贯彻孙中山本人所倡导的五权宪法的理论。但作为中国历史上第一部资产阶级民主共和的宪法性文件,其具有重大的历史地位,是革命党和后来的南京政府法统来源。

二、北京政府时期的宪法性文件

(一)《中华民国约法》(“袁记约法”)

★袁世凯担任大总统之后,为确立法统,加强统治地位,加紧了宪法性文件的制定,于1914年5月1日通过了**《中华民国约法》**(“袁记约法”)。

《中华民国约法》共10章68条,其内容大致如下:

第一章为“国家”,共3条,规定中华民国,“由中华人民组织之”,即国体性质为共和,规定中华民国之主权,本于国民之全体。国土依从前帝国所有之疆域,即内地各行省及民族边疆地方。

第二章为“人民”,共10条,规定国民平等,并享有身体、住宅、财产、营业、言论、著作、集会、结社、书信秘密、居住迁徙、信教等自由权利,并有选举与被选举、请愿于立法院、诉讼于法院、请愿于行政官署及陈述于平政院等政治权利和获得救济的权利,并规定了人民需负纳税、服兵役等义务。

第三章为“大总统”,共16条,开宗明义“大总统为国之元首,总揽统治权”“大总统代表中华民国”并对全体人民负责,然后规定大总统的各项权限。大总统有召集立法院,宣告开会、停会、闭会的权力。经参议院之同意,可以解散立法院。大总统有提案权,发布命令权,宣布紧急状态权,并且有制定官制官规、任免文武职官权、宣告开战媾和权。此外,他还是海陆军大元帅,统率全国海陆军,确定海陆军之编制及兵额,以及有其他荣典、赦免等权。

★第四章为“立法”,共9条,规定立法以人民选举之议员,组织立法院来行使。而其组织及议员选举方法,由约法会议议决。立法院拥有议决法律、预算、公债等权,并答复大总统咨询事件,收受人民请愿事件,提出法律案等权利。立法院每年召集之会期,以4个月为限;但大总统认为必要时,得延长其会期,并得于闭会期内召集临时会。此外,该章还规定了立法院议员的选举,任职等其他事项。

第五章为"行政",共5条,规定了行政以大总统为首长,置国务卿一人赞襄之。下面又置外交、内务、财政、陆军、海军、司法、教育、农商、交通各部分掌。各部总长依法律、命令,执行主管行政事务。

第六章为"司法",共5条,司法以大总统任命之法官组织法院行之。法院编制及法官之资格,以法律定之。其还规定了依法独立审判、公开审判、一定的法官豁免原则等。

第七章为"参政院",仅有1条,即"参政院应大总统之咨询,审议重要政务。参政院组织,由约法会议议决之。"实际上是一个总统幕僚机构。

第八章为"会计",共9条,规定相应的决算预算、财政支出和会计事项,并规范了审计院的职权。

第九章为"制宪程序",共5条,规定中华民国宪法案,由宪法委员会起草,还规定了宪法起草委员会的构成以及参政院、约法会议在制宪过程中的职权。

第十章为"附则",共5条,规定了约法的效力、修改的程序,重申了优待王室的条款,并且明确宣布废除原"临时约法"。

就形式上而言,此部宪法较之于"临时约法",要相对完善。一部宪法的主要构成要素,诸如国体、政体、人民权利义务、国家机构的划分和权力的分配,以及宪法制定和修改的程序,都在本约法中有所体现。

该约法最大的特征,还在于大大扩充了大总统的权力,比较典型的如:外交大权归诸总统,宣战媾和缔约不必经由参政院;总统制定官制,任用国务员及外交大使,不必经由参政院;宪法起草权归诸总统及参政院;人民公权的褫夺回复,总统应自由行之;总统有紧急命令权;总统有紧急处分权。这些权力原先大部分都是临时参议院所有或者受到参议院严格限制的,现在都归属于总统。正所谓"假总统政治之名,而行独裁政治之实"。[1]

(二)《中华民国宪法草案》("天坛宪草")

★因袁世凯对临时约法的破坏,革命党人于1913年举行"二次革命",虽因遭北洋军阀镇压很快宣告失败,但是留在国会中的国民党人,依然凭借着起草宪法而与袁世凯进行合法的政治斗争。主要由国民党人组成的宪法委员会排除困难,于

---

〔1〕 汪馥炎:《中华民国约法摘疑》,载《中华杂志》(第1卷·第6号)(1914年6月)。

10 月 31 日将《中华民国宪法草案》三读通过，咨交宪法会议。由于宪法起草委员会工作地点在北京天坛祈年殿，所以这部宪法草案又称“天坛宪草”，草案在精神上多继承《临时约法》，分“国体”“国土”“国民”“国会”“国会委员会”“大总统”“国务院”“法院”“法律”“会计”“宪法修正及解释”11 章 130 条，单从文本来看，是一个较为成熟的宪法草案，对总统权利多有限制。但袁世凯为了行独裁之实，很快就解散了国民党和国会，而设约法会议自行制定约法，因此“天坛宪草”虽于 1913 年 10 月 31 日经宪法起草委员会通过，但没有机会由国会审议通过。直到 1916 年袁世凯病死，黎元洪继任总统，重新恢复国会后，“天坛宪草”才重新得以续议。该年 9 月 5 日至 13 日，宪法会议听取宪法起草委员会说明旨趣，完成初读程序，至 1917 年 1 月 10 日，完成一读会程序。1 月 26 日至 4 月 20 日，完成二读会程序，经二读之后的宪草，删除了原“天坛宪草”的“国会委员会”一章，废除了大总统的紧急命令权，扩张了国会的权力，并修改了关于孔教问题的条款。关于中央与地方权限的划分，以及如何在宪法中体现，各方经过激烈的争论，最终拟定了“地方制度”的宪法条文，但未及审议，国会便因张勋复辟之故而由黎元洪下令再次解散，宪法起草再告中断，直到 1922 年，直系军阀控制北京政权后，制宪活动才得以继续，修改后的宪草条款大部分得以出现在 1923 年的《中华民国宪法》（“贿选宪法”）当中。

（三）《中华民国宪法》（“贿选宪法”）

★1923 年，直系军阀取得北京政权之后，通过贿选，选举直系将领曹锟为总统，为平息社会的愤怒，也为了表示尊重“法统”，大总统选出之后，紧接着于 10 月 8 日，国会宪法会议匆忙完成了三读程序，通过了《中华民国宪法》13 章 141 条，该宪法因曹锟贿选而被称为“贿选宪法”，这也北京政府时期通过的唯一一部正式的宪法。

在总体框架和具体宪法规范内容上，《中华民国宪法》对 1913 年以来不断在议的“天坛宪草”多有抄袭。《中华民国宪法》共分 13 章，141 条。各章主要内容为：

第一章“国体”仅 1 条，规定同于“天坛宪草”。

第二章“主权”，为新增章，亦 1 条，规定“中华民国之主权，属于全体国民”，这是“主权在民”这一近现代宪法原则在本宪法中的体现。

第三章“国土”，也只有 1 条，亦同于“天坛宪草”。

第四章“国民”，共 18 条，仅与“天坛宪草”有两处不同，一是增加了一条，这就是第 14 条，规定“中华民国人民之自由权，除本章规定外，凡无背于宪法原则者，皆承认之”，实际上是用一个概括性条款来扩张了人民的自由权，是近现代宪法文本上的一大进步。二是其删除了原先国民教育以孔子之道为修身大本的条款,而在第12条中加入“尊崇孔子的自由”等相关文字。

第五章“国权”,为新增章,共17条,首先将国权分成“国家事项”和“地方事项”,然后又规定,哪些事项由国家立法并执行,哪些由国家立法并执行或令地方执行,哪些由省立法并执行或令县执行,并规定了课税、法律的解释、财政、军队组织等权,以及地方禁止从事的事项。这实际上是宪法起草者看到了当时军阀割据的现实,试图通过宪法巩固中央政府权力,当然也必须做出一定的妥协。

第六章“国会”、第七章“大总统”、第八章“国务院”、第九章“法院”、第十章“法律”、第十一章“会计”皆与“天坛宪草”大同小异,总体而言,总统的权力在这部宪法中受到了进一步的限制,尤其是不再规定总统的紧急命令权,以及在官吏方面,总统权限也明显要较“天坛宪草”来得小。

第十二章“地方制度”又是一新增章,共12条,将地方划成省和县两级,省可以按照宪法的规定,制定省宪。地方可设议会。省税和县税的划分,由省议会议决。该章还规定了其他属于省、县的自治权力。这一章的主旨乃在承认地方有自治的权力,“是直系军阀的武力统一政策与各省军阀的连省自治主张之间进行妥协的产物,制度者们力图以国家根本法的形式记载和巩固这种政治妥协的成果”。[1]

第十三章“宪法之修正解释及其效力”,共6条。较之“天坛宪草”,前5条完全一致,仅多了1条“宪法非依本章所规定之修正程序,无论经何种事变,永不失其效力”。这一条可能是宪法起草者鉴于民国成立以来,制宪屡屡因为各种事变而命运多舛,于是为了保证宪法的稳定性,专门通过此条赋予宪法的永久效力。但事实上,宪法的效力从来不是由宪法条文本身所保证的,制宪者制定该条文只是表达了自己的美好期望。随着曹锟政权倒台,这一条款连同整个“贿选宪法”都成了废纸。所以“贿选宪法”自1923年10月10日公布,到最后废除,仅仅只存在了一年有余的时间。

(四)“段记宪草”

1924年第二次直奉战争结束后,直系政府跨台,倒戈的直系冯玉祥和奉系张作霖合作,邀请段祺瑞出任临时政府执政,开启了奉系军阀控制北京政府的时代。段任执政之后,废除了“贿选宪法”,另立国民代表会议,专门制宪,而委托各省居民长官组成的“国宪起草委员会”另行起草宪法。1925年年底,新《中华民国宪法草案》

---

〔1〕 张晋藩:《中国宪法史》,吉林人民出版社2004年版,第249页。

起草完毕，此为“段记宪草”，但因为终段氏执政之日，国民代表会议始终未能召集开会，所以此宪草最终也未能出台。随着南方国民革命军北伐战争的节节胜利，北洋军阀最终覆灭，北京政府的制宪活动遂成历史陈迹。

三、南京国民政府时期的宪法性文件

（一）《训政纲领》

1928 年“东北易帜”之后，国民党实现了形式上的统一。按照孙中山的“军政”“训政”“宪政”三阶段式建国方略，“武力统一”，就意味着“军政时期”的结束，训政时期开始。所谓“训政”，就是对于人民之政治知识、能力，政府应当加以训练，以行使其选举、罢免、创制、复决等诸种“政权”。1928 年 10 月 3 日，国民党中常会第 172 次会议通过了《训政纲领》，该纲领一共 6 条。第 1 条规定了中华民国在训政时期，由国民党代表国民大会行使政权；第 2 条则规定在国民党全国代表大会闭会时，由国民党中央执行委员会执行政权；第 3 条规定选举、罢免、创制、复决四种“政权”，应训练国民逐渐推行，以立宪政之基；第 4 条规定行政、立法、司法、考试、监察五种“治权”，托付于国民政府总揽实行；第 5 条规定中央执行委员会政治会议指导监督国民政府重大国务；第 6 条则规定政治会议负责修正和解释《中华民国国民政府组织法》。

1929 年 3 月，国民党第三次全国代表大会召开，正式宣布军政时期结束，“训政时期”正式开始，从此，国民政府抛弃了民元以来的法统，不再恢复国会，而是以国民党全国代表大会来取代之，而国家权力的核心，则在于“国民党中央执行委员会”。

（二）《中华民国训政时期约法》

★《训政纲领》出台后，南京国民政府继续对之进行完善，至 1931 年 6 月 1 日，正式公布了**《中华民国训政时期约法》**。

该《约法》以《训政纲领》为基础，共 8 章 89 条。

第一章“总纲”，规定了民国为人民主权的共和国。这属国体性质的规定。

第二章“人民之权利义务”，一般性地规定了公民的各项权利和义务，但是后面大多附有“依法律”或“非依法律不受限制”等但书条款，这就给国民政府剥夺人民权利开了一个方便之门。

第三章“训政纲领”，则延续了此前的《训政纲领》中的条款，以根本法形式确认了国民党一党专政的国家政治体制。这实际上才是本约法的最核心部分。

第四章“国民生计”,则是国民党政府关于经济方面的主张,实质是承认并确认官僚资本主义。

第五章“国民教育”,主要在于将“三民主义”确认为根本原则,实质上是以“党义”作为国家的意识形态。

第六章“中央与地方之权限”,在一定程度上体现了中央集权的色彩,这是国民党政府较之于北洋政府权力更为集中的反映。

第七章“政府之组织“,主要确认了国民党政府立法、司法、行政、考试、监察的五院制政府组织,表面上体现了权力分立和制衡的政治原则。实质因为国民党享有政权,故而无论怎样在政府里面贯彻“分权”和“制衡”,都改变不了“一党专政”和领袖独裁的实质。

第八章“附则”,规定约法解释权由中央执行委员会行使,所以虽然国民政府亦有立法会行使立法权,但真正掌握立法的,还是国民党中央执行委员会政治会议。

虽然这部约法的核心是以党治国,但它还是在“序言”中承认宪政是其政治目标,而训政时期不过是施行“宪政”之前的过渡。按照国民党 1929 年的决定,训政时期预定为 6 年,那么理论上 1937 年就要“行宪”,所以《中华民国训政时期约法》,只是一个过渡性的法律。但是它毕竟是从根本法的角度,规定了国家的根本制度和人民的权利义务,且在承认一党专政的同时,也强调了对人民权利义务的保障,具备了宪法的主要要素。而且事实上 1937 年随着日本帝国主义全面侵华,“国民大会”没能如期召开,《中华民国训政时期约法》遂得以沿用,直到 1946 年年底(1947 年新宪法生效)。它实际运行了 16 年之久,所以这部《中华民国训政时期约法》虽无“宪法”之名,但却是近代宪法史上最重要的宪法性文件之一。

(三)《中华民国宪法草案》(“五五宪草”)

★尽管国民政府颁布了《中华民国训政时期约法》,但是朝野上下,要求“还政于民”、反对“一党专政”的呼声不绝于耳。国民党内部也有人士呼吁“结束训政,实行宪政”。于是在 1932 年 12 月 20 日国民党四届三中全会第三次大会上,立法院长孙科提议从速起草宪法草案,以期早日实行宪政,还政于民。孙的提案最后获得大会的通过,会后成立宪法起草委员会,开始起草新的宪法。至 **1936 年 5 月 5 日,国民政府公布了《中华民国宪法草案》**,这份宪草因此又称为**“五五宪草”**。

“五五宪草”共 8 章 148 条。

第一章“总纲”,规定中华民国为三民主义共和国,主权属于全体国民,中华民族由各民族共同构成等。

第二章“人民之权利与义务”,规定了人民所拥有的权利与应尽的义务,其内容与曹锟宪法中的规定大同小异。

第三章“国民大会”,规定国民大会为最高权力机关,由各地选出的代表组成,有选举、罢免政府重要官员,创制、复决法律,修改宪法等权力。大会每三年召集一次,会期为一个月,代表任期为六年。

第四章“中央政府”,规定中央政府由总统及立法、行政、司法、考试、监察五院组成,总统为国家元首,有代表国家、宣战、媾和、缔约、大赦、特赦、荣典等权,但在立法权限上,必须由各院的院长副署,方能有效。五院除了对总统负责之外,还要对国民大会负责。

第五章“地方制度”,“凡事务有因地制宜之性质者,划为地方自治事项”,实际上是确认了地方自治的权限。

第六章“国民经济”,贯彻了孙中山平均地权、节制资本的理论。

第七章“教育”,规定了教育的原则、宗旨和经费筹集等问题。

第八章“宪法之施行及修正”,规定了相关的解释和修改事项,主要由国民大会负责。

“五五宪草”作为一个宪法草案,在形式上较之于《中华民国训政时期约法》,更加完善,国家机关的组织方式和人民的各项权利,也规定得更加充分。其所确定的框架结构和许多基本原则,为后来的宪法一脉相承。但因全面抗战的爆发,未能实行,而最终停留在草案阶段。

（四）**《中华民国宪法》**（“蒋记宪法”）

★抗战胜利之后,社会要求“行宪”的呼声日益高涨,蒋介石也希望以宪法来进一步加强自己的权力,于是在“五五宪草”的基础上,制定新宪法,于 1947 年通过,因为它从起草修正到出台,都秉承着“领袖”蒋介石的意志,所以又被称为“蒋记宪法”,它带上了强烈的专制独裁的色彩,又以比较漂亮的文字来进行修饰,是**中华民国统治时期最后一部正式颁布的宪法**。

这部宪法共 14 章 175 条,是民国条款最多的宪法。

第一章“总纲”,规定中华民国基于三民主义,为民有、民治、民享的民主共和国,主权属于全体国民,国民以国籍为准,领土依固有疆域,各民族一律平等,国旗为“青天白日满地红”。该总纲中有两点值得注意,一是它重新解释了民主共和国“民”字,用的是美国式的提法“民有、民治、民享”;二是它直接规定了“国旗”的内容和特点,作为国家象征,国旗被规定在宪法中,是一个进步。

第二章"人民之权利义务",同样延续了自"天坛宪草"以来的种种规定,而且人民权利保障的力度更大,且规定除了"妨碍他人自由,避免紧急危难,维持社会秩序,增进公共利益所必要者"之外,不得以法律手段限制。这样对法律限制人民权利的范围,有一个明确的规定,这对统治者试图以法律限制人民权利,无疑有很强的约束。

第三章"国民大会",规定了国民大会是政权行使的主体,代表全体国民。又规定了国民大会的组织结构、代表选举办法、任期、开会闭会等相关事项,这主要是从"政权"这个角度来界定的。

第四章至第九章分别为"总统""行政""立法""司法""考试""监察",可以很清晰地看出,这是按照孙中山"五权"宪法的设想来构建的,规定的是全国的"治权"。总统拥有很大权力,但是行使起来要受到立法院、行政院乃至监察院等机构的制约,是一种有限的总统制。

第十章规定了"中央与地方之权限",秉持"均权主义",对中央和地方各自的权限明确作了规定,与曹锟贿选宪法"国权"一章的规定有很多相似之处。

第十一章规定了"地方制度",分省和县两级,明确了其自治权利。

第十二章则是"选举、罢免、创制、复决",这是四种"政权",本质上没有单独标举出来的必要,但是因为这是孙中山先生的思想创造,所以为了突出国民党的"政统"所在,不惜专设一章来表明。

第十三章"基本国策",分别从"国防""外交""国民经济""社会安全""教育文化""边疆地区"来阐述,实际上是在强调国民政府的诸多政策,都是贯彻了孙中山先生"民族""民权""民生"之三民主义的。

第十四章"宪法的解释和修改程序",肯定宪法至高无上的地位,但又将解释权赋予了司法院,至于修改权,则需要由国民大会来修改。司法院得解释宪法,与美国的司法审查制度颇有相似之处。

这部宪法基本精神本自《中华民国训政时期约法》,但亦有其自身显著特征:

第一,该宪法以孙中山"三民主义"和"五权制度"学说为指导,且在框架结构和条款制定上全面体现。第二,该宪法掺杂了英美宪政的某些理念,体现了一定的分权和制衡色彩。第三,该宪法实质仍是一党包办的产物,这就意味着这部宪法最终只能代表和服务于国民党的利益,而无法反映广大的共产党人及共产党领导下人民的诉求。

第四节　刑 事 法 制

一、北京政府时期的刑事立法

南京临时政府因为时太过短暂，还没来得及顾及刑事立法，即告垮台，故中华民国时期的刑事立法，始自北洋军阀执政时期。

（一）《暂行新刑律》

民国元年，在清末的大清新刑律基础上，经过删改，制定《暂行新刑律》，于该年4月30日施行。该刑律分总则、分则2编，共52章，凡392条。

总则包括17章，分别为：法例，不为罪，未遂罪，累犯罪，俱发罪，共犯罪，刑名，宥减，自首，酌减，加减例，缓刑，假释，恩赦，时效，时例，文例。

分则包括35章，分别为：内乱罪，外患罪，妨害国交罪，漏泄机务罪，渎职罪，妨害公务罪，妨害选举罪，骚扰罪，逮捕监禁人脱逃罪，藏匿罪人及湮灭证据罪，伪证及诬告罪，放火决水及妨害水利罪，危险物罪，妨害交通罪，妨害秩序罪，伪造货币罪，伪造文书及印文罪，伪造度量衡罪，亵渎祀典及发掘坟墓罪，鸦片烟罪，赌博罪，奸非及重婚罪，妨害饮料水罪，妨害卫生罪，杀伤罪，堕胎罪，遗弃罪，私擅逮捕监禁罪，略诱及和诱罪，妨害安全信用名誉及秘密罪，窃盗及强盗罪，诈欺取财罪，侵占罪，赃物罪，毁弃损坏罪。

根据袁世凯于该年3月11日所发出的大总统令"所有前清时规定之《法院编制法》……及宣统三年颁布之《新刑律》……除与民主国体抵触之处，应行废止外，其余均准暂时适用……"[1]既然只要不与民主国体相抵触，即能适用，那么沿袭这一思路，只需要将与民主国体相抵触者删除，民国刑律就可制定成。所以《暂行新刑律》体例和内容大都沿袭了大清新刑律的模式，删除了体现旧礼教色彩的服制诸图和《暂行章程》5条，删除了标明帝制的"侵犯皇室罪"一章和其他有关维护皇帝特权的条款，主要就是将条款中提到的"帝国"改为"中华民国"，"臣民"改为"人民"，"覆奏"改为"覆准"，"恩赦"改为"赦免"，以体现民主共和的性质。

虽然《暂行新刑律》与清末的新刑律相比，并没有体现多少创新性，但是仍不能抹杀该律的重要意义。首先，清末新刑律是在参考世界最新良规的基础上制定的，

---

〔1〕《中华民国民法制定史料汇编》（下）（台湾地区"司法行政部"编辑），1976年刊行，第1～2页。

本身就是法律的重大进步,而在此基础上删修而成的《暂行新刑律》,继承了清末新刑律的刑罚人道主义、罪刑法定主义等近代刑法原则,并取消帝制条款,注重身份平等,无疑使《暂行新刑律》的刑法理念非常先进。其次,清末新刑律公布颁行后不久,清政府即告覆灭,是以该法的效果不能有效发挥,而《暂行新刑律》则在司法实践中被广泛贯彻,且是北京政府时期唯一通行的刑法典,运行了 16 年之久。最后,北京政府为了推行该法,还于 1912 年 9 月 12 日,通过了该法的施行细则,解决实施过程中的具体细节问题,从而有效地保障了新刑律的贯彻。所以这部暂行刑律是整个北京政府时期最为重要的刑法典,是最重要的立法成就之一。

(二)《刑法第一次修正案》和《刑法第二次修正案》

1914 年法律编查馆成立后,即着手对《暂行新刑律》进行修订。按照"立法自必依乎礼俗""立法自必依乎政体"和"立法必视乎吏民之程度"这三条修律宗旨,并聘请清末来华的日本法学家冈田朝太郎参与修订。至 1915 年 2 月 10 日,纂成新的刑法草案,史称《刑法第一次修正案》起草完成。该草案分为总则、分则两编,共 55 章 432 条。其结构、章目与《暂行新刑律》相比,变化不大,只是在总则中增加"亲族加重"一章,在分则首次增设"侵犯大总统罪"一章,并增加"私盐罪"一章。《刑法第一次修正案》秉承了大总统袁世凯所强调的"以礼教号召天下,重典胁服人心"的理念,一定程度上恢复了旧的礼教条款,较之《暂行新刑律》有所倒退。但该草案因袁世凯复辟帝制,而遭到搁置不了了之。

袁世凯去世之后,段祺瑞执政,重新开始修订刑法,以王宠惠、董康为总裁,最终于 1918 年纂成新的刑法草案,史称《刑法第二次修正案》。该草案仍分为总则、分则两编,共 49 章 393 条。《刑法第二次修正案》较之以往主要有四个方面的变化:一是确定了从新兼从轻的溯及力原则;二是采用外国刑法的先进经验和新立法例,比如此前亲属的范围仍以传统服制为准,第二次修正案则改用西方亲等计算法来处理,这一标准为世界普遍通行;三是克服了《暂行新刑律》和《刑法第一次修正案》的缺陷并弥补了其不足,比如之前刑法虽然规定了无犯意即非犯罪之原则,并规定例外者得以过失处罚,但对于故意及过失的范围,并没有规定,而第二次修正案则明文规定了故意和过失的定义;四是改删《刑法第一次修正案》的"侵犯大总统罪"和"私盐罪"两章。虽然体例和此前的《暂行新刑律》和第一次修正案没有多少不同,然而,其在内容上移植了大量西方刑法条款,"实较前有显著之进步,为民国以来最完善之刑法法典”,[1]时人也对此赞誉有加:“其修正内容,对于学说、法例,既概取其新,而习惯民情,则兼仍其旧,准酌至善,采择极精,诚为一代法典之大观也。”[2]不过,由于军阀混战等种种原因,第二次修正案也未能公布生效,但是却作为南京国民政府时期制定刑法典的蓝本,发挥了重要作用。

(三)特别刑法

北京政府时期,除了制定以上刑法典或者刑法典草案之外,还制定了一系列单行刑事法规,实为特别刑法。如《戒严法》(1912年)、《惩治盗匪法》(1913年)、《徒刑改遣条例》(1914年)、《易笞条例》(1914年)、《治安警察条例》(1914年)、《陆军刑事条例》(1915年)、《海军刑事条例》(1915年)等,这些特别刑法较之于刑法典,有两个明显的特点:第一,所定内容大多为严刑峻法,如海陆军刑事条例中,确定了“叛乱”“擅权”“辱职”“抗命”“暴力胁迫”“逃亡”“结伙”“结党”等,这些犯罪的主谋,绝大多数要处以枪决。第二,特别刑法中,有很大一部分恢复了帝制时代的刑法内容,是法制近代化的倒退,如《易笞条例》,就恢复传统刑罚笞刑,而《徒刑改遣条例》则恢复了发遣之刑,规定无期徒刑和5年以上的有期徒刑,需要发黑龙江、吉林、新疆、云南、贵州偏远之地。这无疑是开历史倒车,也体现了北京政权的旧时代习气。

二、南京国民政府时期的刑事立法

(一)《中华民国刑法》(“旧刑法”)

南京政府成立之后,最初沿用《暂行新刑律》及之前国民党广州、武汉国民政府所制定的部分刑事特别法,如《陆军刑律》(1925年)、《国民政府反革命罪条例》(1927年)和《党员背誓罪条例》(1926年)等。同时南京政府着手制定统一的刑法典,至1928年2月10日,公布了新的刑法典,因为与1935年的刑法典相区别,故而此刑法典又称为“旧刑法”。

《中华民国刑法》(旧刑法)以北京政府时期的刑法第二次修正案为蓝本,吸收德国、日本刑法典相关内容编纂而成,分总则、分则2编,共48章,凡387条。

总则共14章,分别为:法例,文例,时例,刑事责任及刑之减免,未遂罪,共犯,刑名,累犯,并合论罪,刑之酌科,加减例,缓刑,假释,时效。

分则共34章,分别为:内乱罪,外患罪,妨害国交罪,渎职罪,妨害公务罪,妨害

---

[1] 谢振民编著:《中华民国立法史》,张知本校订,中国政法大学出版社1999年版,第903页。

[2] 吴镇岳:《对于改定刑法第二次修正案之意见》,载《法律评论》1923年第8期。

选举罪,妨害秩序罪,脱逃罪,藏匿犯人及湮灭证据罪,伪证及诬告罪,公共危险罪,伪造货币罪,伪造度量衡罪,伪造文书印文罪,妨害风化罪,妨害婚姻及家庭罪,亵渎祀典及侵害坟墓尸体罪,妨害农工商罪,鸦片罪,赌博罪,杀人罪,伤害罪,堕胎罪,遗弃罪,妨害自由罪,妨害名誉及信用罪,妨害秘密罪,盗窃罪,抢夺强盗及海盗罪,侵占罪,诈伪及背信罪,恐吓罪,赃物罪,毁弃损毁罪。

该法因为以北京政府时期刑法第二次修正案为蓝本,故而其特点与前者基本一致,首先,亦采用最新法例,如法原则上不溯及既往,但如果从新更轻,则从新,亦即"从旧兼从轻原则"。其次,虽采世界通行标准,但仍照顾中国国情,如在亲等关系上,虽然旧刑法和第二次修正案一样采亲等计算法,但与通行的罗马亲等法不同,中国采寺院亲等法,亲属范围与服制范围大体相同,其立法理由为:"中国直系亲,由己上数至高祖,下数至元孙,均以四世为止。旁系亲则族兄弟与再从侄,亦认其在亲属范围内。若取罗马法计算法,其直系亲以一世为一等,应以四等亲为限,至旁系亲则须依八等亲为限,于理殊为不合,故不如采用寺院法计算法,直系旁系均以四等亲为限,则与旧律服制宗亲之范围适合。"〔1〕再次,注意在刑法条款中体现国民党党义纲领,国民党以孙中山三民主义为党义纲领,是以旧刑法中专设妨害农工商业专章,加大对劳工的保护,这是"民生"主义在刑法中的典型体现。最后,注意区分犯罪性质,来制定章节条款,更加注重立法的科学性。比如,骚扰罪与妨害秩序罪都是对秩序的妨害,原来通行的法典分成两章,旧刑法则将之合为一章。杀人罪与伤害罪,危害结果差异巨大,但原来合为一章,旧刑法则分列两章,显然照顾到犯罪的危害性和两者行为的差异性。很显然旧刑法立法更为科学。

(二)《中华民国刑法》("新刑法")

★1928 年旧刑法颁布之后,立法院陆续对之进行多次修订,至 1935 年,公布通过了新的刑法,称"新刑法"。《中华民国刑法》(新刑法)分总则、分则 2 编,共 47 章,凡 357 条。

其中总则共 12 章,分别为:法例,刑事责任,未遂犯,共犯,刑,累犯,数罪并罚,刑之酌科及加减,缓刑,假释,时效,保安处分。

分则共 35 章,分别为:内乱罪,外患罪,妨害国交罪,渎职罪,妨害公务罪,**妨害投票罪**,妨害秩序罪,脱逃罪,藏匿人犯及湮灭证据罪,伪证及诬告罪,公共危险罪,伪造货币罪,**伪造有价证券罪**,伪造度量衡罪,伪造文书印文罪,妨害风化罪,妨害婚

---

〔1〕 郑爰诹等编:《最新增订刑法集解》,世界书局 1932 年版,第 30~33 页。

姻及家庭罪,亵渎祀典及侵害坟墓尸体罪,妨害农工商罪,鸦片罪,赌博罪,杀人罪,伤害罪,堕胎罪,遗弃罪,妨害自由罪,妨害名誉及信用罪,妨害秘密罪,窃盗罪,抢夺强盗及海盗罪,侵占罪,**诈伪背信及重利罪,恐吓及掳人勒赎罪**,赃物罪,毁弃损毁罪。

与旧刑法相比,新刑法突出的区别在于:首先,立法精神上侧重于主观唯心主义,强调犯罪行为人的主观恶性,其中一个重要的表现,就是在总则部分增加"保安处分"一章,所谓保安处分是指以在对人的人身危险性进行评估之后,对符合法定条件的特定人所采用的预防犯罪的特殊措施。其适用的对象不限于有犯罪行为的人,也包括有犯罪嫌疑或妨害社会秩序嫌疑的人。这是德国、意大利的法西斯刑法原则,实践中容易造成以统治者好恶来认定犯罪的嫌疑。其次,它吸收了《危害民国紧急治罪法》《军用枪炮取缔条例》《惩治盗匪暂行条例》《禁烟法》等特别刑法的内容,归入内乱、外患、妨害秩序、公共危险、强盗、掳人勒赎、鸦片各罪章,对于严重威胁统治秩序的行为,进行从重从严的规定。最后,根据社会发展的需要,它及时对新型犯罪行为进行调整。比如,在分则中增加"伪造有价证券罪"一章,即是新刑法"与时俱进"的体现。

此外,南京国民政府时期依旧颁布了多个刑事特别法,如上文所述,许多特别刑法条款,被吸收进了1935年的新刑法中。因此,特别刑法和1935年新刑法,具有以下几个特点:第一,刑法整体上精神从严,刑罚较之旧刑法,要严厉得多。第二,刑法出现法西斯化的趋势,除了保安处分之外,旨在镇压共产党和革命志士斗争的《反省院条例》等法律,对虽无具体行为,但思想上坚持革命立场者,明确规定得送反省院"矫正",从而为南京政权打击异己势力大开方便之门。第三,较之旧刑法,新刑法扩大了犯罪的内容和范围,尤其是思想入罪,更体现了法西斯政权的本质。

总之,整个中华民国时期的刑法典,在条款上呈现出日益精密的特点,立法技术也日趋成熟,但是立法精神方面趋向严厉,颇有"治乱世用重典"的意味。

第五节　民 商 法 制

一、民初的民事立法:援用"现行律民事有效部分"

辛亥革命之后成立的南京临时政府,因无法在短时间之内制定各项新法,便曾考虑过援引前清的民法,以便司法适用。比如,司法总长伍廷芳就向临时大总统呈文,内称“本部现拟就前清制定之民律草案……由民国政府声明继续有效一位临时适用法律,俾司法者有所根据”。[1]

但临时政府很快归政于北京政府,北京政府参议院对临时政府此前提出的援用《大清民律草案》的建议进行审议,认为该草案在前清并未宣布,无从引用。但是北京政府同样面临着与南京临时政府一样的问题,即短时间内也无法制定出一部民法典,所以北京政府参议院议决采用一个折中的方案,嗣后凡关于民事案件审理,依旧援引前清的法律,只不过换成了援引《大清现行刑律》中的相关各条。所谓“前清现行律相关各条”,就是宪政编查馆所谓的“应属民事者毋再科刑”诸个条文。1914 年大理院在第 304 号判决中再次重申了此意:

前清现行律关于民事各件时与国体及嗣后颁行成文法相抵触之部分外,仍应继续有效。至前清现行律虽名为“现行刑律”,而除刑事部分外,关于民商事之规定,仍属不少,自不能以名称为刑律之故即误会其已废。此项所谓“民事有效部分”即包括服制图、服制、名例、户役、田宅、婚姻、犯奸、斗殴、钱债及《户部则例》中之户口、田赋而言[2]。

根据这个判决例,为了使司法者明确“现行律相关各条”究竟包含哪些,北京政府司法部还专门将“现行律民事有效部分”编纂成册,包括“《大清现行刑律》中不科刑之律例”和“原《户部则例》中有关民事部分”这两大部分,其中从《大清现行刑律》中摘出“服制图”8 图、“名例”4 条、“户役”4 条、“田宅”4 条、“婚姻”11 条、“犯奸”3 条、“钱债”3 条以及律后所附例若干条,而从《户部则例》则摘出“户口”3 条、“田赋”72 条。

援引前清现行律民事有效部分,是民初作为立法机关代行立法权的参议院正式决议,履行的是正式立法程序。本来援用现行律民事有效部分是一个暂时性的措施,在新的民法典出台之前,如果没有律文可供援用或者援用与民国国体有违,则主要是通过大理院出台法律解释的方法(判决例,解释例)来弥补民事规则的漏洞。与此同时,民国政府也在着手制定新的民法典,最后的成果就是 1925 年编订完成的《中华民国民律草案》(亦称“第二次民律草案”,区别于清末的《大清民律草案》)。

---

〔1〕《中华民国民法制定史料汇编》(下)(台湾地区“司法行政部”编辑),1976 年刊行,第 1 ~2 页。

〔2〕北京政府司法部修订法律馆《法律草案汇编》(民法)。转引自潘维和:《中国近代民法史》,台北汉林出版社 1982 年版,第 28 页。

二、北京政府时期的民律草案和商法制定

(一)《中华民国民律草案》(第二次民律草案)的制定

按照北京政府编纂方案,民律起草应该在比较中西诸律,借鉴西方民法,吸收固有习惯的基础上仔细斟酌损益而成。为此法律起草机构广泛编译西方民律,并继续进行习惯调查,同时参酌大理院判决例,来起草法律。不过同样因为受动荡局势的影响,这些工作并没有能得到从容开展。

1925 年完成的《中华民国民律草案》共有五编 1522 条,结构与《大清民律草案》基本相同。该草案的主要内容为:

第一编"总则",共 5 章 223 条。其中第一章为"人",规定了自然人和法人主体资格、身份、分类以及基本权利能力等;第二章为"物",界定了"物"的概念,规定了物的分类和范围;第三章为"法律行为",界定了法律行为的要素和方式,包括"行为能力""意思表示""契约""代理""无效、撤销、同意及承认"等五节;第四章为"期限之计算",规定了民事活动的各类期限计算方法;第五章为"消灭时效",规定了时效的类别,以及中断、中止、终止的情形。

第二编"债编",共 4 章 521 条。其中第一章为"通则",规定了债发生的原因,包括"契约""侵权行为""不当得利""无因管理"诸种情形,同时规定了债的标的,债的效力,债的让与及承担,债的消灭等各项权利义务;第二章为"契约",将契约进行分类,并且区分了各自的权利义务,包括"双务契约""利他契约""有偿契约""买卖""互易""赠与""使用租赁""用益租赁""使用借贷""消费借贷""雇佣""承揽""居间""委任""寄托""合伙""隐名合伙""终身定期金契约""赌博""和解""债务约定及债务承认""保证"等二十一节,构成了"债编"中最为核心的内容;第三章为"悬赏广告",规定了悬赏人和广告人之间的权利义务;第四章为"无因管理",规定了管理人和受益人之间的权利和义务。

第三编"物权",共 9 章 309 条。其中第一章为"通则",规定物权的类别、相关概念以及取得方法;第二章为"所有权",除规定所有权的取得、登记等、时效等一般情形外,还规定不动产所有权、动产所有权、共有等内容;第三章"地上权、第四章"永佃权"、第五章"地役权"均是关于用益物权方面的规定;第六章"抵押权"、第七章"质权"、第八章"典权"均为担保物权方面的规定;第九章规定了物权的一种特别方式"占有"。

第四编"亲属",共 7 章 242 条。其中第一章为"总则",总论亲属的概念以及各

亲属之间的亲等关系等;第二章为“家制”,规定家的概念、家长及家属的各种权利义务、家产的概念及使用方法等;第三章为“婚姻”,这是“亲属”编中最为重要的部分,分“婚姻之成立”“婚姻之无效及其撤销”“婚姻之效力”“离婚”四节,对于夫妻关系以及相关的财产权问题进行了详尽的规范;第四章为“亲子”,规定了“亲权”“亲子关系”“嫡子”“庶子”“嗣子”“私生子”“养子”等七节,尤其侧重于界定各种不同类别子嗣的权利;第五章为“监护”,对于“未成年人之监护”“成年人之监护”“照管”分别作出了规定;第六章为“亲属会”,规定了亲属会的召集、组织、权利和义务;第七章为“扶养之义务”,规定了扶养人和受扶养人的权利义务。

第五编“继承”,共7章224条。其中第一章为“总则”,规定继承的含义,继承的条件等;第二章“宗祧继承”,规范了宗祧继承人的条件、继承宗祧之效力以及各项权利义务等;第三章“遗产继承”,确立了遗产继承人的范围、遗产继承之效力、遗产继承人应继之份额以及遗产分析之法;第四章为“继承人未定及无人承诺之继承”,规定如果继承人未定以及无人承诺时,遗产该如何分配等问题;第五章为“遗嘱”,规定了立遗嘱的方法、遗嘱的效力以及遗嘱的执行诸内容;第六章“特留财产”和第七章“债权人或受遗人之权利”,则是关于继承的一种特别情形。

该草案总数较之《大清民律草案》少45条,尤其是债编、亲属编、继承编这三编,则较之原案有相当大的变化,该民律草案的主要特征,就体现在变化较大的三编上:

首先,民国民律草案,已经不纯粹是对西方民法简单的抄袭和模仿,而是在一定程度上照顾到了我国社会实际生活,将许多“固有民法”的内容吸收进新草案中,如增加“典权”一章、规定“宗祧继承”的方式和权利、限制家庭成员的家事代理权等。其次,民国民律草案,较之于《大清民律草案》,已经大大地凸显了“人格平等”之意,带有强烈的进步色彩。比如,《大清民律草案》在“亲属”编中,不承认夫妻权利平等,妻子甚至不能拥有自己的财产,人格上附属于夫。但是到了民国民律草案中,夫妻平等之意在许多规范上都有所体现。最后,民国民律草案条文用词诸方面存在矛盾之处,制作并不精良,带有鲜明的“急就章”色彩。[1]

(二)北京政府时期的商事立法

北京政府时期商事立法,在立法形式上延续了清末“民商分立”的做法。1914年,农商部依照《大清商律草案》为蓝本,参考全国商务总会提出的商法调查案,改

---

〔1〕 参见张生:《中国近代民法法典化研究》,中国政法大学出版社2004年版,第169~171页。

订商法,请求政府公布施行。于是该年元月,北洋政府公布了《公司条例》,3 月,又公布了《商人通例》,北洋政府的商法典起草工作遂全面铺开。此后,又陆续公布或实行了《票据法草案》《清理不动产典当办法》《登记通则》《不动产登记条例》《商事公断处章程》《商业注册规则》《证券交易所法》《商标法》等。

北京政府的商事立法,和民事立法一样,也体现了对国情的重视,这表现在立法吸收了本国商人的意见和建议。如北洋政府公布的《公司条例》为例,该条例无论法律原则、篇章结构,还是条文本身,都与由反映商人意见,由民间商会组织提交的《商法调查案》极为相似,明显提高了公司主体的地位,完善了公司治理模式。

但是,尽管形式上北京政府的商事立法采"民商分立",也有"商人通例",但是终北洋政府执政时期,始终未出台完整的商法典或者草案,大量的商事法律,多是以单行法或实施细则的形式颁布的。这实质上代表了民商分立的做法在近现代遭遇到日益困难的处境。因为要在民法总则之外,专门定商法总则,不唯理论上难以说明,实践中亦难贯彻一致。这也导致了南京国民政府时期,对于私法的创制,采用民商合一,商法作为民事特别法,采用单行法的形式,而未再法典化。

三、南京国民政府时期民商立法

(一)《中华民国民法典》

★南京国民政府建立之后,组织民法起草委员会,进行民法典的制定,自 1929 年 2 月 1 日开始,到 1930 年 12 月 3 日,新民法典就全部完成并公布,其采用的方法是开会集体讨论条文的起草,起草一编就通过公布一编,接着起草下一编,边开会、边起草、边通过、边公布,立法进程非常紧凑,如此,在两年不到的时间之内,就完成了庞大的民法典的制定,效率是非常高的。当然,因为立法起草速度的过快,也留下了一定的问题。

该民法典秉持"男女平等""废除宗法""社会本位""适当照顾习惯"这四大原则编纂,延续了此前的五编制体例,但在具体章节和条目上有着很大的变化。条文总数为 1225 条,较《大清民律草案》的 1596 条和《中华民国民律草案》的 1522 条,都大为减少,体现了立法概括性程度的提高。其主要内容为:

第一编"总则",共 7 章,152 条,依次交代了法例,人,物,法律行为,期日及期间,消灭时效,权利之行使。法例中提到了民事法律渊源为法律,如无法律,则依习惯;如无习惯,则依法理。作出这一规定,可有效填补法律的漏洞,俾司法有所依凭。

而这是民国民律草案所忽视的。

第二编“债编”,共2章,604条,章节条目很大程度上与民国民律草案类似,但是立法精神上强调对债务人的保护,所以不用“债权”,而用“债编”。关于债的发生依据,该编规定了契约、代理、无因管理、不当得利、侵权行为这五种情形。关于契约,双方当事人需要意思表示一致方得成立契约,且意思表示亦得符合法律规定,契约要生效还得主体、意思表示、客体均适格才可。至于契约的种类,则分为买卖、互易、赠与、租赁、借贷、雇佣、承揽、出版、委任、居间、寄托等二十余类。债编主要的篇幅就在于对这二十余类的契约进行规定,至于其他之债,债编亦根据其各自的特征进行权利义务的界定。

第三编“物权”,共10章,210条,各章依次是通则、所有权、地上权、永佃权、地役权、抵押权、质权、典权、留置权、占有。物权编明确了中央政治会议议决的物权基本原则,包括物权法定、物权不得以契约自由创设、物权不得按照习惯设定、不动产登记等原则,还特别规定不动产物权的设定、转移必须以书面方式为之。对于所有权,该法对不动产所有权和动产所有权的取得时效分别进行规定。最有特色的是其担保物权方面,如上文所述,加上了“典权”一章,规定了最长典期为30年,典权人和出典人都可以转让其权利,典权人可以将典物转典或出租他人,但不得超过原典期。典期限满,出典人应照帖回赎典物,如限满两年不回赎,则绝卖。

第四编“亲属”,共7章,170条。各章依次是通则、婚姻、父母子女、监护、扶养、家、亲属会议。该法一个最大的特征就是在亲等计算方面,民国民律草案还沿用传统“五服”来计算,而民法典则采用了罗马法亲等计算方法,并将亲属分为血亲、配偶和姻亲三类。同时该编与法国、瑞士民法典接轨,规定了结婚的年龄、程序及禁止结婚的诸情形,废除了某些传统的婚姻习惯。该编贯彻了婚姻自由的理念,对于离婚,则增加了部分条款,且对离婚后家庭成员的保障也有所重视。此外,适当照顾了传统习惯,设有家长,家长在一定范围内,对家庭成员具有惩戒之权利。

第五编“继承”,共3章,87条。各章依次是遗产继承人、遗产之继承、遗嘱。该编完全废除了此前“宗祧继承”的种种规定,同时扩大了继承人的范围和继承的顺序,规定同顺序继承人的继承份额相等,极大地体现出“平等”这一民事法律精神。但在继承人对被继承人有重大不良行为时,则丧失继承权。至于遗嘱,则采“自由”原则,规定了物种遗嘱方式和对遗嘱处分权的限制。当然,也保留了部分传统习惯。

《中华民国民法典》具有以下典型特征:

第一,**民国民法典展现了高超的立法技艺,在中国历史上第一次完成了专门的民法“典”的构造**。首先,在立法体例方面,它抛弃了此前称“民律”的做法,而直接用“民法”来命名,凸显了“法”的权利本位色彩。其次,在法典编制方面,除了继承此前五编制外,更优化了内部的章节排列顺序,章下分节,节下分款,款下分目,同一条文中有时又分项或段,如此层次分明,序列整齐。最后,就法律用语方面,破除了此前民律草案中的前后用词不统一,且古今文体杂糅的弊端,而形成了典雅的现代化的法律文体。

第二,**引进了西方最新民法成果,符合现代民法发展趋势**。民国民法典博采众长,举凡德、法、瑞、意、日等国民法典的精华,在民国民法典中都有所体现,诸如总则中的“法人”“代理”“时效”,债编中的债之发生、标的、发生、消灭、各种债的范围之扩大,以及物权编中的“所有权”“权利质权”“地役权”等相关规定,都能体现这种“与世界接轨”的趋势。

第三,**保留了部分优良的法律传统,在一定程度上体现了“法的中国性”**。最典型的就是前述“典权”的规定,且归类于用益物权行列,可见立法者还是能够深切体认国情和习惯的。

当然,因为时间仓促,这部法典同样存在许多问题。尽管如此,该法典从形式到内容,均已经是空前完善的法典,**是中国法制史上的一大飞跃**。

(二)南京国民政府时期的商事立法

南京国民政府时期的商事立法,摒弃了此前法典化的立法模式,将商事主体和行为等原理性或概念性的规范,置于民法债编之中。具体的内容,则按照商法类别,用单行法的形式确立下来。它在清末以来商法的基础上更进一步,从而形成了包括公司、票据、海商、保险、证券等法在内的一整套商法规范。

南京国民政府时期,对于商法,大多是在北洋政府时期纂修的商法基础上加以增、删、改的基础上创制的。1929 年 12 月 3 日,南京国民政府公布了《公司法》,新公司法同样是在无限公司、两合公司、股份有限公司和股份两合公司的四分法基础上进行规范的,只是较之于此前的公司法,新公司法更加侧重于在公司的内部治理形式和公司的社会责任这两方面加以完善。

1929 年 10 月 30 日,国民政府又公布了《票据法》,共 5 章 139 条。第一章“总则”界定了相关票据种类,规定了相关的票据行为;第二章“汇票”,则详细地规范了发票及款式、背书、承兑、参加承兑、保证、到期日、付款、参加付款、追索权、拒绝证书、复本、誊本等票据行为和票据形式;第三章“本票”和第四章“支票”,则主要规定了不同于“汇票”的具有各自独立特征的内容;第五章则是附则,对附带问题进行规范。

1929 年 12 月 30 日,国民政府公布《海商法》,分为“通则”“船舶”“海员”“运送契约”“船舶碰撞”“救助及捞救”“共同海损”“海上保险”8 章,但是与传统海商法不同的是,限于时代因素,国民政府有意通过制定该法,加强航运的管制。为此还特别设立了《船舶法》《船舶登记法》等一系列配套法制。

同样在 1929 年至 1930 年之际,国民政府颁布《保险法》,但这部法律并不完善,一直到 1937 年,才最终修改完善。该法分“总则”“损失保险”“人身保险”3 章 98 条,对于保险人、投保人、险种、保险费、保险责任、保险金额等内容有着详细的界定。

这样,至 1930 年年底,基本的商法大体完备,此后,国民政府又陆续地推出各商法的实施法或施行细则,另外还颁布了《商标法》《商业登记法》《商业会计法》《专利法》《证券交易法》《保险法》《土地法》《银行法》等一系列商业法规,作为民法典的特别法,从而**构筑起了整个民商法律体系**。

第六节 司法制度

一、司法机构的设置

(一)北京政府时期的司法机构

南京临时政府尚未议及司法机构的改革,即已颠覆。北京政府时期,继续法制近代化司法独立的改革潮流,并将清末未及推行的司法体制逐渐推广。北京政府将始于清末的《法院编制法》重新加以修正并予以公布,根据该法,从中央到地方,全国司法系统分为四级,即作为最高法院的大理院,设于首都北京,而在地方分别设高等审判厅,地方审判厅和初级审判厅,并推行“审检合一制”,在各审判厅内设检察厅。各级审判厅负责刑事和民事案件的检察审判工作。

北京政府时期的司法机构,实行双轨制,即普通刑名案件由普通法院管辖,而行政诉讼案件,则设专门的司法机构予以处理,这一司法机构即为设立于 1914 年的平政院,从而将清末法制改革中行政裁判院的构想变为现实。平政院主要受理人民因行政机关违法行政以致侵害公民合法权益的案件,有的需要先行提出诉愿程序再予以受理。平政院成立初期内设肃政厅,肃政厅同时行使行政公诉和纠察弹劾官员之责，兼具检察和监察性质，是一种“中西合璧式”的杂糅机构，1916 年裁撤，但平政院一直运行至南京国民政府成立，而为行政法院所取代。

因为各地地区差异较大，限于地方势力割据以及司法财政困难等因素，再加上 1914 年开始，袁世凯加速复辟帝制的活动，故而在袁世凯统治后期，一度裁撤部分地方审判厅和全部初级审判厅，推行县知事兼理司法的制度，并于 1914 年 4 月颁行《县知事兼理司法事务暂行条例》，其中第 1 条规定：“凡未设审检各厅县第一审应属初级或地方厅管辖之民刑诉讼均由县知事审理。”第 2 条规定，“县之司法区域与其行政区域同”。虽然这一定程度上是对现实情形的妥协，但是无疑是开历史倒车，重新回到帝制时代司法行政不分的旧制。

此外，北京政府时期，时代最大特色之一就是军阀混战，每次战争之后，军阀控制的势力范围都有变化，司法管辖也因此常常波动，是以北京政府还专门设立了许多特别司法机关，绕过地域管辖，而实行特别管辖，甚至跨越自身的权限，侵入到普通法院的管辖范围内来，如海陆军军事法庭，本来只能审理以军人为被告或者直接与军事有关的案件，但是北京政府的《戒严法》中规定在宣布实行戒严或者交战的地区，普通案件也归军事法庭管辖。宣布戒严和交战，本无一定标准，故而军阀常常可以以此为名，绕过普通诉讼程序，而直接以军法名义镇压人民。县知事兼理司法和特别司法机关的设置，颇能反映北京政府的性质和时代特色。

（二）南京国民政府时期的司法机构

★南京国民政府实行立法、司法、行政、考试、监察五院体制，以司法院来统筹全国的司法，内设最高法院，作为全国最高司法机关，负责统一全国法律之解释。在最高法院之下，设高等法院，一般设置于首都、省、直辖市、特别行政区内。在高等法院之下，则设地方法院，一般设置于县、省辖市内，区域狭小者可以合若干县市设一地方法院，区域辽阔者则可设地方法院分院或者分厅。这样，**全国法院系统分成最高、高等、地方三级，实行三级三审制，地方法院审判刑、民案件的第一审，高等法院既为地方法院之上诉审，又为“妨害国交罪”“内乱罪”“外患罪”的第一审，最高法院名为第三审，实只受理审判违反法律的案件，为法律审**。同时，**在各级法院内设立相应的检察署或检察官，实行审检合一体制**。检察官负公诉和法律监督职责。南京国民政府继承了北京政府时期双轨制体制，设行政法院来专门审理行政诉讼，取代原来的平政院体制，但是由于全国只有一所行政法院，且设立之后，绝大多数时间全国处于战乱之中，所以通过司法审察行政行为的立法目的，同样未能完全实现。

除了普通司法机构之外,与北洋时期一样,南京国民政府时期同样设置了许多特别司法机构,如特种刑事法庭和海陆军军事法庭等,目的是镇压革命群众的反抗和强化军事统治,为此还在法院组织法之外,专设《特种临时刑事法庭组织条例》(1927 年)、《县司法处组织条例》(1944 年)、《军事法庭条例》(1948 年)等。这些特别司法机构,主要是服务于国民党一党专政的国家机器,同样体现了法西斯主义的政权性质。

二、诉讼法规范的制定

北京政府和南京政府时期,对刑事、民事、行政三大诉讼,均制定有专门的法律规范,因这些规范之间具有明显的传承关系,后者是前者的修正和完善,故按照部门法分类叙述。

(一)刑事诉讼法规范的制定

北京政府建立之后,针对当时无公布的刑事诉讼法的状况,准予援用清末的《刑事诉讼律草案》来进行司法,同时不断推出单行的诉讼办法,来弥补司法适用中的不足,如《华洋诉讼办法》(1913 年)、《私诉暂行规则》(1914 年)、《刑事诉讼审限规则》(1918 年)、《律师暂行章程》(1912 年)等。在此基础上,结合司法实践,政府组织人员起草专门的刑事诉讼法典,但终北洋之世,并未颁布一部完整的刑事诉讼法典,而于 1921 年出台《刑事诉讼条例》,虽只名为“条例”,但对于诉讼机关、诉讼管辖、回避、辩护与代理、证据与强制措施、第一审程序、上诉与抗告、再审、附带民事诉讼、执行等程序都有所规范,为以后更完善的刑事诉讼法典的制定,提供了重要参考。

继起的南京政府,在北洋刑事诉讼条例基础上,进行修订,于 1928 年颁布了新的《刑事诉讼法》,共 9 编 513 条,后历经修正,成为该政权统治时期处理刑事诉讼的基本准则。这 9 编分别为:总则、第一审、上诉、抗告、非常上诉、再审、简易程序、执行、附带民事诉讼。其中总则编最为详尽,规定了普通刑事诉讼程序通用规则,包括 15 章,分别为:法例、院之管辖、法院职员之回避、被告之传唤及拘提、被告之讯问、被告之羁押、证人、鉴定人、扣押及搜索、勘验、辩护、裁判、文件、送达、期限。单纯从规范条文来看,该部刑事诉讼法确定了程序法定主义,规定了公开审判、律师辩护、合议庭审理等近代通行的原则,具有很大的进步意义,然而,在施行过程中,往往偏离条款的初衷。更有甚者,1935 年该法典的修订版中,增加了“保安处分”的实施办法,使其与法典最初的人权保障原则有所背离。

(二)民事诉讼法规范的制定

民国民事诉讼法的发展与刑事诉讼法非常类似,北京政府之初援引清末《民事诉讼法草案》,之后亦于1921年订立《民事诉讼条例》,规定了诸如管辖、当事人与回避、诉讼保障、证据、第一审、上诉、抗告与再审、特别诉讼、执行等民事诉讼制度,唯不如同期的刑事诉讼条例完善。南京政府建立后,针对原有的民事诉讼法规,进行大力改善,并于1932年,颁布新的《民事诉讼法》,该法同样历经修订,成为南京政府处理民事诉讼案件的准则。该法共分共5编600条。5编分别为总则、第一审程序、上诉审程序、再审程序、特别诉讼程序,各编下视具体情形分章、节、目,如“总则”下又分“法院”“当事人”“诉讼标的之价额及诉讼费用”“诉讼程序”4章,“诉讼程序”一章又分“当事人书状”“送达”“期日及期间”“诉讼程序之停止”“言辞辩论”5节,第二编第一章“通常诉讼程序”第四节“证据”内,又细分为“通则”“人证”“鉴定”“书证”“勘验”“证据保全”6目,是以整个法典逻辑谨严,结构合理。此外,还照顾到了社会生活的具体情形,表现在“特别诉讼程序”一编中,除了世界通行的“督促程序”“保全程序”“公示催告程序”“婚姻事件程序”“亲子关系事件程序”“禁治产事件程序”“宣告死亡事件程序”之外,还增加“人事诉讼程序”,体现了浓郁的中国特色。当然,它同样受到时局的影响而未能充分发挥其效力。

(三)行政诉讼法律规范的制定

相比于刑事、民事法律规范,北京政府在行政诉讼法的制定上是最有成就的,早在1914年,政府就颁布了《行政诉讼法》。《行政诉讼法》由四章和附则组成,共35条。其中,第一章为行政诉讼之范围,第二章为行政诉讼之当事人,第三章为行政诉讼之程序,第四章为行政诉讼裁决之执行。南京国民政府成立后,对之进行修订,虽有不少改动,但是法律精神一仍其旧,都是在综合德国、日本、奥地利等国行政诉讼制度的基础上制定的。虽然由于时代的局限性,其采用的一些原则和规定还有待发展,但在总体上,还是相对比较先进的行政诉讼立法。对于保护行政相对人的合法权益、监督行政官署依法行政,起到了一定的作用。但由于行政审判机关具有浓厚的行政色彩,其职能的行使依赖于国家的最高行政权力,从而影响了行政诉讼制度的独立发展。

三、民国司法制度的中国特色

民国司法制度,是与法律近代化进程相一致的,故带有近代司法的一般特点,如司法独立、人道主义、人权保障、程序法定等,但除此之外,因近代中国国情的特殊

性,民国司法制度还带有浓郁的中国特色,重点突出表现在以下两点:

第一,作为司法审判依据的法源存在多样性。

★民国初年,因为各项法律尚不具备,所以司法上广泛援引清末制定的各项法律规范或法律草案,在没有法律规范可供援引之时,北洋政府的法官,大量创造并使用判决例和解释例,作为处理案件的依据。这种行为一定程度上是受英美法系"法官造法"的传统影响所致,法官通过提请大理院对典型判例作出援引决定或者进行权威解释,来弥补法律的漏洞,故而从 1912 年至 1927 年,北京政府大理院公布 390 件判决例和 2900 多件解释例,构成重要的法源。

但是,在各项成文法颁布之后,司法审判的依据仍旧不唯成文法一者,因为民国时期各政权都在"六法"之外,颁布有大量的特别法,这些特别法很多与六法体系相矛盾,从而给法官与援引带来了很大困难。同时,在民国民法典中明确承认习惯和法理在一定条件下也可作为法律适用,但是什么样的习惯和法理能适用,却没有一个固定的标准,因此,取决于法官的判断,这样也造成了司法适用的歧义。此外,军阀的手令、执政党的党义,也可作为法律渊源,这就导致了民国期间司法审判依据的法源存在多样性,而这恰恰和民国时期政治和社会分裂的情形有着直接的关联。

第二,军人干涉司法情形普遍。

无论是北京政府还是南京政府,都是新旧军阀统治下的政权。故而常常将军事审判凌驾于普通司法审判之上,甚至将本属于普通法院管辖的案件也置于军事审判之下。比如,民国著名报人邵飘萍、林白水,虽均非军人,亦不涉及军法,但是最后都被军政长官下令逮捕,并不经正规审判程序而被秘密枪决。以致 1926 年国际联盟法权调查委员会在中国调查时,就曾作出这样的判断:"现在中国普通法律之行施,其重要之障碍,军人干涉政府机关,其一端也。""军人干政及于司法,以致司法独立为之危害。"〔1〕南京国民政府时期,同样大肆强化军事机关的审判,常常以"戒严"为名,将本属于普通审判的事项,归入到当地军事指挥官管辖中。同时军事机关还和特务组织相结合,共同镇压人民,制造了大量的冤案。

总之,中华民国时期的司法,同样存在条文的完备和实践的背离共存的情形,这一切都意味着,自清末开始的法制近代化过程,至此只是完成了法律形式的近代化,而要达致真正的"法治",尚有很长的道路要走。中国法律的近代化,依然在途中。

---

〔1〕《东方杂志》第 24 卷第 2 号,第 159 页。

第十三章　革命根据地时期人民民主政权的法律制度

教学目标

理解革命根据地时期的法律思想与制度内容，掌握革命根据地时期的宪法、刑事、民事法制和司法制度发展的主要内容。

推荐参考资料

1. 张希坡、韩延龙：《中国革命法制史》，中国社会科学出版社 2007 年版；
2. 张希坡：《马锡五与马锡五审判方式》，法律出版社 2013 年版。

新民主主义革命时期，中国共产党探索出农村包围城市的新道路，先后在全国各地创建了许多革命根据地，领导全国人民进行武装斗争，直至 1949 年中华人民共和国成立。在这段时期内，依据革命政权的阶级结构及其具体革命任务的不同，人民民主政权法制的历史可以分为四个阶段：(1) 萌芽阶段：可追溯到中国共产党的成立，即 1921 年，主要是第一次国内革命战争时期；(2) 初创阶段：1927 年至 1937 年，主要指第二次国内革命战争时期的工农民主政权时期；(3) 形成与巩固阶段：1937 年至 1945 年，国共第二次合作时期，即抗日战争时期；(4) 进一步发展时期：1945 年至 1949 年，即第三次国内革命战争时期，又称解放战争时期。

第一节　革命根据地时期的立法内容

一、宪法性纲领性文件

1931 年 1 月 7 日,在江西瑞金召开了中华工农兵苏维埃第一次全国代表大会,通过了《中华苏维埃共和国宪法大纲》。《宪法大纲》全文 17 条,其主要内容有:确定了宪法的任务和工农民主政权的目的,即"保证苏维埃区域工农民主专政的政权和达到它在中国的胜利"。另外,《宪法大纲》明确了工农民主专政的国家性质以及国家基本政治制度——工农兵苏维埃代表大会制度。《宪法大纲》是中国宪政运动史上第一部人民制定的确保人民民主制度的宪法性文献,它把工农群众在党的领导下已取得的革命成果用根本法的形式固定下来,并且把党的民主纲领具体化,对促进革命运动发展具有重大意义。但由于当时革命政权经验的欠缺,受到党内"左"倾错误影响,存在一些缺陷。

抗日战争爆发初期,中国共产党颁布了**《抗日救国十大纲领》**,这一纲领成为以后抗日民主政权制定施政纲领的总方针,之后如 1939 年《陕甘宁边区抗战时期施政纲领》等重要纲领文件都是围绕《十大纲领》提出的抗日、团结、民主三大中心任务展开。以陕甘宁边区的施政纲领为例,其中明确了抗日民主政权的总任务,即团结一切可以团结的力量,调动一切积极因素,巩固和扩大抗日民族统一战线,为驱逐日本帝国主义而战。为了团结一切可以团结的力量,施政纲领中规定在政权机关的人员分配上,实行"三三制"原则,即边区各级参议会和政府中,共产党员占 1/3,非党左派占 1/3,中间人士占 1/3。这一民主政治制度受到了当时抗日根据地各阶层人民的拥护。

进入解放战争时期,随着形势的变化,1946 年 4 月,陕甘宁边区第三届参议会通过了《陕甘宁边区宪法原则》,当时抗日根据地的各级权力机关从参议会逐步过渡到人民代表大会。在司法工作方面,规定"各级司法机关都吏行使职权,除服从法律外,不受任何干涉"。

二、土地立法

中国共产党领导的人民民主政权立足于中国革命的实际国情,对核心问题——农民的土地问题一直十分关注,在不同发展时期颁布了一系列关于土地问题的决议、纲领以及法规。

“八七”会议确定了进行土地革命的方针,1928 年 12 月毛泽东领导制定的井冈山苏区的《土地法》是革命根据地的第一部土地法。主要内容是收归一切土地归苏维埃政府所有,平均分配土地,并禁止买卖。该土地法在当时起到了积极作用,但也存在原则的错误。“兴国土地法”则对“井冈山土地法”的一些错误进行了修正,如改为没收地主土地,规定农民分得的土地归农民所有,这是土地立法上的进步。1931 年 12 月,中华工农兵苏维埃第一次全国代表大会通过了《中华苏维埃共和国土地法》,是第二次国内革命战争时期适用时间最长、实施范围最广、影响最大的一部土地法,明确规定了没收土地财产的对象和范围、土地分配的具体办法以及土地权利归属问题等。这一土地法有力地保障了根据地土地革命的展开,但同时不可忽视其存在的一些严重错误,如主张从肉体上消灭地主等。

抗日民主政权时期,为了贯彻抗日民族统一战线的方针,各个边区将没收地主土地分给农民的土地政策改为减租减息,制定了关于土地的单行法规,其中以《陕甘宁边区土地条例》为代表。其主要内容有:(1)明确承认和保护私有土地的所有权,土地未分配地区,土地仍为原合法所有人(包括地主)所有。(2)实行农民交租交息,地主减租减息的政策,地主必须将地租按照抗战前的原租额减少 25%,即所谓的“二五”减租原则。

随着抗日战争的胜利,国内主要矛盾发生了转变,中国共产党将减租减息的政策调整为没收地主土地分配给农民的政策,于 1946 年 5 月 4 日发出了《关于土地问题的指示》,1947 年在河北西柏坡召开的全国土地会议上,总结了土地革命的历史经验,从而制定了《中国土地法大纲》。大纲规定土地革命的总目标是“废除封建及半封建的土地剥削制度”,实行“耕者有其田”的制度;规定了土地财产分配的原则和方法,即采取平均分配原则,数量上抽多补少,质量上抽肥补瘦,使农村人民均获得同等的土地。《中国土地法大纲》是符合国情的彻底反封建的土地纲领,极大促进了解放区的经济发展,有力地支援了人民解放战争。

三、婚姻立法

中国共产党为实现改变旧社会不平等的婚姻制度,建立真正男女平等的新型婚姻制度的目的,在各革命历史时期都制定和颁布了相关的婚姻法规,具有代表性的如工农民主政权时期 1930 年 3 月闽西第一次工农兵代表大会制定的《婚姻法》,1934 年 4 月公布的《中华苏维埃共和国婚姻法》;抗日民主政权时期有 1939 年的

《陕甘宁边区婚姻条例》等。第三次国内革命战争时期 1949 年的《修正山东省婚姻暂行条例》等。以上不同革命时期的婚姻法律的基本原则与内容具有一致性,具体体现在以下几个方面:

(1)确立了新婚姻制度的基本原则。包括男女婚姻以自由为原则,废除一切封建的包办、强迫和买卖婚姻制度,禁止童养媳、早婚与强迫守寡;实行一夫一妻制,禁止重婚、纳妾、蓄婢、兼祧以及类似一夫多妻或一妻多夫的各种婚姻形式,实现男女在政治、经济、社会、家庭地位上的一律平等。

(2)确定结婚、离婚的条件和程序。男女婚姻的缔结必须具备实质要件和形式要件。实质要件包括结婚必须经过男女双方同意;达到法定婚龄;必须无禁止结婚的血亲关系以及疾病。形式要件则是一同到乡苏维埃或市区苏维埃举行登记,领取结婚证。离婚问题上,规定男女双方自愿离婚者,或一方有法定的离婚事由要求离婚者,都必须向法定的政府或司法机关请求离婚。

从保护革命军人婚姻角度来考虑,革命根据地的婚姻法规定军人配偶提出离婚的,必须得到其军人丈夫的同意。抗日民主政权的婚姻法进一步规定抗日军人之配偶,除确知其夫已经死亡、逃跑和投敌外,未经抗日军人之同意,不得离婚。坚决要求离婚的,须满四年或五年无其夫音讯的年限规定,才准许其离婚。

(3)保护妇女及其子女利益。革命根据地人民政权婚姻法着重加强对妇女特殊利益的保护。如抗日民主政权婚姻法规定了离婚后妇女未再婚之前,因无职业、财产或缺乏劳动能力而不能维持生活者,男方必须予以帮助。在离婚后子女扶养费问题上,工农民主政权时期规定:父母离婚的子女可以分得一份家庭共有土地和财产,子女归母或归父抚养,可以带走。

革命根据地时期这些婚姻法的颁行,摧毁了中国历史长期以来形成的以男尊女卑、买卖包办、一夫多妻为特征的旧社会婚姻制度,使广大人民特别是妇女在婚姻家庭关系上得到了解放。这些法规所确立的原则与基本内容仍为现在的婚姻法所继承与采用。

第二节　革命根据地时期的司法制度

一、司法机关

中华苏维埃共和国成立后,司法机关的组织形式和名称进行了统一。在中央,设立了**最高法院**,作为最高审判机关,又设立**司法人民委员部**专管司法行政事务。地方上则在省、县、区各级地方政府内设立了**裁判部**作为司法审判机关,同时兼理司法行政事务。审级上采取**四级二审终审制**。

抗日民主政权时期,设立了边区高等法院和地方法院两级司法机构,虽然名义上以南京国民政府的最高法院为第三审级,但事实上实行二审终审制。为了适应特定的历史环境,当时各抗日边区强调党与抗日民主政权对司法的领导,故在抗日根据地普遍实行"行政司法合一制",即由行政首长兼任司法机关首长。

抗日战争胜利后,为了审判日本战犯、汉奸以及镇压反革命活动,解放区设立了军事法庭以及临时特别法庭。解放战争后期,随着解放区的扩大,人民民主政权建立了带行政区、省、县三级司法机关,并将审判机构统一改称为人民法院。各级人民法院作为政府的一部分,受同级政府的领导。

二、诉讼审判制度

通过不断总结司法实践的经验,人民民主政权的法制建设中产生了一些具有人民性与革命性相结合的诉讼审判的原则与方式。其中最具代表的就是"**马锡五审判方式**"。

抗日战争期间,陕甘宁边区陇东分区专员兼边区高等法院陇东分庭庭长马锡五,经常携带案卷深入基层,实地调查案情,就地处理一系列疑难案件,惩罚了违法犯罪行为,保护了当事人合法权益,提高了干部的思想水平,受到广大基层人民群众的欢迎与拥护。他所创造的审判方式被称为马锡五审判方式。

马锡五审判方式的基本特点在于,深入基层,调查案情真相;坚持原则,坚决执行政府的政策法令;同时又依靠群众,尊重群众意见;手续简便,因地制宜,不拘形式,方便群众诉讼。这一巡回审理、就地办案的审判方式,将党的群众路线贯彻到司法审判工作中,取得了良好的效果,在陕甘宁边区和其他抗日根据地得到了普遍推广。

三、调解制度

人民调解制度萌芽于苏区,形成发展于抗日根据地。这一制度的有效适用有助于合理解决纠纷,减少诉累,提高司法效率。人民调解制度具有许多特点。首先,在调解范围上,除了一般民事纠纷,抗日民主政权时期将轻微刑事案件也纳入调解的范围。其次,调解方式多样化,主要有民间自行调解、群众团体调解、政府调解和法院调解四种。其中,经过法院调解达成的调解协议具有强制性,双方当事人必须执行,这是与其他三种调解性质上的根本差异。

对长时期的调解实践经验进行总结与归纳,形成了人民调解的三大基本原则:一是调解必须双方当事人自愿,不得强迫;二是调解必须遵守政策法令,符合社会善良风俗习惯;三是调解不是诉讼必经程序,不得因此影响当事人的诉权。这三大原则纠正了以往在调解工作中的一些错误,如将调解作为诉讼必经程序等。

第十四章　中国法律史视野下的西方法

教学目标

理解夏至春秋时代的西方法文化概况、战国至唐的西方法文化概况、宋元明时代的西方法文化概况、清至民国时代的西方法文化概况。

推荐参考资料

1. 张中秋:《中西法律文化比较研究》,法律出版社 2009 年版;
2. 何勤华、李秀清:《外国法与中国法——20 世纪中国移植外国法反思》,中国政法大学出版社 2003 年版;
3. 李秀清:《中法西绎:〈中国丛报〉与十九世纪西方人的中国法律观》,上海三联书店 2015 年版。

从世界历史上看,中华法律文明无疑代表了古代东方法的最高水平。与此同时,在欧亚大陆的另一端,西方诸国在数千年间也同样创造了高度发达的法律文明。由于自身独特的地理、历史与文化,西方法律文明在制度、原则与精神等方面都呈现出与中华法律文明截然不同的特质。1840 年后,西方法律文明开始大规模影响中国法律的发展,并与中国的传统法制相融合,锻造出今日中国的现代法律文明。因此,要更深刻地理解中华法律文明的历史与特质,还有必要将其置于与西方法律文明的对照之中,从对于“他者”的认知中反观自身。

第一节　夏至春秋时代的西方法
(前 21 世纪至前 475 年)

从地理意义上说,西方法律文明的起点是古代希腊。但从法制源流上看,西方法的源头却可以追溯至两河流域。两河的地理位置虽属东方,但却地处东西方世界的交汇点,并成为"两希文明"(希腊与希伯来)的源头,进而影响整个西方。因此,对西方法律源流的考察也从两河文明开始。

本节所涉时段始于夏代建立(约前21世纪),下至春秋时代结束(前475年)。这一时期大致相当于两河流域文明的乌尔第三王朝(前2113～前2006年)至希波战争(前499～前449年)之间的一千多年的历史。这一时期是中国法律文明肇始的时代,也同样是两河流域与古希腊文明最灿烂的历史时期,初步奠定了西方法律文明的基本精神与特质。

一、两河法律文明概况

两河文明的楔形文字法是世界历史上最古老的成文法。大约在公元前3000年,已出现了以楔形文字记载的零星法律规范,但这一时代的出土文献中尚未发现较系统的成文法典。迄今为止发现的第一部成文法典是公元前22世纪末的《乌尔纳姆法典》,其制定者是乌尔第三王朝的创建者乌尔纳姆。大约在公元前2113年,乌尔纳姆统一了两河流域南部,建立中央集权,颁布了《乌尔纳姆法典》。这一时间大致相当于我国夏朝发端的时代(约公元前21世纪)。

《乌尔纳姆法典》发现的时间是1952年。在一次日常的通信中,美国楔形文字学家克莱默(S. N. Kramer)教授偶然得知,在土耳其伊斯坦布尔博物馆存有两块刻有楔形文字法的泥板;后经研究发现,这两块字迹模糊、残缺不全的泥板上所记载的内容,正是历史上的《乌尔纳姆法典》。至今,楔形文字学家仍在探索更早的成文法典,但目前未有更早的发现。因此,《乌尔纳姆法典》也被视作迄今可见的世界历史上最早的成文法典。

遗憾的是,这部法典的内容并不完整。经过研究者复原,我们目前可知的条文有40条。法典由序言和正文两部分构成,序言主要是对于君权神授的宣告,但其中也体现了保护贫弱、抑制豪强的朴素正义观。正文条目涵盖民法、刑法等诸领域。在民法方面,对所有权的规定远多于债,债的种类十分贫乏,这与后来的楔形文字法中债法的发达有很大不同。在刑法部分,与古代法流行的残酷刑罚不同,除犯通奸的女性被处死刑外,其他侵权与犯罪都只被处以罚金。

乌尔第三王朝灭亡后,两河流域南部又陷入分裂,这一时期的城邦国家也制定了诸如《苏美尔法典》《俾拉拉马法典》等楔形文字法典。但可惜的是,这些法典的内容如今均已残缺不全。今天我们能看到的最完整的一部楔形文字法典,就是历史上著名的《汉穆拉比法典》。这部法典制定于公元前18世纪，是巴比伦王国第六代国王汉穆拉比（前1792至前1750年）重新统一两河流域后颁行全国的法典。1901年，法国考古队在伊朗苏撒遗址无意中发现了这部失落数千年的法典。由于法典被刻在玄武岩石柱上，因而得以完整的保存。

从历史上看，人类早期法典的完整保存是罕见的。比如，在中国古代，虽然法典文明有数千年历史，但唐代以前的法典均未能完整保留下来。较之中国历史上第一部完整保存的法典《唐律疏议》（公元653年），《汉穆拉比法典》的时间要早了近两千五百年，这不能不说是历史的奇迹。也因此，《汉穆拉比法典》成为世界历史上迄今可见的最早的保存完整的法典。它不仅是研究楔形文字法的重中之重，而且是研究两河流域政治、经济、文化诸领域的最重要的文献来源。

《汉穆拉比法典》由序言、正文、结语三部分构成。序言与结语都是对于君权神授的宣扬，强调汉穆拉比的权力得自神授，以增强法典的权威性与威慑性。法典正文共282条，涉及民事、刑事、诉讼等诸领域，其内容之丰富，体系之庞大，在人类早期法中实属罕见。具体而言，法典的特点如下：

（1）在土地制度上，公有制与私有制并存。土地所有制的主要形式是王室土地和公社土地的公有制，但也确认和保护私有土地制度。（2）法典的债法发达，对买卖、借贷、租赁、承揽、寄存、合伙等契约关系都作出了详尽规定，反映出两河流域地区的商品经济已经发展到很高的水平。（3）婚姻家庭法体现了浓厚的父权制的特点，婚姻由男女双方父亲订立，丈夫允许纳妾，并可随意离弃妻子。（4）刑罚手段残酷，除广泛适用死刑，还施行残害肢体刑，如挖眼、割舌、断指等；此外，还明确规定了"以牙还牙、以眼还眼"的同态复仇制度。

汉穆拉比死后，帝国很快瓦解，楔形文字法也逐渐走向衰落，再无大的建树。虽然后起的赫梯帝国、亚述帝国也先后制定了《赫梯法典》《亚述法典》等法典，但其立法水平较之《汉穆拉比法典》已大为逊色。公元前539年，新巴比伦王国被波斯帝国吞并，楔形文字不再使用，楔形文字法的历史也就此终结。

如果从《乌尔纳姆法典》开始，到公元前6世纪结束，楔形文字法的这段历史大致相当于中国的夏、商、西周时代。较之这一时期的中国法，楔形文字法呈现以下三方面的特点：首先，与夏商的神权法相似，楔形文字法典中大多宣扬君权神授的思想，借助神权来巩固法律权威。其次，与商周时代由宗族血缘关系构成的邑制国家不同，两河文明盛行由核心家庭组成的城市国家，因此很早就出现了以自由民的权利与义务为中心的成文法；相比之下，商周邑制国家的纠纷解决主要依靠宗族内部的习惯和宗族之间的实际政治规则。[1] 最后,楔形文字法有关商品交换的债法异常发达,契约精神渗透到日常生活的方方面面,对于各种债务法律关系的规定也极其细致,其水平远在一般的古代东方法之上。[2]

二、古希腊法律概况

古希腊法并非原生的法律文明,其最初的发展较多受到东方文明的影响。希腊文明最早发端于爱琴海的克里特岛,这里距离两河流域与埃及最近,文明萌生的时间也最早。大约在公元前20世纪,也就是中国的夏代,克里特岛已经出现早期城邦。此后,从公元前15世纪开始,在希腊本土的迈锡尼地区,也出现了较大规模的城邦文明的遗址。据说这一时期已经出现了以"线形文字"写成的法律,但可惜并没有明确的考古发现能够证实这些法律的内容。

公元前12世纪,来自北方的多利亚人入侵希腊,迈锡尼文明灭亡,希腊历史进入"黑暗时代"。由于文字的衰退,这一时期的法律也只能以习惯的形式存在。到公元前8世纪,城邦文明开始重新出现。这些城邦大多出现了成文的法律,但得以留存后世的很少。我们目前可见的最早的古希腊法是19世纪发现于克里特岛上的《哥尔琴法典》(Gortyn Code),这部法典由于被刻在石墙上得以较完整保存。据考证,这些法律大约形成于公元前5世纪。

当然,在城邦时代的法律中,最著名的还是雅典城邦的立法。但需注意的是,这些立法的原貌在今天已不可见,我们今天所知的内容大多来自亚里士多德等古代作家的记载,但这些记载并不可靠。雅典的成文法据说开始于公元前621年的德拉古法。雅典的法律最初是习惯法,但在公元前7世纪,随着商业、手工业的发展,富裕平民地位上升,反对贵族利用习惯法操纵司法,主张制定并公布成文法。德拉古法的制定,据说就是由执政官德拉古在平民压力下制定的成文法,但很可惜,我们今天对这部法律的内容并无可靠的知识。

如果德拉古法真的存在,那么我们可以看到,雅典公布成文法的时间与中国春秋时代的公布成文法运动具有很大的相似性。尤其巧合的是,作为雅典第一部成文法的德拉古法,其制定时间与晋国赵宣子"著刑书"的时间为同一年(公元前621年)。此后,子产铸刑书(公元前536年)、赵鞅铸刑鼎(公元前513年)的时间也都

---

[1] 李峰:《中国古代国家形态的变迁和成文法律形成的社会基础》,载《华东政法大学学报》2016年第4期。

[2] 于殿利:《巴比伦法的人本观》,生活·读书·新知三联书店2011年版,第81~187页。

大体处于梭伦立法与克里斯提尼立法之间的时期。尽管这一时期的雅典与中国所处社会阶段有较大差距,但相似的处境是,雅典城邦时代与中国春秋时代均为新旧转换的历史时期,传统习俗不断遭遇新兴阶层的挑战,“礼崩乐坏”之后急需谋求新秩序的建立,这或许可视作公布成文法的共同背景与条件。

德拉古法之后,贵族与平民的矛盾并未完全解决,在公元前 594 年和公元前 509 年,又先后出现了梭伦立法与克里斯提尼立法。这两次立法的目标都旨在打破贵族对城邦统治权的垄断,推动平民阶层的政治参与。梭伦立法以财产重新划分公民等级,使富裕起来的平民得以担任高级官职;同时,他还设立了四百人议事会和公民法庭,以扩大平民对立法、行政与司法的参与。克里斯提尼改革则进一步以地域划分选区,清除血缘贵族对政治的影响;创设五百人议事会,加强公民大会的权力。克里斯提尼还创立了有特色的“陶片放逐法”,防止阴谋颠覆民主制的僭主政治,使民主制度在雅典基本稳固下来。

从历史上看,人类早期氏族制度中都存在不同程度的民主因素。在中国古代,尧舜禹的原始民主制,西周春秋的“国人”议政,都可谓这种古代氏族民主的遗留。只不过,在从氏族向国家转变的过程中,由于地理因素形成的小国寡民,以及工商业发达带来的平民崛起,希腊城邦的氏族民主得以长期保留,并创造出古代世界最完备的民主形态。相比之下,由于地缘政治与农业社会的格局,中国从春秋时代已开启朝向大型共同体的演进,残存的氏族民主也不断为君主官僚制所取代。[1] 在这个意义上,春秋与雅典的成文法运动虽属同一历史时期,但在制度演进轨迹的方向选择上却大相径庭,中西方法律文明的历史殊途亦由此发端。

第二节　战国至唐时代的西方法(前 475 ~ 907 年)

希腊文明在公元前 5 世纪达到顶峰,其后由于雅典与斯巴达的争霸战争而趋于衰落。公元前 4 世纪,随着马其顿帝国的扩张,希腊文明被带到了两河流域、埃及和波斯等东方地区,东地中海世界进入了“希腊化时代”。但与此同时,随着罗马的崛起,西地中海文明开始成为西方文明发展的重点。最终,随着罗马的扩张,地中海成为罗马帝国的内海,西方历史也进入了罗马时代。

---

〔1〕 苏力:《大国宪制——历史中国的制度构成》,北京大学出版社 2018 年版,第 9 ~ 22 页。

本节涉及的时间段为战国至唐前期的历史。在西方历史上,即罗马共和国至东罗马帝国前期这一千年的历史。巧合的是,这一时期的中国与罗马,都各自经历了法律发展从奠基走向成熟的全过程。公元前5世纪,中国与罗马同时出现了《十二表法》即(《十二铜表法》)和《法经》这两部重要法典,奠定了中西方法典编纂的基础;在公元600年前后,罗马与中国又先后诞生了《国法大全》和《唐律疏议》这两部古代世界中最伟大的法典,几乎在同一时期进入两大法律文明的成熟时期。

一、罗马共和国时代的法律

公元前450年,《十二表法》的制定,拉开了罗马成文法编纂的序幕。在此之前,随着平民力量的增强,平民与贵族不断斗争,主张编纂成文法,以打破贵族对于立法和司法的垄断。《十二表法》虽由平民提议,但仍由贵族制定,因此仍注重对于贵族权利的保护,比如,法律详细规定了对私有财产的保护和债务奴役制度。但同时,法律也体现了平民斗争的胜利成果,比如,法律规定立法者不得为个人利益立法,任何人非经审判不得被处以死刑等。许多学者认为,其中已经蕴含了西方法中约束统治者权力、重视正当程序的“法治”精神的起源。[1]

《十二表法》与战国时代《法经》(公元前407年)不仅制定时间相同,而且在背景与内容上亦有相似之处。战国变法源于井田制的破坏和新兴阶层的崛起,因此改革的目标旨在削弱传统贵族特权,维护新兴阶层的统治。同样,《十二表法》的制定,也来自于平民力量的崛起和对贵族权力的限制。在法典内容上,两部法典都具有诸法合体的特点,但侧重点有所不同。《法经》奉行“王者之政莫急于盗贼”,因此内容以刑法为主,重点打击威胁统治秩序的各种犯罪行为;相比之下,《十二表法》中的内容更多是与所有权、占有、买卖、借贷、婚姻、家庭、继承相关的民事法律规范,被视作罗马私法的起源。

此外,与《法经》的真伪存在激烈争论一样,《十二表法》真实性也同样存疑。《十二表法》制定之初据说被刻在“石表”或“铜表”上,并置于古罗马广场公开。但在公元前390年,高卢人入侵罗马,将《十二表法》连同建筑物一起烧毁。据说,《十二表法》的内容由于祭司手抄本得以保存,但遗憾的是,这些手抄本业已佚失。今天我们所看到的版本是现代学者根据西塞罗、盖尤斯、加图等罗马作家的文献重构而成,其中许多内容并不可靠。因此,也有学者依据其他史实质疑《十二表法》在历

[1] 陈可风:《罗马共和宪政研究》,法律出版社2004年版,第122~125页。

史上是否真的存在，对此问题的争论迄今未绝。就此而言，《十二表法》在学术史上的命运也与《法经》相似。[1]

二、罗马帝国时代的法律

公元前1世纪后，罗马进入帝国时代。这一时期法律的主要渊源是皇帝的敕令和法学家的学说。随着皇权的加强，共和国时代传统的立法形式逐渐衰落：罗马民众大会的立法权实际上已不复存在，裁判官颁布“告示”的权力也受到限制。元老院虽然拥有名义上的立法权，但对于皇帝提出的法案只有形式上的表决权。因此，皇帝敕令逐渐成为帝国时代主要的法律渊源。

与此同时，法学家的解答与著述也在帝国时代日趋繁荣。哈德良皇帝（117～138年在位）规定，取得特许解答权的法学家如果解答意见一致，其意见即具有法律效力。在公元二三世纪，出现了许多后世著名的法学家，其中以帕比尼安、乌尔比安、盖尤斯、保罗、莫德斯蒂努斯这“五大法学家”最为知名。公元426年，东罗马皇帝狄奥多西二世和西罗马皇帝瓦伦提尼安三世共同颁布《学说引证法》，规定五大法学家的解答和著述具有当然的法律效力。

公元3世纪后，罗马帝国日趋衰落，罗马法的发展也进入总结时期，出现了大规模的法典编纂。最初，法典由私人编纂，如公元3世纪的《格里哥安法典》，就是法学家格里哥安对皇帝敕令的汇编。东罗马皇帝狄奥多西二世（401～450年在位），颁布了第一部官方皇帝敕令汇编。但在所有这些法典编纂中，最大规模、系统的编纂还是东罗马皇帝查士丁尼一世（527～565年）编撰的《国法大全》。

《国法大全》包括四部法典。其中，《查士丁尼法典》（529年）和《查士丁尼新律》（565年）都是对皇帝敕令的汇编，将当时有效的皇帝敕令整理汇总，并按照一定体例重新编排。颁布于533年的另外两部法典《学说汇纂》与《法学阶梯》，其内容都是罗马法学家的著述与学说。前者是对40位罗马历代法学家（1～4世纪）著述的汇编；后者是以盖尤斯的同名著为蓝本，按照“人法”“物法”“诉讼法”的三编制体例编写的罗马法钦定教科书。《学说汇纂》与《法学阶梯》是《国法大全》中对于后世影响最大的部分。

差不多是在同一时期，中国与罗马这两大帝国都进入了法典文明的成熟阶段。《国法大全》编纂的时期（529～565年），正对应于中国的南北朝时代，同时也是中

[1] 徐国栋：《十二表法的制定、灭失与还原（下）》，载《交大法学》2015年第4期。

国传统法典编纂定型的关键时期。在这一时期,北朝的西魏、东魏、北周、北齐政权,先后诞生了《大统式》(544年)、《麟趾格》(541年)、《北周律》(563年)、《北齐律》(564年)四部重要的法典。尤其是《北齐律》,不仅是南北朝时期最高水准的法典,并且奠定了后世法典的总则篇《名例律》和十二篇编纂体例,直接构成了《隋律》与《唐律》编纂的基础。

在《国法大全》编纂完成后的一百年间(565~665年),中国的法典编纂也迎来了传统法典编纂的巅峰时刻。隋代的《开皇律》(583年)和《大业律》(607年)、唐代的《武德律》(624年)、《贞观律》(637年)、《永徽律》(651年)、《永徽律疏》(653年)相继制定。尤其是《唐律疏议》(《永徽律疏》)的制定,代表了中国传统法典编纂的最高水平。此后,宋明清都是对《唐律》的继承,其立法成就都并未超过《唐律》。《唐律》还影响到朝鲜、日本、越南等东亚诸国,成为中华法系得以形成的最重要的基础。

就此而言,在公元600年前后,欧亚大陆两端的帝国同时诞生了各自历史上最伟大的法典。两部法典的诞生都并非偶然,而是建立在各自法律学术长期发展与积累的基础之上。《国法大全》的编纂是数百年来罗马法学的总结,其中《学说汇纂》和《法学阶梯》直接来源于帕比尼安、盖尤斯等法学家的学说和著作。同样,《唐律疏议》也是中国历史上最早的注释法典,其中包含了大量对于律条的学理解释与阐述,其制定者中唐临、韩瑗都是唐初律学大家,并全面吸收了以杜预、张斐等人为代表的魏晋律学的成果,堪称中国古代律学的集大成之作。也因此,两者在立法体例与技术上都达到中西方古代法典编纂的高峰。

当然,相较而言,两者也有诸多不同。在立法思想上,《唐律疏议》的指导思想是"德礼为政教之本,刑罚为政教之用",主张礼法结合、德主刑辅,强调人的道德伦理与义务,将儒家的道德原理贯穿法律精神之中;《国法大全》的哲学基础却是斯多葛学派以来的自然法学,建立在人的自由与平等的基础上,呈现出东西方不同的法律世界观。[1] 在法典内容上,《唐律疏议》以责任为本位,以刑法为主体,代表了世界古代刑法典的最高峰;《国法大全》则以权利为本位,以私法为主体,被视作"简单商品生产基础上的最完备的法律体系"。

三、日耳曼"蛮族法典"的制定

在东罗马帝国发展到法典文明顶峰的同时,西罗马帝国却是另外一幅景象。

〔1〕 张中秋:《中华法系与罗马法的原理及其哲学比较》,载《政法论坛》2010年第3期。

大约从公元4世纪后期开始,来自东方的匈奴人对欧洲发起进攻,引发了日耳曼诸部落的民族大迁徙。以376年西哥特人进入西罗马帝国为标志,日耳曼诸部落开始了在帝国境内的大规模迁徙与建国,并最终在476年灭亡了西罗马帝国。西欧历史也由此进入黑暗的中世纪,古典文明在西欧几乎被完全摧毁。

从时间上看,日耳曼人对西罗马的入侵(376~476年),与中国历史上的“五胡乱华”(304~439年)大致处于同一时期。在日耳曼人入侵的大约半个世纪前,匈奴、鲜卑等中国北方少数民族开始了对西晋王朝的大举进犯,并在北方地区先后建立16个国家,直至439年由北魏重新统一北方。但与西欧历史不同的是,这些游牧民族在进入中原后被迅速汉化,很快完全接受了中国的古典文明。在进入南北朝后,以《北齐律》为代表的北朝立法甚至已全面赶超南朝。

相比之下,西欧在进入日耳曼人统治的时代之后,虽然也制定了一大批“蛮族法典”,但其立法水平较之罗马法却显著退步。最早制定的“蛮族法典”是西哥特王国的《尤列克法典》,其颁布时间正是西罗马帝国灭亡的公元476年。此后,在公元6世纪至9世纪,先后出现了法兰克王国的《撒利克法典》、勃艮第王国的《耿多巴德法典》、伦巴德王国的《伦巴德法典》、威塞克斯王国的《阿尔弗雷德法典》等著名法典,其中以《撒利克法典》最为著名,影响也最大。

较之罗马法,这一时期的“蛮族法典”几乎没有任何的体系性和抽象性可言。一方面,法典的编排毫无体例,不仅条目名称拗口,而且在条款次序上也比较混乱。比如,在《撒利克法典》中,关于杀人罪的规定,就分散在第15、19、24、35、41条等十余个毫无逻辑关系的条文之中。另一方面,法典的条款多数采取列举方式,罗列具体的伤害行为及其处罚,而缺乏必要的概括与抽象。例如,《撒利克法典》中许多条款涉及盗窃,但没有确立盗窃罪概念,而是分别具体列举了关于盗窃猪、牛、绵羊、山羊、狗、蜜蜂等条款。[1]

较之同一时期的以《北齐律》为代表的中国立法,这一时期的“蛮族法典”虽然在内容上都以刑法为主体,但在立法精神与技术上却远远落后于中国。在同样遭遇了北方“蛮族”的入侵之后,中国文明在一百年时间内即完成了对“蛮族”的驯化,使古典法制文明得以传承和发扬;西方古典文明对于“蛮族”的驯化时间却要缓慢得多,直至11世纪的罗马法复兴运动之后才开始缓慢恢复。

[1] 李秀清:《日耳曼法研究》(修订版),社会科学文献出版社2018年版,第55~56页。

第三节　宋元明时代的西方法(907～1644年)

公元10世纪是中世纪的分水岭。公元843年,《凡尔登条约》签订,查理曼帝国一分为三,分别构成法兰西王国、意大利王国与德意志第一帝国的基础。因此,这一时间标志着以属人法为基础的日耳曼法时代的结束,以及民族国家法律史的开端。同时,从这一时期开始,战争逐渐停止,商业渐次恢复,文化得以复兴。此后的十一二世纪,被称作欧洲的"第一次文艺复兴",罗马法复兴亦是这一历史运动的结果。

本节所涉时段为后梁篡唐(公元907年)至明亡清兴(公元1644年)的历史。在西方历史上,即中世纪后期与文艺复兴时代,也正是欧洲从黑暗走向文明的时代。虽然此前经历了漫长的"黑暗时代",但黑暗中也孕育光明与希望。在日耳曼的封建法与基督教法的影响下,中世纪的宪法传统与法治文明开始萌生,并在很大程度上改变了西方法律史的轨迹。日耳曼法、教会法与复兴的罗马法一起构成欧洲三大法律渊源,共同构成大陆法系与英美法系的基础。

一、罗马法的复兴

大约从11世纪开始,以意大利为发源地,罗马法复兴拉开帷幕。如前文所述,从10世纪开始,欧洲商业逐渐恢复,城市开始兴起,新兴市民阶层渴望更高水平的知识与文化,也寻求更完备的法律制度。同时,文化也在这一时期复兴,大学开始出现;随着十字军东征的兴起,东方的古典文化也得以重返西方。所有的这些有利条件最终汇集在一起,共同推动了罗马法复兴运动的展开。

1088年,伊纳留斯在博洛尼亚大学开设《国法大全》的课程,标志着罗马法复兴运动的开始。伊纳留斯最初讲授的《学说汇纂》文本,依据的是并不完整的"博洛尼亚手抄本"。1135年,比萨征服意大利南部的阿玛菲,发现了保存更完整的《学说汇纂》抄本,即"比萨抄本"(后为佛罗伦萨获取,又称"佛罗伦萨抄本")。[1] 这些更完善版本的罗马法文献的出现,进一步促进了罗马法的研究。在意大利,先后出现了"注释法学派"与更注重解决现实问题的"评论法学派"。

16世纪后,罗马法复兴运动的中心又转移到法国,出现了以居亚斯为代表的人

〔1〕 舒国滢:《〈学说汇纂〉的再发现与近代法学教育的滥觞》,载《中国法律评论》2014年第2期。

文主义法学。随着文艺复兴的深入，希腊文的古典文献重新回到西方。因此，人文主义法学主张以历史学的方法研究罗马法，力图恢复被评论法学派歪曲的罗马法原貌。德国在15世纪末也出现了以《学说汇纂》为主要内容的“普通法”，适用于神圣罗马帝国全境。18世纪后，德国罗马法的复兴也进入全盛时期，出现了“潘德克顿中兴运动”，其成果直接影响了《德国民法典》的制定。

如果与这一时期的罗马法研究相比，同时代中国的法学研究也达到古代史上的最高水平。1073年，宋代国子监开设律学；元丰末期（公元1085年）又设律学博士，几乎与伊纳留斯开始讲授罗马法的时间（公元1088年）相同。宋代法律教育主要包括经（《诗经》《论语》《孟子》等）、律义（《宋刑统》、令、格、式等）和断案（案例教学）。同时，法学研究作品也大量出现，孙奭的《律附音义》、傅霖的《刑统赋》、沈仲纬的《刑统赋疏》等作品都是对于《宋刑统》的逐词注释与疏解，[1]亦与同时期的罗马法“注释法学派”有异曲同工之处。

二、封建法与中世纪宪法

公元9世纪后，日耳曼法的一个重要变化是封建法的建立。公元8世纪30年代，为解决兵源问题，法兰克宫相马特进行“采邑改革”，变无条件封赏土地为有条件封赏。封臣领受采邑要承担义务，包括服兵役、交纳税收等。最初，采邑只能终身享有，不得世袭。但至9世纪后半期，采邑实际上成为世袭地，并可再次分封给下级封臣。到公元10世纪，封建体制已遍及欧洲。

封建制的建立，不仅带来了土地法上的变化，而且带来了中世纪宪制的变革。正是在领主与封臣的相互关系中，一种早期的以权力制衡为核心的宪制结构开始萌生，并构成了中世纪法治观念的来源。具体来说，封建法的这种影响，主要来自于两方面：一是封建契约关系，二是“法律至上”的观念。

首先，封建法多为领主与封臣在互惠基础上的合意，因此双方存在类似契约的相互关系。封臣权利和领主义务构成了约束统治者的法律规范，使国王与贵族都不得不服从共同的法。当封臣受到领主侵害而又无法获得救济时，封臣甚至可以“撤回效忠”，解除封建契约。如果“撤回效忠”仍不能阻止国王的侵害，封建法还允许封臣的反抗，强迫国王改正错误。1215年《英国大宪章》的签订，正是建立在封建契约的反抗权基础之上。当然，在实际情况中，国王很少受到实际的约束，但这种观

[1]　何勤华：《中国法学史》（第2卷），法律出版社2000年版，第45～56页。

念的存在本身,为贵族限制王权提供了法理依据。

其次,封建法孕育了法律至上的观念。法律被认为源于古老的习俗,国王的法令只是对古代习俗的“发现”,而非“发明”。既然国王只是法律的执行者,而非创造者,因此,国王的行为必须符合法律。如果违背法律,国王就不再是国王,而成为暴君;对于暴君,人民拥有反抗的权利。这种“王在法下”的观念,在很大程度上也构成了中世纪法治观念的来源。当然,也必须注意,这种观念并不完全等于现实,其中不乏后世学者的夸大与渲染。事实上,国王究竟能够在多大程度上遵守法律,还是更多取决于真实政治力量的对比。[1]

较之以上变化,同时期的宋元明时代却呈现出皇权与中央集权不断加强的趋势。由于吸取了唐末以来割据的教训,宋太祖以法律推行中央集权,将军事权、财政权、人事权、司法权统一于中央。同时,中国传统的“相权”也不断被削弱。较之唐朝宰相的“事无不统”,宋朝反其道而行之,由中书门下、枢密院与三司分理民政、军政、财政,分割原属于宰相的权力,从此相权再无与君权相抗争的地位。[2] 当然,宋以后相权的衰落,也与科举制和世家贵族在唐后期的衰落有关,而这一趋势也与中世纪欧洲贵族力量的强势背道而驰。

三、教会法的影响

中世纪西方法的另一个重要特点是教会法的影响。西罗马帝国虽在 5 世纪灭亡,但新建立的日耳曼王国却普遍接受了基督教信仰。只是在 11 世纪之前,基督教的影响力仍然有限,各地教会都在世俗君主的控制之下。从利奥九世教皇(1049 ~ 1054 年在位)开始,教会开始谋求更加独立的权威。之后,格列高利七世(1073 ~ 1085 年在位)启动了更大规模的改革,并导致教权与王权的激烈冲突。

教皇改革的主要措施是确立罗马教皇的至上地位、禁止教士结婚和垄断主教任命权。其中,对主教任命权的争夺侵害了属于世俗君主的权力,导致了神圣罗马帝国皇帝亨利四世与教皇的激烈冲突。这一事件导致亨利四世被革除教籍,并引发了诸侯反叛的连锁反应。最终,战败的亨利四世不得不在 1077 年前往卡诺萨城堡祈求教皇的原谅。此后,教权与王权的斗争不断,直至 1122 年《沃尔姆斯宗教协定》,双方就主教任命权达成妥协,并接受彼此共同承认的法律。

---

〔1〕 孟广林:《“王在法下”的浪漫想象:中世纪英国“法治传统”再认识》,载《中国社会科学》2014 年第 4 期。

〔2〕 吴宗国主编:《中国古代官僚政治制度研究》,北京大学出版社 2004 年版,第 222 ~ 226 页。

教权与王权的二元对立格局，对中世纪的宪制机构亦产生深远影响。一方面，教皇试图在教会史的记载中寻求法律依据，以支持教皇高于世俗社会的主张。另一方面，世俗君主也着手查找经典，以反对教皇的篡权。这一过程客观上促进了教会法学的繁荣；同时，由于双方的力量势均力敌，都不愿服从对方的意志，而不得不转而寻求双方共同接受的法律。“两种权力只有通过对法治（rule of law）的共同承认，承认法律高于它们两者，才得以和平共处。”

除此之外，教会法的影响还几乎贯穿所有的部门法领域。在婚姻法方面，教会法确立了自主合意与一夫一妻制的原则，对现代婚姻法的塑造具有重要影响。在财产法方面，教会法在占有取得、土地信托等方面都有重要贡献。在刑法领域，教会法坚持上帝面前人人平等，因此法庭面前也同样人人平等，从而确立了刑法的平等适用原则。在诉讼法方面，教会法废除了日耳曼法中的神明裁判，创造了纠问式诉讼程序，深刻影响了欧洲大陆的诉讼模式的选择。

较之西方法，中国古代法律受到宗教法的影响很小。中国自西周时代以来，神明裁判即已绝迹，刑讯与口供成为中国古代审判方式的主流。当然，中国传统法律中亦不排除宗教的影响。比如，佛教中的“十恶”观念对唐律中“十恶”的形成有间接影响；佛教中的“业报”观念也对古代法官的执法活动产生某些影响，这使司法实践中的滥施酷刑的现象有所缓解，但一定程度上又有可能导致滥施宽免、法令废弛的消极后果。[1] 从总体上说，宗教对中国传统法律的影响依然有限，较之基督教对西方法的全方位影响更是相去甚远。

第四节　清至民国时代的西方法（1644～1949 年）

1644 年，清军入关，明朝灭亡。同一年，英国议会与王党在马斯顿荒原展开内战中最大规模的战争，议会军大获全胜，并成功扭转战局。清军入关与英议会的胜利，都改变了中国与欧洲的历史走向，这个时代也被视作世界近代史的开端。从这一时期开始，西方逐渐走上现代化道路，并开始赶超东方。

本节所涉时段为清至民国的历史。在这一时期，以启蒙运动和英法美革命为先导，西方法发生了深刻变革，法律的现代化渐次展开。相比之下，清代前中期的法

---

〔1〕 周东平、姚周霞：《论佛教对中国传统法律中罪观念的影响》，载《学术月刊》2018 年第 2 期；陈义和：《佛教观念对中国古代法律的影响初探》，载《比较法研究》2014 年第 4 期。

律发展相对停滞,再无显著创新。但从晚清开始,在西方的船坚炮利之下,中国也开启了自己的法律现代化进程,并开始大规模移植西方法。至此,中国与西方文明逐渐汇合、交融,碰撞出全新的中国现代法律文明。

一、西方现代宪法的诞生

现代宪法的诞生是其中最深刻的变革。如前文所述,宪法并非只是现代的,在古代世界,雅典民主、罗马共和与中世纪宪制都可被视作前现代的宪法,但这些宪法都存在各自的缺陷,并在实践中遭遇困境。启蒙运动的展开,为现代宪法的诞生提供了一套全新的哲学基础;在英法美革命的推动下,一种以人权保障与权力制衡为核心的新的宪法形态诞生了。

(一)英国宪法

英国是现代宪法的策源地。1640 年的英国革命,不仅拉开了世界近代史的序幕,而且构成了现代英国宪制的发端。经过内战、共和、复辟与“光荣革命”,英国最终确立了议会主权与君主立宪的新宪制。这一新宪制的重要标志就是 1689 年的《权利法案》与 1701 年的《王位继承法》。

1688 年光荣革命后,议会邀请荷兰执政威廉与妻子玛丽共同入主英国,但同时也提出《权利法案》,以限制国王的权力。《权利法案》的内容首先是剥夺了诸多本属于国王的特权,比如,未经国会同意,国王不得暂停或中止法律实施、不得征收税款、不得召集和维持常备军、不得设立特别法庭等。另外,《权利法案》还加强了议会的权威,比如,规定臣民有权向国王请愿,议员在议会的自由言论不受国会以外任何机关的讯问,等等。这些规定实际上将国家的核心权力从国王转移到议会,从而奠定了议会主权与君主立宪制度的基础。

1701 年《王位继承法》要解决的是天主教徒的王位继承权问题。由于安妮女王无子女可继承王位,导致王位可能重新回到天主教徒的手中,因此,《王位继承法》根据嫡长优先的原则,直接规定了王位的具体顺位,并彻底排除天主教徒继承王位的可能性。此外,该法规定,非经国会解职,法官品行端正即可终身任职,以保障法官的独立性;还规定,凡在王室担任官职者,均不得担任下院议员,以减少国王对议员的控制。总之,这些规定将君主权力(甚至君主继承顺位本身)置于议会的控制之中,从而进一步确立了君主立宪政体。

由于坚持不成文宪法传统,英国至今没有宪法的法典。除宪法性法律外,英国宪法还包括宪法惯例和宪法判例。比如,责任内阁制度就来自于汉诺威时代

(1714～1901年)的一系列宪法惯例。由于汉诺威王朝来自德国,乔治一世因不懂英语而无法主持内阁,使沃波尔成为事实上的首相;1742年,沃波尔在下议院未能取得多数信任,选择内阁辞职,首创内阁向议会负责的先例;1783年,小威廉·皮特因得不到下议院支持,下令解散下议院重新选举,由此开创解散权的先例。这些重要制度均来自于习惯,直至20世纪后才出现于制定法之中。

这一时代的英国宪法也影响到19世纪的中国。鸦片战争后,英国宪法思想最早进入中国,魏源的《海国图志》、徐继畬的《瀛寰志略》都详细介绍了英国的议会制度。甲午战争后,维新派人士康有为、梁启超、何启、胡礼垣等人也都大量引介英国宪法思想,倡导效仿英国"设议院、立议员、复民权"。1905年,清廷预备立宪,派出五大臣出洋考察宪政,出使英国的戴鸿慈、汪大燮等人编撰著作全面介绍英国宪法文化,宣传议会制度之利君利民,最终推动清廷在1907年相继设立了资政院、谘议局和议事会,构成中国近代宪法的开端。[1]

(二)美国宪法

美国最早开创了成文宪法的先例。1775年北美独立战争爆发后,各州就开始制定州宪法。1777年,大陆会议又通过《邦联条例》,宣布十三州共同组成"美利坚合众国",建设"牢固的友谊性联盟"。邦联由合众国国会行使宣战、缔约、结盟等权力。但《邦联条例》没有给予国会征税权、关税权以及管理州际贸易等重要权力,也没有建立独立的中央执法机构。严格说来,《邦联条例》并不是一部国家宪法,而只是一部同盟条例,但在当时也可视作宪法的雏形。

《邦联条例》的实施效果并不好,合众国在内政外交上都陷入困境。因此,1787年5月,各州在费城召开修订《邦联条例》的会议,但在麦迪逊等人的推动下,与会代表却超越权限,制定了一部新的宪法草案。草案在1787年9月通过,之后交各州批准;至1788年7月,在纽约州批准草案后,参加联邦宪法的州达到11个,宪法正式生效。《美利坚合众国宪法》是世界历史上第一部国家宪法意义上的成文宪法,对于世界各国的立宪运动都产生了深远的影响。

1787年宪法的正文共7个条文,贯彻分权制衡的原则,立法权、行政权、司法权分别属于国会、总统和法院。国会由两院制构成,议员由选举产生,参议院与众议院的任期分别为6年和2年。国会有权制定法律、批准预算、弹劾总统、批准总统对高级官员的任命。总统是国家元首,也是政府首脑,由选举产生,任期4年。总统可以

---

〔1〕 迟云飞:《清末预备立宪研究》,中国社会科学出版社2013年版,第20～41页。

对参众两院通过的法律行使否决权,但参众两院也可以2/3多数票推翻总统的否决权。联邦法官由总统提名并经参议院同意后任命,可终身任职,并有权对国会立法和总统命令进行司法审查。

除正文外,1787年宪法迄今还有27条修正案,其中最重要的是第1~10条关于公民基本权利的规定,又称《人权法案》。其主要内容包括:国会不得制定限制公民言论、出版、集会、请愿权利的法案;公民的人身、住宅、文件和财产无理搜查和扣押;无任何人不得因同一犯罪行为而两次遭受生命或身体的处罚,不得在任何刑事案件中被迫自证其罪;不经正当法律程序,不得被剥夺生命、自由和财产。《人权法案》成为后世各国宪法中有关公民权利条款的重要渊源。

美国宪法也同样直接影响了近代中国的宪法。魏源的《海国图志》中就已出现对美国共和政体的介绍。孙中山更是以美国宪法为蓝本,明确提出"中国革命之目的,系欲建立共和政府,效法美国,除此之外,无论何项政体皆不宜于中国"。[1] 辛亥革命爆发后,独立各省派代表组织联合会,讨论并通过《中华民国临时政府组织大纲》,也旨在效仿美国独立时的13州联合制宪,并引入美国的总统制和三权分立原则。此后,从1911年的《临时约法》到1946年的《中华民国宪法》,中国近代的历次立宪都在不同程度上模仿与移植了美国宪法的制度与条款。[2]

(三)法国宪法

美国宪法生效后不到三年,法国也诞生了第一部宪法——1791年法国宪法。这部宪法的背景是1789年法国大革命的爆发。该宪法将大革命后颁布的《人权宣言》置于开端,以孟德斯鸠的三权分立为基础,建立了君主立宪制的宪法体制。宪法将立法权授予一院制的国民议会,但国王对议会通过的法案有否决权;行政权被授予国王,任命各部部长之权专属国王,军队亦由国王统率,但国王只能根据法律治理国家;司法权委托给选举产生的法官行使。在公民权利上,宪法依据财产多少将公民划分为积极公民和消极公民,只有积极公民才有选举权。

1792年8月,君主立宪派统治被推翻,法兰西第一共和国成立。1793年6月,雅各宾派上台执政,通过新的宪法草案,史称"1793年宪法"。该宪法的序言是罗伯斯庇尔起草的新《人权宣言》,将平等置于人权的首位,并增加了受教育权、社会保障权等保护下层利益的新权利。1793年宪法以卢梭的"人民主权"取代"国民主

---

[1] 孙中山:《孙中山全集》(第1卷),中华书局1981年版,第563页。

[2] 聂资鲁:《一部宪法与一个时代:〈美国宪法〉在清末民初的传入及对民初中国立宪的影响》,载《政法论坛》2005年第5期。

权”，规定主权的不可分割，反对三权分立，将最高的不可分割的权力赋予立法议会，并规定最高行政机关执行会议从属于立法议会。1793 年宪法是法国第一部共和宪法，也是法国大革命时期最激进的民主宪法。

此后，法国的君主制与共和制经历了多次反复，也导致了宪法的频繁废立。直至 1870 年第三共和国后，共和制度才最终得以稳固，并长期坚持议会制政体。1958 年阿尔及利亚危机爆发，戴高乐将军起草新宪法，即法国现行的第五共和国宪法。该宪法确立了以总统为中心的新宪政体制，赋予总统以非常立法权和紧急命令权。同时，宪法削弱了议会权力，对议会的不信任投票施加诸多限制，使内阁地位得以稳固。此外，宪法还完善了宪法委员会制度，使其成为一种重要的合宪性审查机构。总之，法国现行的 1958 年宪法很大程度上修正了法国传统的议会制政体，形成了独特的半议会制、半总统制政体。

较之英美，法国宪法对中国的影响较小。但从发展历程上看，中法两国的宪法都经历了不断革命的历史，先后诞生了十余部宪法性文件，并且伴随着君主与共和、总统制与内阁制的反复斗争。此外，从宪法文化上看，卢梭的人民主权与孟德斯鸠的三权分立学说，都对中国近代宪法尤其是孙中山的宪法思想产生了深远影响。在《临时约法》的制定中，为制约袁世凯，引入内阁制来限制总统权力，由国务员副署总统命令，也在一定程度上受到法国议会制宪法的影响。

二、西方民法的现代化历程

在现代宪法生成的同时，这一时期西方法的另一重要变化是私法现代化的启动，其标志是以《法国民法典》和《德国民法典》为代表的法典编纂运动的展开。在此基础上形成的大陆法系和民法文化也深刻影响了整个世界，对于中国近代私法的生成与发展同样产生了深刻而持久的影响。

（一）法国民法典

1804 年《法国民法典》的诞生，是世界法律史上的大事，也是欧洲整体社会发展进程的产物。文艺复兴所倡导的个人主义与启蒙运动带来的理性主义共同为《法国民法典》奠定了理论基础。1789 年法国大革命爆发，推翻了旧制度的统治，亦为《法国民法典》确立民事主体平等提供了政治基础。在拿破仑的领导下，法国结束了政治动荡，开始了“六法”的编纂。1800 年，拿破仑任命普雷阿梅纳、波塔利斯、特龙谢、马尔维尔 4 人组成民法典编纂委员会，完成民法典草案的起草。草案交参事院讨论通过，在 1804 年 3 月正式公布生效。

《法国民法典》采罗马法《法学阶梯》的“三编制”体例,由“人”“财产以及所有权的变更”“取得财产的方式”三卷构成。该法典是一部典型的自由资本主义时代的民法典,贯彻了体现自由主义精神的近代民法四大基本原则。在民事主体方面,贯彻平等原则,强调所有法国人的民事权利平等。在物权法上,主张财产所有权的无限制,主张所有权人对私有财产的自由使用与处分。在契约法上,贯彻契约自由原则,强调契约在当事人之间具有相当于法律的效力。在侵权法上,坚持过错责任,加害人只对因自身过错致他人损害负担赔偿责任。

《法国民法典》也存在与传统的妥协和折中。比如,在婚姻家庭法领域,法典放弃了革命高潮中的一些激进措施,更多回归传统原则。此外,由于法典的四名起草委员都是来自实务界的法官和律师,因此法典的风格更具实用性,在具体编排上也是使用方便的考虑超过了理论演绎。由于拿破仑的个人影响,法典的语言也力求通俗易懂,形成了言简意赅的文风。随着拿破仑帝国的扩张,《法国民法典》迅速影响到西欧的大部分地区,并进而影响拉丁美洲与亚非诸多地区,最终在此基础上形成了世界性的法律体系——大陆法系。

较之1804年《法国民法典》,同时代的《大清律例》以刑法为主,较少涉及“民法”的内容。但这并不意味着中国传统“民法”的缺失,相反,在明清社会中存在大量有关田土、契约的规范。只不过,这些规范更多来自国家法之外的民间习惯。这种习惯本位的私法,来自中国传统法文化的特质——更多诉诸内在道德所维系的和谐关系,而非外在力量的强制。[1] 在这个意义上,较之《法国民法典》所体现的自由精神,明清私法或许更彻底地贯彻了“国家最小限度干预”的自由主义原则,也更加尊重当事人的意思自治及其自发规则。就此而言,《法国民法典》与同时代的中国私法亦可谓殊途同归。

（二）德国民法典

《德国民法典》的制定,也是历史长期累积的结果。15世纪以来,罗马法复兴运动在德国兴起,并形成理论深厚的“潘德克顿法学”,为民法典的制定提供了理论基础。18世纪后,神圣罗马帝国内部各邦也开始编纂民法典,其杰出代表有1756年《巴伐利亚民法典》、1794年《普鲁士普通邦法》和1811年《奥地利民法典》。拿破仑战争后,法学家蒂伯特出版《论统一德国民法典的必要性》,主张以统一民法典来统一德国。蒂伯特的观点遭到了历史法学派学者萨维尼的反对,引起法学界内部

---

〔1〕 王帅一:《明月清风——明清时代的人、契约与国家》,社会科学文献出版社2018年版,第121~122页。

的长期论争,也导致民法典的编纂被大大推迟。

1870 年普法战争后,普鲁士完成德国统一,德意志帝国建立,也为民法典制定创造了政治基础。1874 年,联邦议会成立法典编纂委员会,公布民法典草案,但因遭到普遍批评而被否决。联邦议会在 1890 年又另行组织编纂委员会,在普兰克的领导下于 1895 年完成第二部草案。经联邦议会审定后,提交帝国议会讨论,并于 1896 年通过,1900 年 1 月 1 日正式生效。《德国民法典》以罗马法《学说汇纂》体例为基础,采潘德克顿法学的“五编制”体例,由总则、债务关系法、物权法、家庭法、继承法五编构成。

《德国民法典》的制定正值世纪之交,亦是自由资本主义向垄断资本主义过渡的历史时期,因此呈现出新旧交织的时代特征。比如,法典强调私有财产权的保护,但也根据工业化社会的需要,对所有权的行使有所限制。在契约领域,法典肯定了契约自由原则,但也开始由强调个人意志转向社会义务。在侵权责任上,规定过错责任与无过错责任并存,以应对风险社会的到来。在家庭法领域,女性地位有所提高,但仍保留家长制残余。总之,《德国民法典》继承了近代民法的基本原则,但也反映了工业化与垄断资本主义发展对现代民法的深刻影响。

在民法理论与立法技术上,《德国民法典》代表了那个时代的最高水平,并取代《法国民法典》成为世界各国效仿的对象。在欧洲,《德国民法典》成为瑞士、奥地利、希腊等国民法典编纂的基础;在亚洲,日本最初移植法国民法失败,转而学习正在制定中的《德国民法典》草案,并几乎与《德国民法典》同时颁布了《日本民法典》(1898 年)。随后,1907 年,清政府聘请日本法学家松冈义正起草民律草案,大量参照德国与日本的立法条文,完成《大清民律草案》(1911 年),同样采取潘德克顿体例,由总则、债权、物权、亲属和继承五编构成。

在《大清民律草案》中,身份法较多延续中国固有礼教风俗,而财产法则主要继受德国与日本,全面移植了这些法典关于物权、债权的规定。这一做法固然推进了中国民法的现代化,但由于照章抄录,也导致许多条文与中国社会实际相脱节,难以规范中国人的生活世界。此后,北洋政府在制定民国《民律草案》时,即着手调查各省民商事习惯,力求将德日民法与中国传统相结合。在此基础上,南京国民政府在 1930 年制定《中华民国民法》,同样以德日民法典为蓝本,但亦吸纳“典权”制度等中国传统民法要素,达到了当时世界上较高的立法水平。[1]

---

〔1〕 何勤华、李秀清:《外国法与中国法——20 世纪中国移植外国法反思》,中国政法大学出版社 2003 年版,第 203 ~ 263 页。